精准扶贫 **青海脱贫攻坚系列丛书**

践行诠释初心
——青海脱贫攻坚
先进人物事迹选编

中共青海省委宣传部
青海省扶贫开发局 编

第2册

青海人民出版社

图书在版编目（ＣＩＰ）数据

践行诠释初心：青海脱贫攻坚先进人物事迹选编 /
中共青海省委宣传部，青海省扶贫开发局编. -- 西宁：
青海人民出版社，2021.6
（青海脱贫攻坚系列丛书；3）
ISBN 978 - 7 - 225 - 06180 - 1

Ⅰ.①践… Ⅱ.①中… ②青… Ⅲ.①扶贫 - 先进工
作者 - 先进事迹 - 青海 Ⅳ.①K820.844

中国版本图书馆 CIP 数据核字（2021）第104751号

青海脱贫攻坚系列丛书

践行诠释初心

——青海脱贫攻坚先进人物事迹选编

中共青海省委宣传部　青海省扶贫开发局　编

出　版　人　樊原成

出版发行　青海人民出版社有限责任公司
　　　　　西宁市五四西路 71 号　邮政编码：810023　电话：（0971）6143426（总编室）

发行热线　（0971)6143516/6137730

网　　址　http://www.qhrmcbs.com

印　　刷　青海新华民族印务有限公司

经　　销　新华书店

开　　本　710mm × 1020mm　1/16

印　　张　21.5

字　　数　320 千

版　　次　2021 年 10 月第 1 版　2021 年 10 月第 1 次印刷

书　　号　ISBN 978 - 7 - 225 - 06180 - 1

定　　价　268.00 元(全五册)

前　言

党的十八大以来，以习近平同志为核心的党中央把脱贫攻坚摆在治国理政突出位置，团结带领全党全国各族人民，采取了一系列具有原创性、独特性的重大举措，全面打响脱贫攻坚战。习近平总书记亲自指挥、亲自部署、亲自督战，作出一系列重要指示批示，为脱贫攻坚提供了根本遵循和科学指引。经过全党全国各族人民8年持续奋斗，我国脱贫攻坚战取得了全面胜利，现行标准下9899万农村贫困人口全部脱贫，832个贫困县全部摘帽，12.8万个贫困村全部出列，区域性整体贫困得到解决，完成了消除绝对贫困的艰巨任务，创造了又一个彪炳史册的人间奇迹！这是中国人民的伟大光荣，是中国共产党的伟大光荣，是中华民族的伟大光荣。脱贫攻坚取得举世瞩目的减贫成就，困扰中华民族几千年的绝对贫困问题得到历史性解决，书写了人类减贫史上的奇迹，为全面建成小康社会作出了重要贡献，为开启全面建设社会主义现代化国家新征程奠定了坚实基础。

青海作为祖国大家庭的一员，在以习近平同志为核心的党中央坚强领导下，以习近平新时代中国特色社会主义思想为指导，深入贯彻落实习近平总书记关于扶贫工作重要论述和"四个扎扎实实"重大要求，始终把脱贫攻坚作为首要政治任务和第一民生工程，按照"四年集中攻坚，一年巩固提升"总体思路，紧紧围绕"两不愁三保障"目标标准，以"1+8+10"政策体系为牵引，尽锐出战、攻坚克难，组织实施了青海历史上规模最大、力度最强、惠及人口最多的脱贫攻坚战。经过8年艰苦卓绝的奋战，现行标准下42个县全部摘帽，1622个贫困村全部退出，53.9万名贫困人口全部脱贫，书写了全面胜利浓墨重彩的青海篇章，具有里程碑意义。

　　把这场波澜壮阔的脱贫攻坚伟大实践伟大斗争中出台的一系列文件汇编起来，把一件件大事记录下来；把涌现出一批政治坚定、表现突出、贡献重大、精神感人的杰出典型，涌现出一批富有思想、凝聚智慧、汇集力量、迸发创新的典型做法，涌现出一批引领导向、围绕中心、鼓舞士气、凝心聚力的优秀新闻宣传稿件……把这场伟大斗争的每个细节的点点滴滴汇集起来，既是工作的需要，更是我们对党和人民，对历史的负责。这也是编辑出版这套《青海脱贫攻坚系列丛书》的初衷。编辑过程中，由于工作人员水平见识有限，难免挂一漏万，在此表示诚恳歉意。

目　录

驻村干部

乡村干部

扶贫工作者

中央帮扶

坚守初心，砥砺前行

——刘印洲同志先进事迹

2017 年 7 月，刘印洲同志从国务院扶贫开发领导小组办公室主动申请来到青海省果洛藏族自治州协隆村担任驻村第一书记，朋友和家人的担忧也拗不过他到基层为脱贫攻坚战奋斗的决心。初到高原时，他每天头痛流鼻血，难以入睡，加之语言不通、饮食不习惯，孤独感萦绕着他。"无论前方是荆棘满地还是泥泞遍野，既然作出决定，就要坚守初心，砥砺前行。"他时刻鞭策自己，经过一段时间的磨砺，看似弱不禁风的他，终于克服了困难，建立扶贫产业，带领村民实现了脱贫摘帽。

深入调查研究，走访慰问是扶贫工作的第一步。青海果洛地广人稀，居民极其分散，刘印洲所驻协隆村全村 202 户中有 96 户贫困家庭，如果要走访完，开车要用上一个多月的时间，而且道路极其难走，手机也没有信号。初到果洛，刘印洲已经记不得他在路上吃了多少方便面，啃了多少冷馒头，换了多少双雪地鞋。他大雪里为贫困户送米、面、油和慰问金，制定帮扶计划，控辍保学督促孩子上学，等等，这些都为他带领村民脱贫打下了基础。

在充分调研后，他兴建党员活动室，与村民凝心聚力促脱贫。初到协隆村，面对村里连个像样的党员活动室都没有的"窘迫"局面，他知道这是一场艰苦卓绝的"大工程"。他始终保持着与县委县政府、原单位、每位贫困户的密切联系，及时沟通脱贫攻坚工作中的难点问题。通过协商争取到 5 万元，然后带领村"两委"和驻村工作队把之前村集体的一些房子打扫干净，建成村级党员活动室、扶贫作战室、矛盾调解室等。刘印洲在党员活动室定期组织党员干部落实"三会一课""两学一做"制度。通过定期宣传党的政策、十九大精神，制定请销假制度，让村干部有了规矩意识，确保村"两委"党员干部可以一起商定村里的脱贫攻坚工作。

产业扶贫是实现贫困人口稳定脱贫的主要途径和长久之策，刘印洲到协隆村后，尽心尽力，争取资金跑项目，发展脱贫产业。2018 年他与扶贫对口单位沟通，协调资金扩大饲草基地，建立起"万亩饲草基地"，使贫困户每户分红增收 420 元。以饲草基地为基础，刘印洲同乡级领导积极协商，引进雪山牧业投资 8000 万，在当地开创了"牧户＋合作社＋企业"的新型畜牧业模式，牧民的牛羊出栏得到了精细化管理，农牧产品也得以高端出售。刘印洲同原单位又积极争取 50 万扶贫资金以贫困户名义入股该企业，每年为贫困户增加 4 万元的分红。同年，他积极与县民族宗教局沟通，争取到 30 万元资金，建立起"协隆村民族服装加工厂"，当年实现分红 2 万元，并解决了 4 户贫困户就业问题。为拓宽高原农畜产品的销售渠道，他带领驻村工作队一起建立了协隆村电子商务平台，打通了网络销售渠道。2019 年他积极与原单位沟通，争取到 50 万元，建起协隆村物资运输队，装载机和两辆运输车先投入使用。2020 年，刘印洲与原单位积极协调争取到 100 万，着手建立高原农畜产品销售点，旨在打开内地的销售市场。

"扶贫更要扶智"，在走访过程中他发现村民散花家里的 3 个孩子没上学，他同村"两委"班子成员一起做家长思想工作，并宣讲了国家相关法律法规，最后让家长把适龄的两个孩子送到了学校。他带着驻村工作队一起走家入户，一遍说不通就说两遍三遍，2019 年一共对 23 户家庭做了《义务教育法》宣讲。他还经常去易地搬迁地了解孩子们的学习情况，2020 年 4 月初，他就去群保家中看望群保家两个孩子的学习情况。如今协隆村的孩子们能够顺利完成九年义务教育，很多还接受了高等教育或者职业教育。为了让高原的孩子享受良好的教育资源，刘印洲同原单位沟通，积极争取资金，落实 435 万元建设甘德县青少年活动中心，规划占地面积 4200 平方米，建成后将会成为牧区青少年寓教于乐的新场所。

2019 年刘印洲在高原的驻村日期已满，但当他看到村里还有 30 户建档立卡户没有脱贫，整个协隆村还没有摘帽，产业建设还有没完成的时候，毅然决定重新投入脱贫攻坚战当中，并积极协调资金 100 万元用来发展后续产业，努力为村里的年轻人寻找就业岗位。到他离开时，协隆村的贫困户人均可支配收入达到万元以上，村民都搬到了宽敞明亮的易地搬迁房中，剩下的 30 户建档立卡户也都脱贫，全村村民真正实现了"两不愁三保障"，顺利通过第三方考核和国家验收，为后续乡村振兴打下了坚实的基础。

清正廉洁、吃苦耐劳、勇于担当、真抓实干的刘印洲，时刻用一个共产党人的标准来衡量自己，为国家扶贫事业贡献了自己的力量，也为当代年轻人树立了良好形象。

坚定信念，强化担当

——王哲峰同志先进事迹

王哲峰同志于 2016 年 7 月，经国家能源集团公司（原国电集团）组织推荐，赴青海省玉树藏族自治州曲麻莱县开展援青工作，任县委常委、副县长。三年来，他认真贯彻落实习近平总书记关于精准扶贫系列重要讲话精神，结合县里的实际情况和扶贫需求，积极推进，较好地完成了扶贫各项工作。

三年来，他找准方向，在四个方面开展扶贫工作，取得了实效。共协调国家能源集团援助曲麻莱县资金共计 5823.41 万元，开展较大的项目共计 6 个，组织培训了 316 人。

一是稳步开展教育扶贫。协调集团公司拿出 350 万元建立"国电曲麻莱县助学帮困扶贫基金"，帮扶因病致贫 300 户，每户 6000 元；因学致贫 340 户，每户 5000 元。协调集团拿出 134.41 万元建立"国家能源集团员工爱心助学基金"，三年每年资助 215 名建档立卡贫困户的孩子。协调集团开展扶贫专项校招，2018 年招聘建档立卡户家庭大学生 5 名，2019 年还将计划招收 8 名，实现一人就业全家脱贫的目标。开展曲麻莱县孤儿学校师生宿舍楼（投资 300 万元）、民族中学综合楼和宿舍楼项目建设项目（投资 650 万元）。

二是扎实推进生态扶贫。2017 年协调集团建立国电曲麻莱县生态保护专项扶贫基金，对县里黄河源头第一乡——麻多乡实施生态扶贫。在麻多乡郭洋村、巴颜村现有的 162 户建档立卡贫困户中每户选聘 1 名生态管护员，履行生态管护职责，每人每月发放 1800 元。从 2018 年起，在麻多乡设立国家能源集团生态保护区，每年投入 1450 万元，组织牧民易地搬迁，实施退牧还草，保护草场生态，将生态保护与扶贫工作有机结合，恢复黄河源头周边生态环境。

三是有序实施技能培训。协调集团从 2018 年开始，累计投入 600 万元，重点用于曲麻莱县农牧民就业创业服务中心针对贫困户开展多种技能培训，共计培训技能人才 200 人。投入 30 万元举办了一期电子商务培训班，为曲麻莱县土特产品网上推广销售拓宽思路和渠道，为开展电商扶贫奠定基础，培训人数 46 人；投入 45 万元在成都举办藏族基层干部培训班，提高基层干部的党性修养和能力水平，培训人数 20 人。2019 年已实施基层干部培训班，为曲麻莱县脱贫打下扎实的基础。

四是加速推进电商平台。协调集团青海分公司、国电电力、龙源电力等单位的党员干部、员工献爱心，实现"能源爱购"平台全员注册，"国能智业慧采"企业注册，并通过员工个人平台采购和企业食堂直采，为贫困县脱贫攻坚添砖加瓦，奉献爱心。与电商厂家"农到家"进行积极对接，协调"农到家"公司到县里注册，定制产品，并上线进行曲麻莱县农产品销售。

此外，他于 2017 年协调集团拿出 30 万元用于曲麻莱县党建工作，2019 年协调集团相关单位与县里三个贫困村开展结对党支部共建工作；协调集团公司援助县里抗雪救灾资金 200 万元。在积极开展扶贫相关工作的同时，按照职责分工，对县乡村的八个中小学进行了实地调研，提出解决存在问题的方案，使县里义务教育均衡发展验收、控辍保学等工作取得了很好的效果。

项目援建是曲麻莱县扶贫工作的重要方面，王哲峰同志多方谋划，加强监督，确保了扶贫项目建设高质量完成。每年根据县里实际情况，他组织相关部门摸底曲麻莱县年度项目需求，协调县里主要领导与集团公司进行多次的沟通协调，制定出切实可行的援建计划，协调督促各责任单位制定实施方案，落实责任分工，明确项目建设的各个时间节点，确保制定的援建计划具有较强的可执行性。

鉴于援建项目主要集中在教育和生态保护方面，与民生息息相关，他积极组织相关人员开会，制定调研的详细内容，重点完成了黄河源头周边牧民的基本情况和搬迁意向调研，以及县里孤儿学校住宿楼和县民族中学教学楼、公寓楼的现场实际需求等调研，为初设和可研的编制及后续的施工打下了扎实的基础。

在日常分管领域和援建的项目方面，他认真把控项目建设的各个环节，监督工程是否按图施工，是否严格工程建设强制性标准，依数据说话，要求对不合格的该整改的必须整改，该返工的必须返工，确保了工程建设质量。

王哲峰同志坚持原则和实事求是、吃苦耐劳的工作态度，因地制宜和灵活多样的工作方法，为打赢脱贫攻坚战贡献了力量。

使命中坚守，实干中奉献

——弓弢同志先进事迹

2018 年 3 月，弓弢开始担任国家税务总局派驻民和县大库土村第一书记。他扎根高原、倾心帮扶，以实际行动认真践行习近平总书记关于扶贫工作的重要论述精神，赢得当地村民普遍赞誉，成为"驻"进村民心里的第一书记。2019 年被青海省委省政府评为"全省脱贫攻坚先进个人"。2020 年被中央和国家机关工委《旗帜》杂志、《中国税务报》等专文宣传，入选第一书记扶贫典型案例。

"脚上沾有多少泥土，心中就沉淀多少真情。"到任伊始，弓弢马不停蹄地走田间、进农家，扑下身子，沉下心思，了解村情民意……很快，弓弢从最初的语言不通需要"翻译"，到后来可以自如地和村民"喧一喧"；从税务机关的白面书生成为行走田间地头的"草帽书记"。

在深入调研的基础上，弓弢多次召开会议，与群众一起想办法、谋对策，针对大库土村回族聚居、山区村落的实际特点，制定了脱贫致富三年规划。他努力推动高标准农田建设，推广全膜双垄栽培技术近 1000 亩；积极开展玉米青贮，实现农畜联动、循环发展，每户仅销售秸秆每年就能取得四五万元的收入；大力发展畜牧养殖，建起家庭牧场养殖大棚，每户最多养殖牛羊近 200 头；着力拓展农产品销售渠道，借助电商平台精准对接扶贫订单，村民得到更多收益；积极宣传减税降费政策，通过亲帮亲、邻帮邻的形式推广"拉面产业"，共开设拉面馆 20 余家，解决就业 130 人，实现年营业额 800 多万元、利润 200 多万元，农民人均新增收入超过 2000 元 / 月，真正使农民"换了个活法儿"。

疾风知劲草，2018 年入夏以来，民和县遭遇到六十年一遇的暴雨灾害，很多地方出现塌方和泥石流。弓弢与党员干部冲锋在前，积极参加抗洪抢险，帮助转移受灾群众，抢修排污管线和受损道路，筑堤防洪，确保人民群众安全，全村 376 人无一伤亡，受灾村民也得到及时救济。

走进大库土新村，一排排新房布局有序，红瓦白墙绿树黄花在阳光下显得格外醒目。而在这一切的背后，是弓弢和历任驻村队员努力的结果：铺设院内地坪共 3700 多平方米，建设卫生厕所 25 个以及公共厕所、化粪池等配套设施，安装太阳能路灯 20 盏，免费为村民屋顶做防水处理、接入高速宽带，栽种花卉 2000 余株，在夏秋时节形成了一幅百花竞放、香气沁人的美景，引得蜜蜂、蝴蝶穿梭其中。"感谢党的好政策，让我们祖祖辈辈生活在大山上的人搬进了这敞亮的新房子……"迁入新居的贫困户拜学明老人发自内心地感慨道，"感谢党的好政策，感谢党派来的好书记！"

扶贫必扶智。弓弢扎实实践，在村上书写了多个教育帮扶的"第一次"。第一次在青海建立"税务公益助学空间站"，争取税务系统及爱心企业支持，购置 5000 余册图书和文体用品，为当地学校捐赠办学设备和图书文具等，累计金额近 20 万元。第一次争取到两个大学支教团接力开展暑期支教，并得到团中央"深度贫困地区青春行"项目资助，全国学联官方微博予以报道。第一次以"宣传墙画"抒发"青春心向党、扶贫感党恩"的心声。第一次以网络课程形式，实现了上海外教与高原孩子的在线英语教学。还有，第一次与北京红蓝少年足球队进行运动交流，第一次帮助贫困学子免费赴北京游学圆了"首都梦"，等等。

2020 年春节，面对突如其来的疫情，弓弢第一时间投入抗疫，组织全村党员干部轮流值守，开展消毒测温，做好返乡人员隔离管理。他还主动捐款 500 元，在他的带领下，全村累计捐款 2960 元。争取到近 2000 只口罩、200 多双手套及医用酒精、防护服等物资，解决了防疫燃眉之急。

拉面产业是大库土村脱贫致富的拳头品牌，但是在疫情下，大部分拉面馆面临停业窘境，短时间内难以恢复。面对困难，弓弢积极想办法，引导村民联系外卖平台、报送资料。到 3 月初，在广东、浙江等省的 10 余家拉面馆已全部通过外卖平台恢复营业。在此基础上，弓弢积极拓展就业渠道，设置公益性岗位吸纳 15 名贫困人员就业，组织技能培训和劳务输出。他还联系了国铁扶贫、京东等平台，帮助销售农产品，2000 年上半年累计帮助贫困户销售牛羊肉等农产品 16.4 万元。

2020 年是脱贫攻坚决战决胜之年，不获全胜，决不收兵。已挂职期满的弓弢也积极响应组织号召，延期一年留在青海，他将带领乡亲们为实现脱贫致富的梦想而继续努力奋斗。

新模式，铸希望

——王磊同志先进事迹

王磊，2016年10月至2018年在青海省海东市循化撒拉族自治县清水乡大庄村任驻村第一书记。驻村工作期间，2017年所在单位中国再保险集团被青海省政府评为优秀连点帮扶单位。他本人在2019年被中华全国总工会评为"五一劳动奖章"获得者。

王磊担任第一书记的大庄村处于水电站建设移民库区，分为两个自然村，相距20公里。全村549户，2300余人，残疾人80余人，耕地面积较少。大庄村是循化县贫困程度最深、贫困人口最多的村。

首先要解决在民族地区语言沟通的问题，这样才能够和民族地区群众更好地交流，了解他们的所思所想。初到民族地区工作，王磊了解到帮扶的这个循化县清水乡大庄村，全村都是撒拉族，都讲本民族语言撒拉语。语言就成了第一个需要解决的问题，于是他常到村里和男人们聊聊天，常和驻村工作队员沟通，常到田间地头帮帮农活，常到村民家中聊聊家常，解决了沟通障碍。

要解决贫困群众最需要解决的问题，得找到症结，分门别类，因户施策。经过调查了解，王磊总结出村民最关注的是住房和医疗的问题。他走村串户，深入每一户家中，逐户登记，分档次、分项目落实维修扶助资金，多则几万元，少则几千元，为村80余户维修、增建了大门、围墙、灶台、土炕、地坪等，受到全村大多数村民的拥护和赞扬。清水乡大庄村贫困的原因主要是劳动力缺乏、疾病、残疾等。他为这些贫困群众设计了意外保险、门诊费用保险、大病医疗补充保险、妇女安康保险、农房保险等，用保险托底，解决这些贫困群体的后顾之忧，使这些因素不致成为影响发展的"拦路虎"。通过为他们免费购买这些保险，解决了贫困群众门诊药费报销、慢性病长期服药、务工意外等问题，使他们的家人能够安心外出务工，改善家庭经济条件。

　　王磊积极探索产业发展模式，为贫困群众长期稳定脱贫打下了坚实基础。青海循化撒拉族人从 20 世纪 80 年代就开始在全国各地开拉面馆。走遍全国的"兰州拉面"就是循化和青海的化隆人开的。截至 2018 年末，循化在全国各地开拉面馆的人有近 5 万人，拉面店有近 8000 家，在循化县国民生产总值中占有较大的比重。因此循化县"拉面经济"的繁荣与否就成为循化县经济发展的晴雨表。2019 年，他协调循化县委县政府与中再集团对接后，中再集团为循化县拉面经济发展提供 1000 万元产业发展资金，循化县政府筹集 1000 万资金，通过银行贷款，政府贴息的模式，推动拉面产业的发展。在此基础上，他协助县政府制定出台了《循化县拉面经济提档升级实施方案》，从拉面店品牌化推动（政府注册有"撒拉人家"商标）、规范化培训、科学化管理、连锁式经营、片区化引导，使循化县的餐饮企业既能够"顶天立地"，在重点城市树立起"撒拉人家"品牌的餐饮旗舰店也能够"铺天盖地"，在二三线城市依法合规经营。

　　大庄村处于孟达天池保护区的缓冲区，禁止大规模养殖牛、羊；又处于库区淹没区，没有土地进行整片开发；种种限制，制约了大庄村的产业发展。为把大庄村的潜力发挥出来，引导村民走出山沟，实现自我发展。他协调中再集团为大庄村提供了 150 万元的产业发展资金投入到拉面旗舰店中，进行投资分红，并要求拉面旗舰店优先雇佣本村有意愿务工的村民，优先采购本村的农副产品，优先扶持有意愿前往拉面旗舰店所在地开店的村民。同时，引导村民利用政府扶持资金进行经济林种植，促进村集体经济的发展。

　　从 2016 年起，他在中投公司、中再集团、中国大地保险的鼎力支持下，在村"两委"和驻村工作队元的协助下，针对大庄村在脱贫攻坚的不同阶段，创新性地推出了"1+N"扶贫模式："1"就是保险扶贫。2017 年在循化县推进的保险扶贫模式分三个层级：第一个层级是重点帮扶的大庄村，为建档立卡贫困户量身定做了 7 种保险，免费购买，构筑了防止返贫的底线；第二个层级是清水乡，为建档立卡贫困户购买了团体意外险、大病医疗补充险和学生学平险；第三个层级是循化县其余建档立卡贫困户，购买了团体意外险、大病医疗补充险。2018 年在循化县推进的保险扶贫调整了受益人群，把边缘户纳入我们的保险范畴之内。2018 年青海省委省政府宣布循化县脱贫摘帽后，保险扶贫受益人群就调整为：低保户、五保户、优抚人员、民政救助人员、边缘户和新识别户，使被保险人更加精准，使受益更加精准。"N"就是其他扶贫模式。中投公司、中再集团针对少数民族地区教育基础薄弱、医疗卫生条件差、企业竞争力不强等问题，分门别类地就干部素质培训、教育设施投入、医疗设施改善、电子商务提档等方面制定了帮扶措施，帮扶效果日益凸显，被循化党政、企业、群众所充分认可。王磊总结青海循化帮扶成效归纳起来有这样几点：一是党和国家对少数民族群众的关怀和关爱落到了实处；二是解决了贫困群众在脱贫攻坚中的后顾之忧；三是让贫困群众有了自我发展的信心和决心；四是探索出了一条少数民族贫困地区脱贫致富的新路。五是精准创新的帮扶模式在精准帮扶中得到了各方的认可。

在王磊看来，任何一项工作，包括扶贫工作，只要是带着一颗赤诚之心，把需要帮助的群众当成家人、自己的亲人，不含一丝私心杂念，认认真真去想，扎扎实实去干，创新工作思路和方法，贴近群众，没有干不成的。

东西协作

倾心尽责，真抓实干

——蒋军民同志先进事迹

蒋军民同志原为无锡市委农村工作委员会副主任、市农业农村局副局长。2017年10月下旬，按照无锡市委组织部的选派，该同志代表无锡市惠山区到青海省海东市平安区挂职副区长，负责东西部扶贫协作工作。到任后，他大力发扬"缺氧气不缺精神""海拔高标准更高"的精神，积极迅速投入到对口帮扶协作工作之中，真情投入，主动融入，勤于履职，勇于担当，为平安区率先脱贫摘帽作出了有益贡献，被青海省委省政府授予全省2018年度脱贫攻坚先进个人荣誉称号。

做好扶贫协作工作，一个重要基础就是两地需要有沟通联系的桥梁纽带。两年多来，通过他亲力亲为、卓有成效的工作，逐步建立起了平安区与惠山区的对接交流机制。蒋军民在深入乡镇基层、部门单位了解掌握大量实际情况资料的基础上，指导制定了惠山区和平安区扶贫协作框架协议，推动促进了两区教育、卫健、就业等14个部门之间的扶贫协作备忘录和3个乡镇之间的携手奔小康扶贫协作协议的签订，为做好协作合作落实了责任、理清了思路、明确了方向，确定了要实施的重点工作项目。这期间，他牵头组织了2017年度两地区长互访活动，以及2018、2019年度平安区党政代表团赴惠山区、惠山区党政考察团赴平安区的对接交流活动。2018—2019年，两区间共开展各类互访交流 40 多批次，互访人次达到 520 多人次。此外，他还协助配合了海东市人大、政协、农发委、供销社等部门与无锡市相关部门的对接活动，以及连续两届海东赴无锡、无锡赴海东的农产品展销活动，牵头联系了惠山区无锡联农优品农业发展有限公司和平安区青海康硒农业科技有限公司就两地农产品异地销售开展合作。

扶贫协作的内容广泛，是一项新课题。蒋军民坚持一切注重成效、不搞形式主义，按照国扶办、省、市的部署要求，以及无锡市、海东市《"十三五"协作规划》的目标任务，结合平安区实际情况，扎实开展工作：一是确保项目质量。坚持深入基层、走到现场，抓好产业合作项目实施的监督检查，特别是与贫困户利益联结机制的跟踪问效。到去年底，累计投入协作帮扶资金3570 万元，实施各类项目 32 项，带动建档立卡户 630 户、2157 人通过代管代养、场内务工等途径实现增收脱贫，户均实现增收 2000 元以上。二是促进人才支援。积极引导推动了惠山区教育、卫计、农林等方面专家 80 多人次赴平安区开展帮扶支持。三是注重转移就业。围绕贫困劳动力转移就业，协助两区搭建了用工服务平台、建立了劳务对接机制。协调惠山区就管中心组织相关企业先后来平安区举办"春风行动"等专场招聘会 12 场，提供就业岗位 4217 人。目前，共有 54 名建档立卡人员通过招聘赴惠山区稳定上岗就业。四是协助开展培训。帮助两区协商制定了赴惠山区的农村致富带头人能力培训方案、农村富余劳动力技能培训方案、农业技术推广人员业务培训方案。整合两区人社、扶贫、教育、农业等相关部门的培训资源，统筹开展了有针对性的农家乐技能、中式烹饪技能、创业指导等培训班，培训人数 225 人，其中建档立卡户 148 人。五是争取社会力量。积极牵线组织惠山区女企业家协会、"蓝丝带"志愿者协会、无锡泰州商会等社会团体、爱心组织热心开展捐资助学活动，捐款捐物折合资金累计达到 259 万元，受益学生及农户 539 人，其中建档立卡户 237 人。此外，他还开展消费扶贫、采购定购马铃薯、金丝皇菊、苦荞茶、牛羊肉等富硒特色农产品 208 万元。

蒋军民同志敬业奉献、改革创新、攻坚克难的意识，为做好扶贫协作工作打下了坚实的思想基础。同时，他积极开展查阅资料、走访座谈、调查研究活动，深入了解本地的区情、民情、风情，及早熟悉掌握第一手实际情况，确保了脱贫工作有的放矢、行之有效。

作风务实，用心奉献

——金必忠同志先进事迹

  2018 年 10 月，金必忠离开年迈的父母和温馨的家，来到西部青藏高原的大通县支农。他常说，来到高原，就要跟当地干部一样"缺氧不缺精神"。他经常与当地干部一道深入乡村、田间地头，投身脱贫攻坚一线，力求掌握一手资料，力争有针对性地给当地多办实事、办好事。

  刚到大通后不久，当年的 12 月份，突发"非洲猪瘟疫情"，金必忠同志主动申请到临时卡口执勤，与当地干部一道检查检疫，四十多天的值守，不畏严寒，不辞辛苦。他始终不忘自己是带着任务而来，始终把业务工作放在第一位，勤勤恳恳地干工作。一年多来，他参与县里职业农民科技教育培训授课 5 期 290 人次，交流和传授南京市农民双创双新典型案例、农业绿色推广、农业合作社发展理念等新知识、新理念。他还随同县农业技术推广中心的技术人员下乡采取土样，了解当地耕地土壤成分，与当地农技人员进行业务交流，促进了两地农技人员的观念互通、技术互学、作风互鉴。

  他刚来大通时，在县里组织的专业技术人才座谈会上，他说，用心、用情、用力做好支农工作，积极发挥桥梁和纽带作用，为东西部扶贫协作多作贡献。他一直是这样勉励自己的，也是这样践行着当初诺言的。他坚定着支农信念，他也明白选择了西部支农，也就意味着选择了奉献。

大通县农技推广中心主任程明发说，对金老师的主要印象是为人谦虚，作风务实。"这一年多下来，我们收获也挺大的，眼界思路拓宽了，这些与金老师用心'支农'是分不开的。"

在走访调研中，金必忠发现新庄镇的贫困村台其庄村仅有的一座30立方米的蓄水塔，是20世纪80年代修建的。由于容量小、年久失修、水源外溢，已远远不能满足人畜饮水的需要。加上村庄周边温室大棚内没有配套喷滴管设施，造成种植投入的人工、水、电成本高，迫切需要修扩建蓄水塔及其配套管网。为此，他主动联系南京市雨花台区农业农村局，为台其庄村筹措水窖扩建资金。在他的争取下，南京市雨花台区农业农村局投入资金20万元，新建一座150立方米的蓄水池及其配套管网，并于2019年11月投入使用，解决了台其庄村226户1133人、200头大牲畜、2000只羊的饮水问题。同时为台其庄村每栋温室大棚每年直接节省水、电、人工生产成本约1500元。当地群众说："能够用上了干净清澈的水，这得要感谢南京来的金专家。"

马铃薯是大通县主要的农作物之一，年产量大约20万吨。而其中大部分是直接销售，产品附加值低，种植户收入低。金必忠为此发愁，为此苦思冥想。他主动出击，牵线搭桥，联系江苏的马铃薯深加工企业，邀请他们来大通投资考察。带领县农技推广站的同事、合作社的负责人等赴江苏学习交流，调研徐州市场，走访徐州恒富园食品公司，推广绿色马铃薯种植。

此外，他还积极支持消费扶贫，组织在大通的"三支"人才、联系雨花台区农业局，多方牵线，推广销售。一年多来，已向南京销售了近30万元的牛羊肉等大通县农特产品，助力建档立卡户稳定脱贫。

金必忠发挥专业特长，结合走访乡村了解的实际情况，提出合理化建议助力产业脱贫。为大通丰谷良种繁育合作社积极联系南京的客户订单销售农产品，开展蔬菜产销合作，实行以销定产。目前有4个品种按建议方案正在试种中，预计今年7月下旬采收上市，可以使试点蔬菜生产收入提高30%以上。

他还帮助树莓种植合作社联系客户销售树莓的深加工产品，建议大通文泰油菜专业合作社利用地膜覆盖技术种植，有效提高油菜籽的成熟度和出油率。

在塔尔镇奔康滩村走访调研中，得知该村建档立卡户发展养殖产业，金必忠建议奔康滩村在做好周边奶源、供应量及奶企调研基础上筹建奶站，为奶企提供鲜奶，既能提高养殖户的奶价，也能增加村集体收入。另外，他还建议长宁镇东村积极发挥村股份制经济合作社的作用，推广扩大农产品的销售渠道，对农产品进行深加工，提高附加值。

在下乡走访中，金必忠了解到新庄镇的农户种植大棚蔬菜销售的积极性高，增加种植量的愿望较为强烈。为此，他积极建议利用村集体土地建设大棚，租给农户使用，一方面可以满足村民增加大棚蔬菜种植的需求，另一方面还可以增加村集体收入。在他的建议下，经多方努力，县扶贫局今年安排350万元东西部扶贫协作资金，在新庄镇三个村建设约1.8万平方米的温室大棚。这个项目的建成使用将每年为村集体增加收益约16万元，村均5万元，可以助力3个村的建档立卡户135户554人稳定脱贫。

金必忠立足本职岗位，充满激情，努力工作，干好每一天，做好每一件事。他脚踏实地，积极宣传和推介大通特色农畜产品，积极争取资金支持和业务协作，为大通县脱贫事业做出了贡献。

团结协作，敢为人先

——刘海滨同志先进事迹

    2017 年 4 月，在中共南京市委、栖霞区委的层层选拔下，刘海滨同志光荣地成为一名联络员，投身到条件艰苦的全国重点贫困县——青海省西宁市湟中县挂职。自 2017 年 4 月履职以来，他连续两次延长挂职期限。履职期间，勇于担当、主动作为、突破创新，在他的全力推动下，栖霞区与湟中县东西扶贫协作持续升温，两地交流层次不断提高，协作领域不断拓宽。2018 年 6 月，刘海滨同志被青海省委省政府评选为脱贫攻坚先进个人；2019 年，后方单位栖霞区政府被青海省委省政府评为脱贫攻坚先进集体。

    初到高原的刘海滨同志，先后发生了失眠、头痛等症状，医生叮嘱他避免高强度工作，但为了尽快熟悉情况，刘海滨同志顾不上个人身体状况，争分夺秒投入到基层调研中，两个月走遍了全县 16 个乡镇、街道。体力严重透支的他，曾经病倒在了工作一线，被送入医院治疗，但他依然放不下手中工作，在病床上坚持查阅资料，未彻底痊愈便自行出院，再次投入到工作中去。最终，他战胜各种考验，挂职仅 3 个月就能听懂"湟中话"，基本掌握了湟中县情，成了地地道道的"湟中通"。他"舍小家顾大家"，动员妻子张红茜两上高原支教。在艰苦的环境中，刘海滨同志用实际行动诠释了特别能吃苦、特别能战斗、特别能忍耐、特别能团结、特别能奉献的"青藏高原五个特别精神"。

面对扶贫协作这一重大命题，刘海滨把工作重点放在了推动两区县高层联动、高位谋划上。在他的推动下，两地同步将扶贫协作升级为"一把手"工程，成立了工作领导小组，组建了扶贫协作办公室。形成了主要领导安排部署，各级部门协力配合的扶贫协作格局，2017年，在刘海滨同志的协调联络下，栖霞区先后组织15批次160余名各领域专家到湟中开展帮扶，在他的带领和挂职人才的积极协调下，为湟中卫生等领域引进11项新技术。湟中县13批次240余名扶贫领域、医生、教师等干部人才先后到栖霞区培训，有效提升了能力素质，为扶贫协作提供了有力的支撑。

为了广泛发动栖霞区各界参与到扶贫协作中，他反复做工作，在他的不断努力下推动下，湟中县7个乡镇分别与栖霞区4个街道建立结对关系。积极发动后方单位栖霞区工会、团委、妇联、工商联、残联等开展社会帮扶，2017年以来栖霞区社会各界累计捐助、帮扶各类资金达4000余万，先后安排实施"隆岗友谊桥"、贫困村基础设施补短板等携手奔小康项目118个，惠及15个乡镇，1万余名贫困群众。2017年至今，累计争取到1.13亿元江苏省东西协作专项资金，先后实施19项扶贫协作项目，带动15个乡镇，156个贫困村，5000余名贫困人口受益。同时，他大力推动"栖霞奖学金""扶贫创业明星"等奖评活动，帮建了71个"励志爱心超市"，引导贫困群众积极参与村级公益劳动，遵守社会公德、家庭美德，通过自我发展赢取积分兑换生活用品，形成了多劳多得的脱贫奖励机制，有效增强了贫困户脱贫主动性。邀请栖霞区一批优质企业到湟中开展劳务协作，发布企业用工信息3200余个，引导144名贫困劳动力赴南京务工，实现贫困劳动力就近就地就业689人，兑现就业奖励补贴18.8万元，切实激发了贫困户自助脱贫的动力。

他还结合湟中产业优势，致力于增强贫困户"造血"功能，做大中藏药材产业，在湟中县浅山、脑山等低产出山坡地，发展中藏药材种植，种植规模由原来的1万多亩扩大到现在的3万多亩；实施泥麻隆中药材（加工）基地项目和正德中药材加工基地项目，项目建成后逐步形成了育苗、种植、加工、销售一条龙产业链条，有效提升了产出效益；充分挖掘湟中乡村旅游资源，发展特色旅游扶贫产业，包勒乡村旅游、卡阳生态扶贫、千紫缘枸杞芽茶种植加工、窑洞油用牡丹种植4个乡村旅游项目的实施，不仅有效延长了乡村旅游周期，还带动发展了村集体经济，引导周边群众就近就业，让贫困户在家门口致富增收成为现实。

刘海滨另辟蹊径，敢为人先，创新扶贫方式，从栖霞区工作强项和湟中优势资源入手。起初，他引进栖霞区互联网创新经验，率先推行"互联网+"，推行智能温室帮助湟中30余栋传统温室实现温室联网远程管理，通过苏宁易购湟中扶贫馆打通了有机菜籽油、高原牛羊肉、高寒燕麦片等特色产品销售渠道，建成的远程医疗会诊系统使湟中的群众在家门口享受到了先进医疗技术，互联互通录播教室为湟中广大师生带来了优质教育教学资源。后来，他又以文化为突破口，依托东西部扶贫协作平台，大力开展文化走亲活动，先后邀请江苏省100余名摄影家、摄影爱好者深入湟中开展采风活动，精选150幅优秀作品，在江苏省十几座城市、4所高校成功举办了"行走湟中"摄影展巡展，吸引100余万群众参观；2018年，在南京市博物馆成功启幕为期2个月的"幸福西宁·艺韵湟中"非遗手工艺品展，66件极具湟中特色的非遗手工艺作品远赴南京展览，吸引了近42万游客参观，宣传推介力度为历年之最。

刘海滨同志并没有因为取得了成绩而停下努力的脚步，在他的推动下，筹资拍摄了《印象湟中》宣传片，充分利用两地电视台、微信公众号、门户网站、自媒体等宣传平台，向东部地区大力推介湟中，并协调两地旅行社合作推出精品旅游线路，共同打造"东游栖霞寺·西游塔尔寺"旅游品牌，2018年以来赴湟中游客中，江苏游客实现倍增，占外省游客的30%以上，探索形成了宝贵的文化交流推动旅游扶贫的经验。

深度融入，务求实效

——王琪同志先进事迹

2017 年 10 月，王琪同志从江苏省无锡市到青海省海东市化隆回族自治县挂职，任中共化隆县委常委、县政府副县长，负责东西部扶贫协作工作。挂职以来，王琪同志把青海作为第二家乡，真情投入、主动作为，无私奉献、忘我工作，开创了锡山—化隆两地东西部扶贫协作工作的良好局面，并取得了显著成效，其个人也被评为全省脱贫攻坚先进个人。

王琪同志来到化隆以后，立即全身心投入到化隆的脱贫攻坚事业中来，主动深入基层调研县情、民情，为化隆县的发展出谋划策。三年来，王琪同志的足迹踏遍了化隆 2740 平方公里的土地，无论是在东部的雄哇大山，还是在南部的卡日岗山；无论是在深度贫困乡村，还是在项目建设现场；无论是在藏族同胞家里，还是在回族百姓庄廓，都能看见他的身影。每隔两三个月，他都会驾车 2 个多小时，到德恒隆乡哇加村去看望慰问联点的藏族同胞，给他们送去生活物资和慰问金，藏族阿奶都亲切地称他为亲戚，看到他们喝上了安全的饮水、住进了安全的新家，看到他们的牛羊越来越多，看到小伙娶上了媳妇并有了孩子，他都会感到由衷的高兴。

挂职以来，王琪同志积极与江苏、青海两地省、市相关部门和锡山后方领导对接，主动汇报工作思路和项目计划，最大限度地争取东西部协作资金用于化隆脱贫攻坚。三年来，王琪同志共为化隆县争取到江苏省财政统筹资金、财政额外帮扶资金近 1.5 亿元，是"十三五"规划资金总量的 3 倍多，促成了 50 多个锡山爱心企业、慈善组织、社会团体到化隆县捐款捐物折计超过 600 万元，打造的"点亮微心愿""祥云化雨—情系化隆""同心同行"等爱心慈善品牌已在化隆开展多次并深入人心，推动了化隆县 7 个部门、8 个乡镇、13 个村、6 所学校、2 家医院与锡山建立了结对关系，并开展相关帮扶活动，在全省率先实现了深度贫困乡镇结对全覆盖。

王琪同志始终把握脱贫攻坚大方向，紧紧围绕壮大集体经济、促进产业发展、保障医疗教育和推进基础设施建设等方面，出思路、解难题、谋发展。他主动提出东西部协作资金要优先用于"两不愁三保障"，连续三年整合东西部扶贫协作资金 6600 多万元，推进实施了一批乡村道路建设、人饮工程和卫生室建设等项目，建成了村级卫生室 175 个，新建、维修村级道路 76 公里、水网 33 公里，切实解决了群众出行、看病和安全饮水的问题。三年时间持续推动实施两地教育人才双向交流、优质医疗资源对口帮扶、职业教育＋就业、贫困大学生资助等项目，促进化隆医疗和教育的发展，三年来两地教师、医生和学生交流达 50 多批 1000 多人次，锡化两地开通了远程诊疗和远程教育，帮助化隆县培养了若干支带不走的队伍，开通了无痛胃肠镜、血液透析和眼科三个科室。他借鉴苏南地区发展理念和路径，通过农村致富带头人培训、村干部挂职和实施产业项目等措施，不遗余力推进化隆村集体经济发展。三年来，累计投入东西部协作资金 600 多万元，帮助培训了 12 批 692 名基层干部、农村致富带头人，成功帮助 8 个村顺利实现集体经济破零

为把每一分东西协作资金花在刀刃上，花出实效，王琪同志经常深入基层调查研究，实地察看项目基础，主动听取相关部门、乡镇干部和村民的意见，指导编写项目实施方案。他坚持群众利益至上，严格审核把关，建立集体会商制度，三年来谋划实施了一大批既符合化隆发展实际又贴合化隆百姓需求的产业扶贫、基础设施、人才交流、干部培训等项目，所有建成项目均取得预期成效。通过他的努力，化隆东西部扶贫协作工作始终走在了海东市乃至青海省的前列，也为化隆县顺利脱贫摘帽提供了强劲助力。

援青干部

脚踏实地，创新工作

——左新文同志先进事迹

左新文同志于 2016 年 7 月至 2019 年 7 月参加援青工作，担任青海省玉树藏族自治州任发改委党组成员、副主任，兼任北京青海玉树指挥部项目部部长。援青期间，他以高度的政治责任感和历史使命感投入到援青工作中，三年间走遍玉树州所有乡镇，实地调研近 400 个北京对口支援项目，严格按照精准扶贫要求协调各年度项目计划，参加项目全过程管理，为玉树州如期完成脱贫任务做出了积极贡献。

左新文同志在玉树州发改委分管办公室、价格科、价监局、粮食行业管理、对口支援项目管理等工作中，把落实好党中央和北京市对口支援和扶贫协作工作部署作为首要责任，坚持扶贫协作资金投向和标准要求，与藏族干部融洽相处密切配合，严守纪律，创新工作，提高效率，传递出北京援青干部讲政治顾大局善作为勇担当的形象。

他带领办公室的同志一起做好办公室的日常管理和服务工作，承上启下、沟通内外、协调各方，合理调配解决办公室"重、苦、杂、难"的工作任务，促进办公室的高效运转。主持或积极参加委内重要文稿的起草和修改工作，带动团队提高公文写作整体水平。参加州粮食行业管理工作，对全州 7 个国有粮食企业逐一开展实地调研，召开粮食企业职工座谈会，3 次发放调查问卷，详细了解粮食企业的经营状况和企业职工的实际困难，提出州粮食企业改革的基本思路和建议。主动参加州发改委的扶贫工作，深入偏远乡村牧区，了解农牧民的生产生活情况，结对帮扶建档立卡贫困户。

左新文同志以促进玉树州可持续发展为目标，主动发挥桥梁纽带作用，将关系玉树长远发展全局的干部培养、交流交往、脱贫攻坚、重大问题调研等工作需求与北京对口支援工作紧密结合，促进交往交流交融，增强当地干部群众对北京的情感认同。他联系北京市发改委，为玉树州中小学学生捐赠1万册价值28万元的《低碳生活》图书，安排玉树州20名干部免费参加国家发改委组织的绿色发展和循环经济、节能环保产业孵化和绿色技术两个高级研修班；6位北京市发改委干部到玉树州为全州发展改革系统干部免费开展为期一周的业务培训；多次协调玉树州干部到北京学习交流，协调北京企业到尕少村、相古村、拉司通村等贫困农村引导产业发展。

左新文同志在北京青海玉树指挥部项目部的工作中，注重研究玉树发展实际和精准脱贫需求，深入实地调研建档立卡户的实际需求和地方薄弱环节的真正困难，全面落实中央和北京市委"80%以上的项目资金用于民生项目和基层项目""新增资金全部用于扶贫"的精神，细致协调项目内容。每个项目都与玉树州对口办、州发改委、州扶贫局、项目实施单位以及项目惠及群众进行反复对接，明确项目的实施内容和扶贫效果，反复推敲扶贫项目的扶贫效益，精准到户到人，带动更多建档立卡贫困户贫困人口脱贫，确保2016—2018年北京援建的10.6亿元资金发挥出最大的扶贫效益。

他参加项目重点环节监督，准确把握项目工作进程，加强项目实地调研，走遍全州各个乡镇，现场调研检查全州"十三五"期间实施的97个项目，参加40个新建项目的可研评审、38个项目的竣工验收。对已完成的项目进行现场回访，对正在实施的项目开展项目现场调研，对部分计划实施的项目开展前期现场踏勘，掌握了各项目进程，了解了部分项目实施过程存在的问题，研究提出下一步的管理措施和改进思路，保障项目管理工作有序规范推进。

他加强档案管理，完成项目资料电子化整理工作，为进一步提升指挥部部项目精细化管理水平，按照北京市全面加强援建扶贫项目管理的相关要求并结合项目部工作计划，按时完成了项目资料电子化管理工作，对2011—2018年项目进行了全面梳理和扫描归档，完成电子档案建设，为全面加强项目资料管理做了有力的支持。

通过推进项目制度梳理、项目现场检查、项目资料整理的"三个全覆盖"，提高项目管理人员的基本能力。提出树立项目管理中的"政治意识、风险意识、服务意识、担当意识、规范意识"和项目管理"任务落实要快、实施过程要明、现场检查要清、审批痕迹要清、资金拨付要严"的理念，培育项目管理团队务实担当奉献的精神风貌。

左新文同志在玉树州工作期间深刻认识带动玉树州如期脱贫的重大意义，深刻认识党的对口支援工作关系民心向背的重大作用，深刻认识发展玉树州经济社会的重大任务，深刻认识民族团结对各族人民幸福的重大关切，不断增强"四个意识"、自觉坚定"四个自信"、坚决做到"两个维护"。在玉树州的实际工作中，牢记组织嘱托，牢牢把握玉树州发展的阶段特征，努力促进对口支援工作对玉树州脱贫攻坚发挥最大效益，发扬钉钉子精神，用个人的勤奋工作服务党支持涉藏地区发展、推动贫困地区脱贫的重大战略部署，发挥出北京援青干部的积极作用。

先做青海人，再做青海事

——丁全海同志先进事迹

　　丁全海，1967年11月出生，中共党员，现任天津市滨海新区新港街道工委书记、人大工委主任，是天津市第一批、第二批援青干部，在青期间历任黄南藏族自治州河南蒙古族自治县委常委、副县长，黄南州政府州长助理、天津援青指挥部副总指挥、天津援青干部副领队。作为天津市首批援青干部，他一干就是连续两批共计六年，六年来他恪守"先做青海人，再做青海事"的准则，真心真情融入当地发展、全心全意投入扶贫事业，助力河南县在2016年成为全州唯一、全省首批脱贫县，为黄南州脱贫攻坚做出了积极贡献。

　　到青海工作后，他把自己定位为支援青海发展的参谋员和服务员，发挥好理思路、破"瓶颈"、编规划的参谋作用，以正确的思想和良好的作风迅速赢得了受援地干部群众的接受和认可。他立足黄南所需、天津所能，坚持生态保护、有机畜牧业和特色种养业为推进绿色发展的主攻方向，积极牵线搭桥。在他的努力下，2011年3月天津第一个援青项目——青海聚能活力源饮料有限公司正式落户河南县，项目总投资1.5亿元，年加工天然矿泉水7.2万吨，可解决牧区剩余劳动力就业近百人。项目建设期间，他和企业投资商坚守在海拔3860米的工地上，抢晴天、战雨天，全力推进工程施工进度。该企业的建设速度之快、标准之高在地处高寒的河南县创造了历史的奇迹。滨海聚成有限公司成为对口支援青海的六个省市中，第一个在青海正式落户的对口援建企业，公司正在北京、上海、天津、浙江、江苏、四川、广东、山东等省市设立销售办事处，并将"瀞。"牌高原冰川圣水被天津女排作为指定用水。"瀞。"水厂的开发建设充分代表了中央援藏精神、体现了天津速度、滨海精神，并以高端的战略营销走向全国，项目得到了青海省、天津市各级领导充分肯定和大力支持。十年来企业不仅壮大了自身发展，成功打造了天津"瀚。"扶贫模式，通过公益帮扶、产业帮扶等方式带动河南县 1000 多户，5000 多户建档立卡贫困户脱贫，助力河南县在 2016 年成为全省首批脱贫县。六年高原生活，使他不仅获得了坚强的意志和宝贵的知识财富，而且得到了当地干部群众的认可和赞扬，当地干部给他起了一个蒙古族名字"巴特尔"（英雄的意思）。

他视黄南为第二故乡，主动地融入当地发展，加强民族团结，架起了津青两地教育、医疗、产业"连心桥"。他深入基层，视农牧民为自己的亲人，先后拿出 18500 元慰问贫困牧户，春节慰问金累积 3 万元，为河南县贫困大学生捐款 39600 元。他往来津青两地，落实援青资金 2000 余万元，援建的滨海幼儿园、一完小综合教学楼、二完小综合教学楼、游牧民定居工程、县城基础设施建设、滨海历史文化博物馆、天津有机畜牧园区配套等工程全部投入使用。他与天津有关部门进行沟通和协调，争取了组织建设资金 4 万元、支教资金 20 万元、电脑 90 台、教育器材 50 套、学生用具 300 套、毛衣 1100 件，极大地促进了当地教育的改善。正如丁全海所说，六年的工作艰苦自不待言，酸甜苦辣尽皆尝遍，我习惯了喝清茶、酥油茶，吃糌粑、手抓肉，看到当地同胞有困难比自己还难受，他从入青以来主动认领资助了 3 位单亲家庭女孩上学，直至现在还在继续，2012 年还带着 3 个孩子到天津过春节，她们都称呼他和他的爱人天津阿爸、天津阿妈。

2019 年 8 月丁全海来到天津市滨海新区新港街道工委工作后，仍心系青海发展，广泛动员社会力量参与东西部扶贫协作和支援合作工作。2019 年发动社会企业直接资金援助 80 万元，购买物资 11 余万元，2020 年仍计划对口扶贫援助资金 80 万元，并计划出资 100 万为一所学校修建跑道，动员机关干部依托扶贫电商平台购买物资，同时将组织爱心团队赴青海举办捐赠仪式，继续动员爱心人士和民营企业家通过产业扶贫、公益扶贫等方式，不断深化津青两地结对帮扶成果。

一盏酥油，需用千滴牛乳制成；一碗糌粑，要用万颗汗水换来。援青路上，付出与收获都是沉甸甸的。一州四县崭新干净的市容环境、农业大棚和畜棚、医院学校公园、供水供热污水处理，给当地群众带来实实在在的实惠，也让丁全海感到无比欣慰与自豪。他把人生最美的青春献给了青海人民，把最美的岁月献给了扶贫事业，诠释了一名共产党员的初心与使命。

服务人民，建功雪域

——许秀明同志先进事迹

许秀明，1972 年 8 月生，2016 年 7 月，作为上海市第三批援青干部，担任青海省果洛藏族自治州委副秘书长、州委办公室调研员。在高原、在牧区，他领略了壮美的高原风光、纯朴的民族风情，也目睹了国家东西部地区发展的不平衡，更领会了脱贫攻坚战略的重大意义，也收获了参与脱贫攻坚伟大进程中一次次工作显现成效的喜悦。

许秀明同志在果洛州任职州委副秘书长，并协助领队负责上海援青队伍管理工作。他积极适应岗位角色的转变，协调解决援青干部住宿、就餐，安排保障联络组进青后首次项目调研，每日了解援青干部身体状况……一件件工作，用真心完成，让领队和队员们了解到他的态度、用心及无私，赢得了队员们的信任。

他紧紧围绕"中央要求、果洛所需、上海所能"找准工作抓手，策划开展"狠抓质量铸品牌、精准扶贫有担当"主题实践活动，"砥砺品格、快乐援青、服务为民、建功雪域"主题教育活动，两个主题活动贯穿三年始终，一手抓援建项目，一手抓队伍建设。

援青联络组各项工作进展顺利，牵头筹备成立上海援外队伍第一家临时党组织，协助完成上海市委组织部每一次考核考察，接待保障沪果两地党政代表团互访。会同州发改委、州对口受援办，每年主持召开全州援青项目遴选会议，坚持"民生为本、产业为重、规划为先、人才为要"上海援建方针，确保 80% 以上的援青资金向基层倾斜、向民生倾斜，50% 以上县级援青项目资金集中用于"精准扶贫、精准脱贫"。连续三年，牵头筹备州委州政府对口受援工作会议，确保援建工作始终高位推进。三年来，上海市对口支援果洛州安排项目 303 个，援助资金 9.08 亿元，全州脱贫 10202 户 34678 人。2017 年国家对口援青考核排名第一档，2018 年玛多县率先脱贫摘帽，2019 年顺利通过上海市人民政府对口支援工作考核，随后果洛其他五个县也全部脱贫摘帽。

许秀明同志是农村出生长大的，到了果洛后，当他走进牧民帐篷，冷风挡不住刮进来，看到牧民勉强糊住肚子过日子，生活困难。他与玛多县黄河乡阿央村 4 家贫困户结成对子，每年两次驱车 3 个多小时送上油米、面粉、茶叶和慰问金。

在果洛，上海千里驰援的故事很多。2018 年 9 月 4 日，奉贤区关工委常务副主任叶连均、执行副主任曹平生、副主任沈明飞、"助学帮困"组组长李伯才等一行赴达日县开展"情系高原，与爱同行"关爱助学行活动。助学团为达日县教育局捐赠 10 万元助学资金，向贫困学生发放了 200 份学习用品和书籍。值得一提的是，这个助学团的 4 位老同志平均年龄超过 70 岁，这么大的年纪远赴青藏高原，这在上海对口援助历史上是从来没有的。老同志永葆政治本色，送来的不仅仅是爱心书包，更让藏族孩子感受到中央关怀、上海温度，更激励了援青干部传承老同志崇高精神，更自觉、更精准地助力果洛州脱贫攻坚工作。

奉贤区"圆梦行动"，两地精准对接，惠及医疗帮扶、教育帮扶、产业帮扶诸多领域，还帮助贫困户孩子走出高原来到奉贤，开始就业脱贫之路。厂区落户在金汇镇的祥同科技是一家制鞋民企，连续三年赴青海果洛捐资赠物，价值达 300 万元，惠及果洛六县 19 所乡镇学校，受助学生 5002 名。

人无精神不立，国无精神不强。青海是一片精神高地："两弹一星"精神、"开路"精神、可可西里"坚守"精神、玉树"抗震救灾"精神，一批又一批的前辈和先驱响应国家号召，肩负光荣使命，不怕牺牲、忘我工作、自力更生、无私奉献，很多人献了青春献终身、献了终身献子孙，更有很多人献出了自己宝贵的生命。这些故事和事迹，无不深深的震撼和感动、激励和鞭策着他，同时也使他更加感到使命光荣、责任重大、机遇难得，更加坚定他在脱贫攻坚主战场传承精神，建功立业。

援青三年，更让他深刻地认识和理解了"东西部扶贫协作和对口支援是加强区域合作、推动区域协调发展，实现先富帮后富，最终实现共同富裕的大战略、大布局大举措"的重大意义。

　　三载春秋赴雪域、一生铭记果洛情。三年如梭，高原留痕，黝黑的脸庞，消瘦的身影，花白的头发，渐退的记忆，骤增的心跳……他无悔！三年弹指，岁月无声，连绵雪山净化心灵，酥油茶的浓香还留在唇齿间，格桑花开常驻心头……他无憾！

实干善成，担当有为

——吴志华同志先进事迹

吴志华，江苏省如皋市援青干部，2016年6月至2018年8月任青海省海南藏族自治州贵德县委常委、县人民政府副县长兼任州绿色产业发展园区管委会副主任（主持工作）。

从美丽的滨江滨海的南通市，来到青海高原的海南州和贵德县工作，对任何一个人来讲都是一种考验，吴志华不仅经历了这样的考验，而且很快把自己融入贵德县和海南州干事创业的一线当中。

到贵德仅半个多月后，州委州政府决定让他兼任海南州绿色产业发展园区管委会副主任，并主持园区日常工作。作为贵德县委常委、县人民政府副县长，他负责全县城乡建设、规划管理、招商引资、工业、经济商务、科技、安全生产和对口援建等方面工作。在州上的绿色产业园，他是日常工作的主持者。当时，园区的工作处在极为关键的时期，不容有丝毫懈怠。一肩挑着两副重担，两头的工作同样重要。就这样，吴志华在来到高原不到一个月的时间里，承担起两副重担，奔走于贵德县和共和县之间。

到任后，他立即扑下身子，进入角色，他凭借个人多年从事经济工作和主持工作积累的经验，结合新地区新岗位的特点，一边熟悉情况，一边开展工作。他雷厉风行的作风，科学准确的判断，以及沉着果断的决策艺术，在短时间内，赢得贵德县干部群众的好评。

到任伊始，他牵头狠抓江苏援建各个项目的推进，促使援建项目建设步伐稳健。在每一个项目实施现场，都可以看到他忙碌的身影。在江苏大道、河西社区卫生服务中心、贵德县文化产业培训展示中心建设项目现场，他一边察看、一边听取汇报，掌握第一手资料，采取现场办公的方式，现场指导，现场督办，现场指挥决策，成效明显。

吴志华对江苏援建贵德各项目的督办、协调非常认真。由于方法得当，措施有力，促成了贵德和南通两地在人才智力支持方面的计划顺利落地。经过援受双方沟通衔接，促成了两地各层面的友好交流互访。到 2017 年年初，两地互访达 28 批次 234 人次，建立了友好紧密的结对帮扶关系，促进了双方合作交流。同时，通过积极牵线搭桥，开通社会力量援助渠道，协调南通企业代表为贵德县 5 所学校 100 余名贫困生和贫困乡村、机关单位等捐助了价值 30.7 万元的物资。

来到高原，吴志华对自己的思想和工作提出了十个字的标准，即"严要求、讲奉献，认真履职"。经过他努力，在 2016 年稳步实施援建项目的基础上，2017 年实施援建项目 10 项，援助资金逐年递增。他还邀请 100 余名江苏等省外客商赴贵德广泛开展特色农牧、生态旅游、健康养生等资源实地考察、经贸洽谈等经济合作事项，让考察团在发现商机、挖掘商机的过程中，增强了合作参与贵德资源开发的信心。"青洽会"期间，他邀请 30 余名客商来贵德实地考察，特色农牧、生态旅游等推介项目给客商留下了深刻印象，签约项目 4 个，协议投资额达 9.8 亿元。

吴志华经常讲的一句话是："培养出一个有技术技能的农民，就能帮助一个家庭脱贫，而且不会轻易返贫。"在他的协调联系下，2016 年以来，在两地举办教师继续教育、就业创业、撤县设市以及乡村振兴培训等专题培训班 7 期，培训各类人员 1014 人（次）；邀请江苏重点中小学 100 余名老师到贵德深入课堂，现场指导交流；安排南通大学 5 名优秀研究生到海南支教；选派 71 名教师赴江苏重点学校"一对一"跟岗学习；选派 8 名年轻科级干部到如皋市挂职锻炼，取得良好效果。同时，积极与江苏企业联系，不断输送技能工人。2017 年 10 月份，贵德县 84 名工人到南通务工，其中建档立卡贫困户 34 人，得到省州领导高度关注。2018 年 3 月份，向南通市海通海洋工程有限公司输出贵德县劳务工人 60 名，向南通市长江镇造船企业输送共和县拉乙亥麻村 50 名劳务工人，并将随行的 5 名学前儿童全部安排进入幼儿园，使劳务人员学到了技术、转变了观念、增加了收入，同时解决了务工人员生活上的后顾之忧。同时，为贵德县人民医院眼科及贫困村社、贫困户和贫困学生等联系捐资捐物，折合人民币总价值达 93 万元。

　　经他的牵头和多方努力，2017 年 11 月，引进延伸风电产业链条的远景能源（江苏）有限公司入驻园区，总投资达 9.6 亿元。该项目一期建成后，年产值将达到 20 亿元；全面建成后，年产值将达到 40 亿元。2017 年度，园区完成产值 52.10 亿元，实现增加值 25.90 亿元，占全州工业增加值的 56.55%，实现销售收入 51.72 亿元。园区经济的快速增长，已成为全州经济增长的新引擎。

　　援青期间，只要是事关老百姓的事，他总会放在心上，想方设法地去帮助解决。从他为贵德县的群众争取民生项目，为贵德县的打工农民提供帮助等方面，我们看到了一个全心全意为人民服务、助力脱贫的好干部的形象。

真情援建，情满海西

——范剑同志先进事迹

2016年3月，为响应习总书记东西部扶贫协作讲话精神和中央治边治藏方略，在中组部部署安排下，受浙江省委省政府委派，作为技术专家的范剑同志义无反顾地踏上高原，开始对海西蒙古族藏族自治州人民医院进行为期4个月的医疗帮扶。范剑同志的专业是检验医学，可能很多人不太了解，检验医学是临床医学的基础，检验结果好比医生的眼睛和耳朵，对临床诊疗起着举足轻重的作用。范剑同志是国家合格评定认可委的技术评审员，来到高原后他发现海西地区检验质量有很大提升空间，就有了按照ISO15189标准筹建临床检验中心的想法。筹建临床检验中心，并使其最终覆盖到海西每个地区，让最基层的百姓也能享受到高水准的检验服务成了他的援青理想。在他的努力下，经过和援青指挥部沟通，筹建检验中心的想法得到了援青指挥部和海西州政府的高度认可，指挥部同意全额拨付近300万元经费用于检验中心建设。

2016年8月短期帮扶任务完成后，他主动申请跟随第三批援青团队对海西州人民医院进行为期一年半的长期帮扶，一来继续完成检验中心建设，二来完成医疗援建任务的交接。作为援建的州医院副院长和州卫计委的副主任，接下来的日子除了日常管理工作外，他亲自下实验室指导检验工作的开展，不断培训检验人员的操作规范，落实检验程序的标准化和规范化。2017年8月，依托州医院，利用浙江援青资金，积极筹建的青海省州级第一个检验中心——海西州临床检验中心正式挂牌并投入使用。目前，州医院检验质量已接近或达到ISO15189标准，更多的柴达木群众可以享受到高标准的医学检验服务。2018年9月，在组织召唤下，他又义无反顾地第三次踏上高原，和援青战友们一起为青海的发展贡献自己的力量。

"没有全民健康就没有全民小康",范剑同志同浙江医疗援青团队通过实施"五个一批"工程,促进五方面服务能力提升。

一是购置一批设备,提升优质医疗服务半径。三年来投入援青资金6300多万元支持海西州医疗机构医疗用房建设及购高新医疗设备,以海西州人民医院为重点打造东部区域医疗龙头。二是定一批规章制度,提升医院规范诊疗服务。专家团队根据海西州人民医院现状制定完善以《医院章程》为统领的现代医院管理制度。建立健全内部管理机构、管理制度、决策机制、议事规则、办事程序等,规范内部治理结构和权力运行规则,提高医院运行效率。三是新建一批学科,扩大医疗机构服务范围。医疗援青专家团队根据海西常见病和多发病,协助海西州人民医院成立心血管内科、泌尿外科,建成海西州临床检验中心、海西州东部区域医联体胸痛中心、海西州人民医院卒中中心、创伤中心和血液透析中心。心血管内科成功挂牌"海西州介入名医工作室",2018年申报青海省医学重点专科,胸痛中心成功通过国家初次网络评审,成为青海省州级第一家申报国家认证的基层中心。四是引进一批技术,提升疾病诊疗服务水平。援青专家团队发挥自身专业优势,带领本地医疗人才不断发展新诊疗技术,共填补海西州医疗技术空白45项,新增检验检查项目27项,其中钬激光碎石、冠状动脉内超声检查术、冠状动脉内旋磨术等4项技术达到青海省领先水平,其中冠状动脉内旋磨术被认定为"青海省省级三新技术项目"。五是培育一批人才,提高本土专业技术服务能力。浙江援青对海西州人才队伍建设突出"组团式"帮扶,3年来从浙江大学附属第一医院派出3批12位专家管理团队长期帮扶海西州人民医院,从医院管理、学科建设到技术创新、人才培养进行全方位帮扶,并且从浙江各对口支援地派出64位专家对各受援地短期技术帮扶"传帮带"。大力开展学科带头人培养,每年支持海西州卫生系统50位骨干人才赴浙进修学习。浙江医疗专家团队深入偏远农牧区为农牧民群众开展"健康海西行"送医下乡活动,送医行程达5000余公里、为3600名农牧民进行义诊,受到群众欢迎和好评。浙江援青联合浙江大学附属第一医院眼科在州人民医院实施"海西光明行"行动,通过浙江专家高超的医术,使海西州近200名贫困患者重见光明。

回顾自己的援青经历，范剑同志感到浙江人民与海西各族群众的心就像石榴籽那样紧紧地抱在一起，形成了兄弟姐妹一家亲、共建幸福大家庭的深情厚谊。如今，青海也已成为他的第二故乡……

扎根雪域，交通助脱贫

——宋立鹏同志先进事迹

2016 年 7 月由交通运输部选派，执行中央和国家机关、中央企业第三批援青任务，任青海省甘德县委常委、副县长，分管交通运输部对口援青，协管全县交通运输工作。2016—2019 三年援青期间，他牢记使命、克服困难、坚守岗位、努力工作，全身心融入，全身心奉献，紧密围绕交通运输精准扶贫，在高原牧区"四好农村路"建设方面做出了很多开创性贡献，为甘德县打赢脱贫攻坚战提供了坚实的交通保障。

援青以来，宋立鹏同志走遍了甘德县所属六乡一镇 36 个行政村，100 多个村民小队和社组，入户走访慰问牧民群众 200 余户。积极参与青海省委部署的"三联四做""两讲五促"等活动，先后参加五个乡镇的工作组，深入牧区、寺院、学校、医院，对中央文件和上级精神进行宣讲，对贫困牧户进行走访慰问，对基层党建进行辅导，对扶贫举措进行调研。

宋立鹏同志在深入调研思考的基础上，结合甘德县经济社会发展实际，充分发挥交通运输在打赢脱贫攻坚战中的基础性、先导性、支持性、保障性作用，围绕交通运输精准扶贫，积极推进高原牧区"四好农村路"建设。

援青期间，宋立鹏积极争取各类农村公路建设资金 1.4 亿多元，组织新建改建农村公路 500 余公里，新增硬化路 200 余公里，甘德县 36 个行政村中基本全部实现通硬化路目标，全县公路通车里程超过 2000 公里，覆盖全县的农村路网基本形成。

他积极推进全县农村公路管养一体化建设，在各乡镇设立公路管理站，组建养护队，实行站队一体化管理，覆盖全县的农村公路管养体系初步形成；将公路管理和养护与精准扶贫相结合，设置公路管理员公益性岗位，在建档立卡贫困户中选聘公路管理员和养护员，并利用扶贫互助资金购置公路养护设备，组建半专业性质的公路养护队伍，承揽农村公路养护工程任务，既落实了乡镇政府在农村公路管理中的主体责任，提高了公路养护质量，又为发展交通产业，助力牧民群众脱贫增收走出了一条新路子。

2018年底，甘德县采用牧民产业合作经营＋政府补贴的模式，组建了果洛州第一个城乡客运公司，投入两辆中型客车，开通了两条客运班线，运行线路覆盖全县6乡1镇，极大地方便了牧民群众的日常出行，"出门硬化路、抬脚上客车"在甘德已经初步实现。城乡客运开通后，宋立鹏同志又积极协调邮政系统依托客运班线，将邮政和物流快递网点延伸到乡镇一级，让牧区群众也能享受到电子商务的快捷和便利，也为下一步甘德县发展电子商务，让特色畜牧产品直接走出高原，增加牧民收入奠定了坚实基础。

在宋立鹏同志的主持和推动下，甘德县交通运输部门开展了一系列具有开创性的工作，"四好农村路"建设走在了果洛州乃至整个青南涉藏地区的前列。依托便捷的交通运输网络，甘德县积极推动高原生态畜牧业、特色旅游业发展，实现牧民增收，两年间已实现4个贫困村整体退出，1000余名贫困人口稳定脱贫，为甘德打赢脱贫攻坚战贡献了交通力量。

宋立鹏同志高度重视智力扶贫和教育扶贫，充分发挥自身的桥梁纽带作用，一人在前方，万人在后方。积极协调交通运输部海事局开展智力扶贫，组织甘德县10余名基层一线干部到东部发达地区进行参观和扶贫专题业务培训，收到良好效果。积极与中交报传媒科技有限公司协调，围绕电子商务发展开展精准扶贫，积极争取"交通电商"电子商务平台在甘德设点入网，推动"交通＋电商快递"等扶贫新模式在甘德落地。积极与本人派出单位北海航海保障中心协调，制定了包括捐赠物资，结对认亲，产业技术培训等在内的帮扶方案措施，先后为30名贫困家庭学生捐助了共计9万余元助学金，并积极参与甘德县团委发起的"微心愿"活动，先后为450名贫困家庭中小学生圆梦"微心愿"。

他积极与贫困牧户开展结对帮扶，与甘德县四户建档立卡贫困户结对，定期走访慰问，积极协调解决他们在医疗救助、残疾福利、子女上学、产业增收等方面的难题，帮助他们实现稳定脱贫。积极联系社会爱心人士与12名品学兼优的贫困学生开展长期性结对助学，每人每年资助金额2400元。他还在网络上发起了"山海相连，两地书香"活动，累计募集各类图书8000册，以及学习用品、儿童玩具等若干，为涉藏地区教育发展，推动教育扶贫做了一系列实事好事。

援青期间，宋立鹏同志战斗在深度贫困地区脱贫攻坚一线，扎根雪域，奉献交通，通过自己的不懈努力，做了很多为交通行业发展和群众民生改善的好事实事，得到了地方政府的接受和认可，也得到了人民群众的信任和爱戴，为甘德县打赢脱贫攻坚战贡献了自己的力量，无愧于一名新时代党的好干部。

担当奉献，善作善成

——龙亚宁同志先进事迹

龙亚宁同志，中共党员，原国家新闻出版广电总局第三批援青干部人才，任国家广播电视总局离退休干部局办公室主任（一级调研员）。2016 年 7 月，他响应中组部号召，报名参加援青工作，任职青海省玉树藏族自治州囊谦县委常委、副县长。援青期间，他深入一线，联系群众，积极融入，努力做好对口衔接工作，战斗到扶贫攻坚一线，用实际行动践行了一名党员干部的责任担当。

囊谦平均海拔 4200 米。面对高原缺氧的特殊环境，龙亚宁头痛失眠，还曾出现过非常严重的高原反应。心率由平原的七八十次，增加到一百余次，血压经常超过正常标准。最难熬的是冬季，空气干燥、缺氧严重，每隔半个小时，就要喝一次水，晚上躺在床上，都能听到心脏呼呼跳动的响声，胸口就像用一根绳子绷着一样，感觉随时都有可能拉断，整晚无法入眠。上高原两个月，体重下降 18 斤，缺氧造成的手指末端神经刺痛症状，回到北京也未能有所缓解。2017 年年初因胃部不适，他回北京体检，经查胃部出现贲门松弛、内壁糜烂等多种病症，肺部和心脏也出现多种常见高原症状，尽管在高原工作给他的心理和身体带来很多不适，他始终坚持缺氧不缺精气神，积极乐观应对，为了不影响工作，每次身体出现状况，他只是去医院拿些药后，又匆匆投入到囊谦的建设发展之中。

根据分工，龙亚宁分管县广播电视台，联系协调县网络公司工作。这期间，多次到县广播电视台、网络公司现场调研，听取他们的工作开展情况和面临的困难，根据掌握的情况，多次到省广电局及国家广电总局各业务司局联系汇报工作，争取在人才队伍建设和重大项目立项上给予倾斜照顾，落实囊谦广电各项扶持策 10 余项，应急广播建设资金 400 余万元，培训广电专业人才 6 人次，并联系促成中央人民广播电台中国乡村之声频道和囊谦县广播电视台结对共建，无偿为囊谦县提供节目源和技术支持。

囊谦是 1984 年国务院最早确定的贫困县之一，脱贫攻坚任务重。援青期间，龙亚宁时时把习总书记对困难群众的牵挂牢记心里，充分发挥主观能动性，全力以赴推进精准扶贫工作，推动精准扶贫落地囊谦，实现了囊谦县精准扶贫工作的一个又一个历史第一次。囊谦县的干部群众都说，龙县长真真把自己当囊谦人，真是处处为囊谦建设发展着想。

起初，县里考虑援派干部语言不通，民情不熟，在安排干部包村到户时没有给他具体任务，龙亚宁主动向县委县政府主要领导请缨，坚持包村到户上一线。他负责联点的尕羊乡茶滩村，海拔 4500 余米，距离县城 140 余公里，自然条件恶劣、通讯交通不便、脱贫条件差。受领任务后，龙亚宁积极联系尕羊乡党委、政府，多次深入村一线、入户贫困家庭，宣传党的脱贫政策、了解致贫原因、探讨脱贫良策，寻找增收途径。他积极深化尕羊和北京市西城区广外街道对口援助关系，争取广外街道为尕羊"三优种畜基地"提供扩建资金 50 万元；根据茶滩村藏文书法爱好者较多的特点，在乡政府帮助建立书法协会的基础上，会同乡政府负责人进一步优化协会运行方式，协助茶滩村成立藏文化交流公司，把消耗性的爱好变成产生运营效益的经营项目，2018 年，协会各类书法作品成交 20 余万元，实现了家门口的增收见效。2018 年茶滩村各项指标达到脱贫标准，提前实现脱贫目标，顺利通过县、州考核验收。

在做好本职工作的同时，龙亚宁同志还充分发挥桥梁纽带作用，为援受双方深化合作当好"红娘"，紧紧依托各援建、援助单位，推动众多内地企事业单位以多种形式到囊谦县开展对口帮扶，在资金投入、项目支持、人才培养、政策倾斜等方面全面扶持。2017 年初，在他的精心安排下，囊谦县党政代表团用三天的时间，成功实现对国家广电总局、光明日报社、西城区政府、门头沟区政府、中广电设计研究院等五家援建、援助单位的首次拜访，为援派各方今后的协作交流确定了方向、奠定了基础，取得了丰硕成果。

援青三年，龙亚宁向国家广电总局争取助学金 30 万元，惠及贫困学生二百余人。争取基层党员活动场所修缮专项资金 140 万元，为白扎乡多麦村建设 360 平方米的村级综合党员活动中心。为囊谦县 5 所中小学向韬奋基金会争取图书价值 50 万元。联系"小爱也温暖"基金会，为囊谦县城南幼儿园的小朋友们捐赠爱心"快乐包"398 份，价值 4 万余元。

2017 年 8 月，他协调争取中央统战部"同心·共铸中国心"大型公益活动走进囊谦，上百名来自北京的顶级医疗专家为当地百姓送医送药，捐赠药品 34.8 万元，活动为当地寺院建设"四个一工程"（建一个图书室、一个健身房、一个浴室、一个医务室）试点，为 10 名囊谦县先天性心脏病儿童筹措到北京手术治疗的行程经费。他还推动中央电视台"广告精准扶贫"项目为囊谦县量身定制的旅游文化推介公益广告，连续三年在中央电视台 11 个频道各滚动播放 1 个月，荧屏资源商业价值约 5000 余万元，开创了中央电视台对一个县进行区域专题宣传的先河。

龙亚宁同志爱系玉树、情洒囊谦、心怀百姓。他讲政治、能干事，敢担当、有作为，能坚守、讲奉献。在青海囊谦三年的时间里，经受住了高海拔严酷生存条件及陌生地域、陌生工作领域、陌生人文环境等多重考验。给囊谦发展带来了新的理念、新的思路、新的力量，提高了囊谦县委、政府领导班子的整体创新力和战斗力，赢得当地干部群众充分信任和赞誉，为推动囊谦县政治、经济、社会、文化、民族建设发展做出了突出贡献。

无私援助，扎根奉献

——王珏同志先进事迹

　　王珏，1974年8月出生，中粮集团选派的第三批援青干部，2016年7月任青海省海北藏族自治州门源回族自治县委常委、副县长。任职以来，王珏努力克服生活不便、环境艰苦等各方面的困难，忠于职守，无私奉献，情洒高原，充分发挥桥梁和纽带作用，以高度责任感和使命感，助力门源县脱贫攻坚和社会经济持续健康发展。

　　到任伊始，王珏分秒必争，陆续对机关、企业、乡镇、村社区和农户进行走访和调研，问询了解当地资源、生产、生活、工作等情况，掌握第一手信息，工作思路也逐渐明了。通过前期深入基层调查研究及总结归纳，王珏认为援青工作要少一点锦上添花，多一些雪中送炭。加强、改善当地基础设施建设，保障群众基本生活需求，是最基本、重要的工作。

　　门源县8个乡镇兽医站办公用房年久失修，房屋多为砖混结构平房或二层楼，加之2016年地震造成部分房屋出现墙体裂缝、墙面脱落、后墙塌陷等，存在较大安全隐患。王珏向中粮集团申请，调拨援助资金260万元用于"门源县乡镇畜牧兽医站重建维修项目"，该项目实施后，惠及贫困村36个，贫困户2330户，贫困人口8278人。针对门源县有20个贫困村23个卫生室达不到脱贫验收要求的实际，王珏积极推动实施"门源县脱贫攻坚贫困村卫生室标准化建设项目"，新建卫生室14个、扩建5个、维修加固4个，惠及相关村5529户、25330人。门源县泉口镇是青海涉藏地区连片深度困难乡镇，后沟村、沈家湾村均属深度贫困村，两村地处脑山地区，山大沟深，生产生活设施条件差，缺乏基本的生存条件，王珏心系群众，深入家访慰问，与他们促膝交谈，了解他们的安危冷暖，倾听他们的呼声建议，向中粮集团申请

300万元，助力实施"泉口镇后沟村、沈家湾村易地扶贫搬迁配套基础设施项目"，为改善群众生活贡献了一分力量。同时，协调中粮集团拨付门源县65万元，帮扶救助贫困党员86名，共计16.34万元，帮扶学生245名，共计48.66万元。

援青三年来，王珏充分发挥桥梁、纽带作用，围绕门源县现代生态农牧、特色产品加工、文化旅游、健康养生四大产业，协调中粮肉食、蒙牛乳业、中粮营养研究院、中粮饲料、中粮我买网和中粮可口可乐兰州公司等企业、平台，来门源县调研相关资源情况，并积极发挥所在产业、渠道、品牌优势，探索和推进产业帮扶。

2018年，王珏将中粮集团第二批援助资金150万元，与山东援建门源县农牧区电子商务发展资金240万元整合，实施"县电子商务体验中心项目"，建成运行乡镇电商服务站12个，实现乡镇电商服务站全覆盖，建成运行村级电商服务点70个，其中44个贫困村实现全覆盖。搭借电商快速发展的东风，在王珏和门源县政府的共同努力下，精心打造了高原油菜花蜜、高原牛羊肉、有机菜籽油等一批精品网货，全县注册商标数达330件。同时，与京东、淘宝等大型电商平台进行了深入合作，开通了京东门源特产馆、大美青海·花海门源淘宝旗舰店等，上线五大类40余款产品，开通门源电商微商城并帮助企业和个人开通网店100余家，2018年，全县完成线上交易额2000余万元。王珏还积极组织门源县特色产品参加中粮集团北京总部扶贫日活动，并将产品上线中粮集团我买网扶贫专区。

2019年7月，第三批援青干部任期结束时，王珏主动申请延期任职，继续作为第四批援青干部留在门源县。"很多工作刚打开新局面走上正轨，这个时候我不能走。"对于未来的援助帮扶，王珏有了更加明确的方向和目标。

2019年12月中旬，在王珏的努力争取和中粮集团的全力支持下，中粮贸易启动消费扶贫工作，与门源县确定38.5万元员工福利采购订单，并于2020年1月寄发当地产品。

除此之外，王珏注意到门源县学前教育城乡区域发展不平衡，学前教育仍是各级教育中的薄弱环节，特别是农牧区各乡村学前教育装备不足的问题突出，经过与当地政府协商讨论后，将2019年度中粮集团的500万援助资金，全部用于支持门源县学前教育条件提升改善，用于购买门源村级幼儿园玩教具、设施设备、建设活动场地等，惠及幼儿园 46 所，其中深度贫困乡镇幼儿园 31 所，贫困村幼儿园 15 所。同时，今年计划继续援助两个深度贫困镇及其他乡镇村级幼儿园校园玩教具购置、水电暖及排污、围墙、校门、厕所、活动场地建设，以及设施设备配置，改善村级幼儿园教学条件，切实推进城乡学前教育资源均等平衡，进一步巩固脱贫攻坚成果。

"三年多的时间，青海和中粮集团的互访更多了，交流更广了，对口支援的视野更宽了，我感到很欣慰。在我看来'援青'一方面是援助、帮助青海发展，而另一方面更重要的是对自己的锻炼，应该把援青工作当作施展才华的广阔舞台，在丰富生动的实践中磨炼意志、砥砺品格、增长才干，努力创造经得起历史、实践和人民检验的业绩。今后，我将继续担负起援青职责，为推动门源县经济社会发展贡献力量。"王珏真诚地说。

用情用心，做深做细

——钱有同志先进事迹

2016 年 7 月 24 日，是钱有同志一生中最难忘的日子，因为在这一天中国石油化工集团有限公司组织部正式通知他参加一项光荣的任务——作为第三批援青干部投身脱贫攻坚的主战场。2016 年 8 月，青海省委省政府把中国石化第三批对口支援地点从海西蒙古族藏族自治州茫崖行委转到了黄南藏族自治州泽库县。在青海素有"黄南很难，泽库最苦"之说，是脱贫攻坚战中的"贫中之贫，坚中之坚"。到青后，他按照习近平总书记视察青海时作出的"四个扎扎实实"重要指示，紧紧围绕抓好教育帮扶、消费帮扶、就业帮扶和基础设施提升等工作，走出了一条适合泽库县情的帮扶之路。

他结合中央、地方政府政策要求，结合受援地经济社会规划，结合受援地群众需求，抓住改善民生、助力脱贫攻坚、促进民族团结进步三个重点，编写《中国石化对口支援泽库县三年脱贫攻坚行动计划》，为助力泽库打赢脱贫攻坚战提供帮扶规划。制定了《中国石化对口支援泽库县援建资金及项目管理办法》，确保项目实施到位与帮扶资金使用合规。

授人以鱼不如授人以渔。经过认真调研，钱有同志从实际情况出发，坚持"扶贫先扶智扶志"的理念，对接有关部门支援泽库县发展教育事业，将中国石化 43% 的援助资金投到了教育领域。新建泽库县西部民族中学，高标准建设围墙、校门、连廊、梯形教室等辅助设施；实施五所学校饮水工程项目，1928 名师生饮水安全得到保障，师生饮水"夏靠一眼井，冬靠一提桶"的日子一去不复返；修缮王家乡中心完小运动场，为孩子们圆梦草皮足球场；在泽库县第一民族中学开设高中"中石化女子春蕾班"，为 50 名女学生发放交通费、生活补助、校服等助学金，解决她们的后顾之忧，并组织了春蕾班学生前往北京开展夏令营活动；实施两所寄宿制小学宿舍楼建设项目，600 多名学生从矮旧拥挤的平房搬入了温暖舒适的楼房。钱有同志结合藏族同胞愿意就地就近就业的实际情况，积极协调青海石油公司在泽库县举办专场招聘会，吸收泽库籍员工 18 人，新入职员工月收入达 5000 余元。提议设立泽库籍员工加油站培训基地，对他们进行关爱关注。其中，有三名同志已培养成加油站站长。为更好促进就业，实现"招得进、留得住、用得好，使家庭脱贫，使孩子成长"的目标，他多次陪同组织员工家长到工作地点实地参观，缓解加油员思家情绪与家长顾虑。

他大力推进消费扶贫，带动泽库产业园区企业发展，助力产业升级，助推品牌建设，促进泽库县特色产品外销。一是组织泽库县企业参加中国石化在西宁举办青海特色商品订货会，青海扶贫特色商品已在中国石化 2 万余座"易捷"便利店有售。二是利用泽库有机畜牧业产业优势，打造中石化"易捷"专用品牌牦牛肉干，帮助销售 436 万元，督促落实企业与贫困户建立利益联结机制，提高群众收入。引入原工作单位北京石油公司高于市场价收购牛羊肉 72 万元，泽库贫困户每头牛增收 1200 元，每只羊增收 200 元。三是在青海湖畔圣湖加油站帮助代销泽库丝巾、藏服和石雕等产品近万元。四是积极推广泽库县产品，通过参加"易捷十周年"杭州展销会、中国石化扶贫产品南京推介会等各类展销，签订产品销售订单，拓展泽库特色产品知名度。

援青三年里，钱有同志驱车近 12 万公里，走遍了泽库所有行政村，了解到水电路等基础设施历史欠账多，群众居住分散，水管线覆盖面小，存在供水点不足，管护力量弱，管网失修老化等现象。他争取援助资金实施 9 项水利工程，解决 5563 人和 8 万头大牲畜饮水难题。实施泽库县易地搬迁点安全饮水工程，改善生产、生活条件，提高群众生活质量。同时他还积极协调，与北京尤迈健康医疗合作，实施远程医疗服务，实现远程会诊重症、疑难杂症患者 30 余人次，使泽库县群众不用出县即可享受到北京协和医院的医疗服务。

泽库县平均海拔 3600 米以上，空气含氧量只有平原上的一半多点，而紫外线强度却是平原上的十倍，年平均气温在零摄氏度以下，高寒、风沙、干燥、昼夜温差大，自然环境恶劣。2018 年 4 月，他因缺氧导致摔倒，不慎造成脑部颧骨骨折住进了青海省人民医院，当晚主治医师下达了病危通知，必须留院治疗十五天以上。钱有同志躺在病床上，重新梳理一遍帮扶工作任务，深感责任重大，在第九天他就要求出院返回了脱贫攻坚第一线。

2020年4月21日，当青海省人民政府发文批复同意泽库县退出贫困县的喜讯传来的时候，钱有同志怀着激动的心情，通过电话与一起奋战在泽库的"战友"们分享了喜悦的心情。从青藏高原援助期满后，他没有休整，继续留在中国石化助力脱贫攻坚的工作岗位上贡献自己的力量。

第一书记

党建促脱贫，产业谋发展

——艾敏同志先进事迹

　　艾敏，1980 年 2 月出生，曾在武警青海省某部服役，现在省纪委办公厅工作。2018 年，省纪委根据省委组织部关于派驻第二轮扶贫工作队的工作要求，派遣艾敏前往青海省西宁市湟源县波航乡上泉尔村为驻村第一书记开展精准扶贫工作。为解决村级发展难题，他通过"抓党建促脱贫"，同时访民情，解民意，精准施策，并把发展产业项目作为精准脱贫的主抓手，激发群众产业发展内生动力，取得明显成效。昔日的"贫困村"正转  身变为一个基础完善、产业发展、环境秀美、生机盎然的村子。

　　上泉尔村位于波航乡东南 5 公里处，距湟源县城约 7 公里，全村平均海拔 2680 米，全村目前共有 199 户、718 人，1 个党支部、党员 42 人。现有贫困户 33 户、141 人。初到上泉尔村，艾敏发现村基层党组织涣散，党员凝聚力较弱。"群众要致富，关键看支部。村里没有一好的支部，乡村振兴、脱贫攻坚就失去了主心骨。"艾敏深入走访群众后发现，脱贫攻坚要以加强基层党建工作为切入点，从党建着手打开扶贫工作突破口，着力打造一支坚强有力的脱贫攻坚队伍。

　　针对班子软弱的问题，他狠抓队伍建设，建强脱贫攻坚战斗堡垒。以"三会一课"为抓手，确定每年至少召开四次党员大会、每月 10 日召开村党支部会议，形成落实责任制度，针对村内重要事项不召开会议研究，白天外出打工人员较多等实际困难，艾敏将支部活动及会议调整至晚上进行，尽量让每个党员都能够参与到各项组织活动中，充分利用"三会一课"制度推进"不忘初心、牢记使命"主题教育活动，组织广大党员干部学习习近平新时代中国特色社会主义思想，牢固树立"四个意识"，坚定"四个自信"，做到"两个维护"。一方面制定学习计划，通过"三会一课"强化全村党员培训教育，积极开展集体学习，另一方面引导自学，要求全村党员利用业余时间学习"学习强国"APP，并在群众中做好政策宣传，为脱贫攻坚工作的开展打下了理论基础。

"艾书记，我养牛遇到了资金问题，眼看饲料就不够了，可怎么办啊？"贫困户龙月林找到艾敏寻求解决产业发展中遇到的资金问题。面对龙月林遇到的问题，艾敏第一时间协助其办理了"530贷款"。与此同时，艾敏开始挨家挨户宣传"530"贷款和互助资金政策。以前村里的贫困户想要靠自己的双手发展产业却苦苦没有资金，艾敏通过"530"贷款"互助资金"等一系列帮扶政策来帮助解决贫困户在扩大产业规模中遇到的资金难题，如今几乎是"家家有产业，人人求发展"。

"艾书记，我娃娃考上大学了，我们全家都乐坏了，可这学费真不少啊！"贫困户龙发林找到艾敏诉苦。"我正要找你去呢，你娃娃考上大学我早就知道了，党和国家对考上大学的贫困大学生有补助，你娃娃的情况我已经报到乡里了，你现在按我的要求去办一些手续就可以了！"艾敏"未雨绸缪"地解决了他的困难。这样的例子可不少，仅2019年，艾敏就帮助7名贫困大学生申请了"雨露计划"教育补助。从此上大学不再是老乡心里的难事，而是寒门学子改变人生的大喜事。

产业的缺失是乡村贫困的根本原因之一。艾敏发现村里几乎每家都有养猪的传统，老百姓对于养猪的积极性非常高，经与村两委多次研究，艾敏决定将生猪养殖作为村主体产业来发展。艾敏提出要建设生猪养殖基地，以养殖基地为依托，以点带面，带动全村百姓全面发展。通过养殖基地为百姓提供优质的仔猪、饲料搭配、专业技术指导以及后期销售渠道，带动全村百姓发展生猪养殖产业。

想建设一个规模化养殖基地，靠单打独斗是难以完成的，于是，主动联系浪湾、泉尔湾、胡思洞村谋求共同发展。在艾敏的努力下，最终整合四个村共计 453 万元扶贫资金用于建设湟源兴泉生猪养殖基地，单打独斗变为抱团发展、共同富裕的新形势。它的建成将会极大地推动乡村产业的发展，为四村的乡村振兴添上浓墨重彩的一笔。

在他的带领下，上泉村 33 户贫困户均达到了"两不愁三保障"的基本要求和六条脱贫标准，于 2018 年底全部实现脱贫，上泉尔村退出贫困村，并于 2019 年圆满通过国家第三方评估验收和省际交叉考核。

摸清情况，为民务实

—— 贺占财同志先进事迹

青海省西宁市大通县良教乡下治泉村地理位置得天独厚，隔北川河与塔尔镇相望，东离县城桥头镇仅6公里，西距老县城城关镇10公里，国道227线贯穿全境。全村99%是回族，有900余户、3800余人。2016年，确定建档立卡户102户、433人，是全县贫困户和贫困人口最多的贫困村。

贺占财原来一直从事业务工作，没有基层农村工作经验，履职第一书记的他坦言压力很大、责任很重，可他深知开弓没有回头箭，不能辜负组织的信任，他暗下决心，困难再大也要顶着压力上，一定要在"第一书记"岗位上干出点名堂，他以身作则，组织村"两委"班子成员、村党员深入学习习近平总书记关于扶贫开发的重要讲话和指示，深刻研读省、市、县关于精准脱贫工作的相关政策和文件精神，认真落实上级党委关于脱贫攻坚的重大部署和决策。除此之外，他还虚心向良教乡其他第一书记的和驻村干部学习请教，听他们分享驻村经验，交流工作心得，分析问题所在，然后反复思考琢磨，认真揣摩做好"第一书记"的经验和技巧，为顺利开展驻村工作提供了知识储备。

驻村后，看到村容村貌并不如人意，尤其是从乱泉坡开始的沟渠，生活垃圾遍布，村巷里缺少垃圾箱，村道旁堆积物影响交通，广场四周脏乱不堪。

为了尽快掌握村内发展及贫困户的基本情况，在熟悉前任第一书记走访笔记的基础上，他对全村已确定的 102 户挨家挨户走访了解民情民意，利用 1 个月时间他对 102 户建档立卡贫困户进行了走访，深入了解他们的基本情况。通过近一个多月时间，最后还是将 102 户贫困户的基本情况摸透了，也基本了解了全村的贫困状况。在深入农户走访的同时，他多次组织村"两委"班子和党员群众代表座谈了解村里的基本情况、群众对村"两委"及扶贫（驻村）工作队的期盼和要求，倾听群众最关心的热难点话题、掌握第一手资料，通过一段时间调研走访，他就把村"两委"班子建设、生产生活状况、民情民意等做到了底数清、情况明，并按照国家和省、市、县对贫困户、贫困村进行识别和建档立卡的工作要求严格执行识别标准，把最贫困的户纳入帮扶范围，科学合理制定帮扶计划。精心编制了下治泉村产业发展实施方案，制定了贫困户脱贫计划、帮扶措施，建立台账，实行动态化管理。

他深知作为第一书记，抓班子、建制度，建强基层组织是第一书记的首要任务，只有在强大的党组织的带领下下治泉村才能完成脱贫攻坚的政治任务。采用村委集中学习、组织生活会、村内宣传小喇叭、微信工作群等，积极宣传学习中央、省、市、县精准扶贫相关材料，强化了党员的教育管理，完善了村"四议两公开""一事一议"等村两委的议事规则和决策程序，推进村务、党务、财务公开，使村内各项工作稳步推进。无数个周末和节假日，为了使贫困户达到"两不愁三保障"，他和村干部一起为村里脱贫事宜终日忙碌，为村里道路硬化、广场扩建、田间路拓宽奔走，终于，功夫不负有心人，各项村里的工程逐项开工建设了，同时在村里实施人畜饮水工程的施工队帮助下，清理河道沟渠，实施村道畅通工程，将影响交通堆在路边的建材、垃圾、积肥组织村民进行清理，对广场周边没硬化区域进行卫生整治，村民们对这个第一书记竖起了大拇指。在任第一书记以来，他先后争取资金 31.1 万元对村委会办公室、标准化卫生室进行了修缮和加盖，投资 30 余万元完成了村广场续建项目；协调水务等相关部门争取资金完成了投资 83 万元的村内人畜饮水工程路面修复工程、争取资金 452.8 万元新建高标准基本农田水渠 24.9 公里，改建 7 公里，协调县交通运输局投入 240 多万元新建（修补）村级道路 7 公里、12 万元修建涵洞 2 道，争取资金 50 万元打造下治泉村砂罐非物质文化展示厅等项目，解决了群众吃水难、出行难的问题，并与村"两委"班子商议投入

50万元村集体经济发展资金统实施光伏项目，实现村集体经济"破零"。积极发展养牛特色产业项目，为贫困农民增收，积极争取互助发展资金50万元贷款发放到25户农户手上，为他们发展经济提供了资金支持。2018年下治泉村顺利完成脱贫摘帽。

贺占财同志用自己的实际行动诠释着一名普通共产党员的初心和使命，他攻坚克难，带领村内群众增收，使广大群众通过自己的劳动走上致富的道路，成为全村群众致富奔小康的领路人。

凝心聚力促发展，带领群众共致富

——李栋同志先进事迹

李栋，西宁市食品药品监督管理局食品流通处处长，2017 年 12 月，派驻青海省西宁市湟中县李家山镇汉水沟村担任扶贫第一书记。汉水沟村是一个纯回族村，2015 年被确定为重点贫困村。初到汉水沟村的李栋，被眼前贫瘠的山梁和村里破旧的房屋所震惊，群众渴望过美好日子的眼神让他下定决心一定要"带领大伙发家致富"。在汉水沟村的每一个日日夜夜，他时刻都在思考一个问题："怎样才能让李家山镇这个经济收入最少、矛盾最多、

问题最复杂的汉水沟村摘掉穷帽子，实现全村 35 户贫困户脱贫摘帽？如何让村里的民风好转，实现乡亲们和睦相处？"为此，他挨家挨户入户调查，了解村情民情，带领群众兴产业、谋发展、找出路、拔穷根，开始了汉水沟村的"脱贫计"。

汉水沟村党员 28 名，在村党员只有 8 人，其他党员常年外出务工，村里每次召开党员大会商讨重要事务时，参会人员往往连一半都达不到。面对这种情况，他召集村"两委"班子分析原因、寻找方法。经过调查了解，他决定利用"汉水沟村党员微党课"交流群等网络媒介开展"网络组织生活"，充分利用微信群对外出党员传达会议精神、征求外出党员意见，在微信群里定期推送学习资料，供全体党员借鉴和学习。同时，由第一书记和支部书记带

头讲党课，在微信群里督促外出党员加强学习，及时掌握新政策、新知识。网络新载体的应用打破了以往组织生活时间和空间的限制，不仅让外出党员可以了解到村里的事务，还让党支部的组织生活正常化。

汉水沟村是个纯农业村，为带领全村改变贫困面貌，李栋书记积极协调帮扶单位西宁市市场监督管理局筹资 5 万元，免费为村民提供种子、化肥、地膜等生产资料，带领工作队挨家挨户做工作，鼓励村民种植中药材当归。但汉水沟村村民祖祖辈辈都种植洋芋、油菜、小麦等常规农作物。这时，李栋动员原村党支部书记赵福清和贫困户马炳文站出来带头试种，在赵福清和马炳文的带领下 12 户村民种植了 75 亩当归。年底当归丰收了，个头大、品质好，从最初的每公斤 9 元，涨到每公斤 11.3 元。他还鼓励贫困户马炳文创办合作社带领乡亲们走调整产业发展之路，在他和工作队的支持下，马炳文联合村民成立了"湟中炳宗种养殖专业合作社"，马炳文也成了贫困户中产业扶持的典范。

李栋书记在走访中发现，汉水沟村家家户户都有做馍馍的传统手艺，而且做出的馍馍远近闻名，很多人都慕名来买。很多村民在农闲时节靠卖馍馍为生，在青海、甘肃、宁夏各处都有汉水沟人开的馍馍铺，全村在外地开的馍馍铺就有 120 多家，但是由于都是个体经营，收益不均衡。为了让汉水沟馍馍成为村民增收致富的产业，李栋书记带领驻村工作队和村"两委"干部认真分析，确定了走抱团发展的路子。为此，他请专人设计商标图案，向国家商标局申请注册商标，同时，提高馍馍加工工艺的标准，使用统一的商标，让汉水沟的馍馍成为像"沙县小吃""化隆拉面"一样的品牌，利用品牌的力量将汉水沟村的馍馍产业做大做强。2019 年 6 月，在他的努力下，成功申请注册"汉水沟馍馍""云谷川当归"商标，涵盖 20 多个农产品，使该村的产业品牌实现了"零"的突破，有了"夏都馍馍第一村"的品牌。

众人拾柴火焰高，李栋书记深知只有让更多的力量聚集到脱贫攻坚工作中，才能真扶贫、扶真贫。一次偶然的机会，他看到了这样一张照片：下西河小学举办"六·一"儿童节运动会，汉水沟村教学点代表队由于没有统一的校服，穿着各式各样的服装，在一群整齐校服的学生方阵里显得格格不入。当他看到这张照片时，不禁潸然泪下，便暗自下定决心，一定要让汉水沟的孩子穿上新校服、背上新书包。为此，他将汉水沟的孩子情况写成美篇在微信圈传播，通过网络认识一批爱心人士为汉水沟村小学募集到了价值近 3 万元的校服和书包发放给学生。

驻村期间，李栋时常盘腿坐在村民家炕上或蹲在地头认真倾听乡亲们或充满希望的向往，或牢骚满腹的抱怨，或东家长西家短，在不断与群众交流中了解乡亲们的所想所思所求，在实践中修正自己的工作方法方式，给村民们拉家常、讲政策、想办法。在他不断努力下，汉水沟村已经改头换面，成为全县脱贫致富的"标杆村"。

用心用情，干在实处

—— 马锁安同志先进事迹

马锁安，现任中共青海省委组织部干部教育处（省组工干部培训办公室）处长（主任）、一级调研员。2015年10月至2018年4月，担任青海省海东市互助土族自治县台子乡哇麻村第一书记、扶贫工作队队长。驻村开展扶贫工作期间，他倾心为民、默默奉献，攻坚克难、干在实处，一心一意为贫困群众办实事解难事，带领贫困群众走上了一条发展致富、稳定脱贫的新路。

刚到哇麻村时，为尽快熟悉村情，他白天带领队员到田间地头，与贫困户一边劳动、一边了解生产情况和村情民意。在广泛深入调查的基础上，梳理出全村基础设施落后、部分农户用水难用电难、发展产业缺资金缺技术、村庄环境治理矛盾多等8个方面的问题和困难。面对群众企盼的眼神，面对亟待难办的事情，马锁安并没有气馁，扑下身子，发动群众，召集村干部会、党员会、群众会，宣传精准扶贫的理念和政策，讲解识别贫困户的方法和程序，把党的政策原原本本地交给群众，充分发挥群众主体作用，在群众民主讨论的过程中，理清了精准扶贫的思路，研究确定了扶持项目。

马锁安把改善村容村貌作为脱贫攻坚的突破口，多次到有关单位反映情况、争取支持。县上没有项目，就跑市上、省上，去一次不行，就去两次、三次。

凭着这种坚韧不拔的精神，先后为村里争取到高原美丽乡村、危房改造、水电路基础设施等项目 10 个，落实资金 1178.13 万元。新建了 300 平方米的村文化室；新建和改建农户大门 139 个；修建庄廊砖墙 1470 米；实施 23 户危房改造项目。同时，组织动员群众开展村庄环境整治，拓宽了村庄巷道，村容村貌焕然一新，群众居住环境得到有效改善。为实施安全饮水工程，他与勘测人员跑遍村内所有沟汊寻找水源。为了确保工程质量，他多次到施工现场催进度、抓质量，协调解决施工过程中存在的困难，按期完成了新建蓄水池 2 个，铺设管道近 2 公里的工程量，将自来水管通到每户家门口。因种种原因，在哇麻村丫合掌居住的 23 户一直未能通上生产生活用电，加之村里电线老化，不但用电量不足，而且安全隐患突出。经他多次协调争取，省县电力公司实施了全村电网改造工程，丫合掌集中定居点也通了电，全村群众生产生活用电得到有效保障。

精准扶贫，意在把脉贫困户的具体情况，开出治贫良方。马锁安带领队员挨门逐户摸"家底"、找"贫根"，帮助制定脱贫计划，将"八个一批"脱贫措施精准落实到户到人。哇麻村 62 户贫困户中，有 24 户因病致贫。为减轻贫困群众住院看病造成的家庭经济负担，他积极推进健康扶贫，在省委组织部大力支持下，邀请北京市援青医疗专家和省医疗机构的医生到村多次开展义诊，有些患有风湿关节、腰膝劳损的村民达到了满意的治疗效果。

在扶贫工作中，马锁安充分发挥第一书记上联单位、下联群众的优势，及时向省委组织部汇报哇麻村精准扶贫工作进展，积极为做好结对帮扶工作建言献策，推进帮扶从以往给钱给物向帮助贫困户寻找致富门路、激发脱贫内生动力转变。部务会成员多次到哇麻村调研，走访慰问贫困户、老党员和卸任村干部，为精准扶贫把脉导航。部机关 4 个党支部协同工作队协调帮扶项目，捐助村公益事业发展资金，向贫困群众送去生产生活物资。64 名党员干部与贫困户结对子、认亲戚，在发展产业、外出务工、子女上学、住院看病等方面为结对户施以援助之手，贫困群众铭心感怀。

脱贫更需造血，马锁安与队员、村干部一起依据村情民意，帮助贫困群众选择发展有比较优势、能脱贫致富的特色种养产业。在选择产业项目过程中，他不主观臆断、不盲目跟风，尊重群众意愿，倾听专家意见。他亲自制定《哇麻村精准扶贫产业扶持项目实施办法》，极大地调动了贫困群众的积极性。在产业项目组织实施过程中，从计划安排、项目实施、督促进度到申请分批拨付资金到户、村级自查验收项目等各个环节，他都认真负责、加强监管，避免项目实施中弄虚作假。

驻村两年多，马锁安带领队员为哇麻村争取并实施 10 个特色种养产业项目，落实资金 475.51 万元。扶持 47 户贫困户养殖肉牛 133 头、8 户养殖土猪 140 头、5 户养殖肉鸡 550 只；建成了哇麻村标准化规模葱花土鸡养殖场 1 处。在发展特色种植方面，争取实施林下经济当归种植项目，共扶持 138 户种植当归 518 亩，其中 53 户贫困户种植当归 250 亩；74 户贫困户种植长白葱 81.17 亩；118 户种植小蚕豆 162 亩。成立了哇麻村第一个种养殖农民专业合作社，带动 62 户贫困户脱贫致富。2016 年、2017 年哇麻村 62 户建档立卡户仅通过发展特色种养业，人均增收 1500 元。依据哇麻村发展乡村旅游的区位和资源优势，他积极争取财政支持，落实资金 1340 万元，实施旅游扶贫项目，推动乡村旅游与特色种植养殖产业融合发展，拓宽贫困群众增收渠道，建立贫困群众稳定增收的长效机制。

辛勤结硕果，2016 年底，哇麻村 62 户建档立卡贫困户如期实现脱贫。哇麻村被海东市评为全市脱贫攻坚工作先进村，马锁安先后荣获海东市、青海省优秀驻村"第一书记"称号，2017 年 9 月荣获全国脱贫攻坚奖贡献奖。

不忘初心，一心为民

——张金兰同志先进事迹

"大姐姐，你好！春节快乐，工作顺心，万事吉祥，您就像天上的太阳和月。照亮温暖我的心，我以前的注（住）房象（像）火（伙）房，现在注（住）房象（像）天堂，对我来说好得很，感谢您姐姐儿恩惰（情），太感谢您啊，我的姐儿，祝姐姐身体健康工作顺利一切平安。"2019年大年初一，张金兰手机上收到了低保兜底户苏长荣的祝福信息。信息中有错别字，表达也不够准确，但对于一个两只手伸不到衣服口袋里、生活不能自理的重度残疾人，这些话可能写了一整天或更长时间。

2019年3月4日，张金兰工作日志："快进来，快进来，我这个丫头又来看我了，哈哈，老了老了，还住上了新房，感觉就像在梦里。原来在屋里安上多大的灯泡都不亮，现在这么亮。"说着，吴春梅老人跪下来解我的鞋带，要给我垫她亲手做的鞋垫。此情此景，我再也抑制不住自己的泪水："我才做了多大的事，要70多岁的老人用这种方式来报答我？"

自2015年10月8日任互助县五峰镇石湾村第一书记以来，这样的感动对张金兰来说不是第一次。一则信息、一个解鞋带的动作，无不饱含着石湾村村民对张金兰的爱戴和感激之情。

作为第一书记，张金兰始终把党建工作摆上位、抓在手，进行党员集中培训，提高党员党性修养，引导党员干部成为党的政策明白人、科学技术传播人、优良作风带头人，党支部的凝聚力和战斗力日渐增强，党员队伍逐步壮大。村级综合服务中心设立了宽敞明亮的党员活动室、电教室和图书阅览室，增添了办公设备，党员活动阵地全面加强。她带领党员和入党积极分子去外县区考察观摩，积极开展植树造林、化解邻里家庭矛盾……春天她与村民备耕，秋季和村民收割，石湾村的山山水水到处留下了她风尘仆仆的足迹。

几年来，先后联系兰州华能、青海化青、青海宏恩、新华社青海分社第三党支部等单位捐款 57125 元，为石湾小学 273 名学生购买校服及学习用具，为贫困户送去化肥 14.6 吨、面粉 8.8 吨、大米 3.23 吨。

石湾村位于五峰镇西北部，距县城 21 公里，到镇上 9 公里。全村 5 个自然村 12 个社，442 户 1629 人。2013 年人均纯收入 4728 元，低于全省平均水平 60%，贫困发生率达 25.3%。为了石湾村困难群众早日摆脱贫困，五年多来，年过半百的张金兰不断往返于省城、市府、县城、镇政府之间，协调项目、争取资金。1600 多个日子，她在崎岖的山路上"晴天一身土、雨天两脚泥"，走访入户 2000 多次。

张金兰清楚，让群众及时了解党的精准扶贫政策，动员群众主动配合参与脱贫攻坚，对于完成精准脱贫任务意义重大。五年中，她大力宣讲党的方针政策，先后发放《强农惠农政策宣传手册》等资料 4500 多份（册）。根据脱贫事迹，撰写了《追梦人》和《从"要我富"到"我要富"的蜕变》等文章，进一步激发了群众脱贫致富的信心。与《光明日报》记者共同开展调研，发表了《村庄里吹响的集结号》《吃煤之后的石湾村将去向何方》《十七年的等待》等报道，向外大力宣传石湾村。先后争取培训经费 7.9 万元，举办各类培训班 12 次，加快了"输血"式扶贫向"造血"式扶贫的转变。

对此，66 岁的贫困户权国庆深有感触。权国庆一家 7 口人仅靠种地和儿子打工维持生活。2019 年，接受了当归种植和养猪技术培训的权国庆种植当归 3 亩，养殖生猪 16 头、母猪 3 头、种猪 1 头、仔猪 16 头，当年实现纯收入 69050 元，人均增收 13810 元，成了村里有名的脱贫带头人。

精准扶贫以来，石湾村争取项目资金 1555 万元，新建了两栋办公服务大楼和休闲文化广场，硬化道路 31.5 公里，改造危旧住房 37 户，全村 442 户住房均达到安全标准，真正做到了"两不愁三保障"。

"盼了十几年的路现在修好了，不出村就能看上病，村里的面貌也发生了翻天覆地的变化，这些事情在以前想都不敢想。这都多亏了张书记，我们全村人都非常感谢她。"村民王国顺说。一件件实事落地，干成了多年来村民们一直想干而未干成的事。

长期驻村，难免顾不了家。提起家中 80 多岁的公婆和父母时，时常流露出满脸的愧疚，感觉没有尽到一个儿媳和女儿的责任。几年来，她没有休过假，她已经与石湾村的一草一木融在了一起，村民需要她，她也离不开村民。

"其实我们都知道，2018 年 4 月份，根据有关文件，张书记本来可以进行轮换离开石湾村了，但是她为了石湾村村民能够彻底过上好日子留下来了，这样一心为村民着想的好书记哪里去找。"村民权国庆含着眼泪说。2018 年 4 月张金兰任职到期，但她主动申请留下了。她在日志中写道："我庆幸自己生在这样一个伟大的时代，在精准扶贫的路上，虽然我做了一点小小的工作，但遇到了很多感人的事，这无数次的感动，使我的灵魂得到了净化和升华。我相信，在习近平新时代中国特色社会主义思想指引下，石湾村人民一定会过上幸福的日子。"张金兰一如既往，以一名共产党员的初心，带领石湾村党员干部继续战斗在脱贫攻坚第一线。

2019 年 3 月，石湾村顺利通过了脱贫攻坚国家第三方评估验收，93 户 311 人全部实现了按期脱贫。2019 年脱贫人口人均可支配收入达到 11359 元，如今的石湾村发生了翻天覆地的变化，村容村貌焕然一新，同时也圆了石湾村村民的小康"梦"。

德怀百姓，一心扶贫

——李玉兰同志先进事迹

李玉兰，1964年3月出生，青海省海东市民和回族土族自治县农牧局干部，2015年10月经本人申请，被组织选派到民和县隆治乡桥头村任第一书记。2017年被青海省委省政府授予优秀第一书记，2018年评为全国脱贫攻坚贡献奖，受到党和国家领导人的接见。李玉兰同志政治立场坚定，党性修养和政治素质高。当领导们关心地问她的家里有什么困难，对组织上有什么要求时，她总是微笑着说我个人没什么困难，我们村需要项目的支持。其实她的儿子儿媳是聋哑人，一级残疾，家里的困难可想而知了，她从来没向组织提过任何要求，一心扑在扶贫工作上。

火车跑得快，全靠车头带。村"两委"、党员作用发挥好不好，必须要有战斗力强的村级班子和过硬的党员队伍。2016年她利用一个月时间走村串户，深入田间地头与党员座谈交流，全面了解掌握党员情况，共梳理出十几条影响党支部凝聚力和号召力的意见建议。针对党员理想信念模糊动摇、意识淡化、宗旨观念淡薄等问题，从"四讲四有"专题教育着手，边学习边整改，党员意识明显增强。

刚到村，正逢召开支部会议，评选优秀党员和商谈精准扶贫工作，村支书记打断党员你一言我一句杂谈，说："大家先静一下，我先介绍一下，县上给我们村派了个第一书记，大家欢迎。"顿时党员小声议论："听说其他村派下来的书记是县上的领导，我们村怎么派是小喽啰。"有党员说："怎么还是个女的，好像年龄还不小。"稀稀拉拉的掌声中，李玉兰感觉到大家对她的不满意。会后玉兰书记在公示的栏空白处留下了自己的电话号码。在接下来的几天里，李玉兰先后接到多个群众的电话反映，反映对此次贫困户评定的问题，并表了个人的意愿。带着群众反映的问题，利用二十多天时间，早出晚归，对全村 424 户农户进行了逐户摸底调研，在调研的过程中，发现村干部对精准扶贫政策、评定标准研究不透不深，群众对精准扶贫政策知晓率不高等问题。她主动与村两委班子成员沟通，先后多次召开村两委会集中学习精准扶贫政策、统一村干部思想。最终确定贫困户 24 户 74 人，并进行了建档立卡和张榜公示。

翻开李玉兰的民情日记本，一条条帮扶措施历历在目，件件帮扶故事感人泪下，满满的都是干群鱼水情，承载对一个党员对党的事业的无限忠诚，承载着"第一书记"对农村工作的无限热爱，为群众无私奉献的情怀，承载着对打赢脱贫攻坚战的坚定信心。

要让贫困的桥头村稳定脱贫，产业发展起着决定性的作用。为此，她与村"两委"把争项目、抓产业、促发展作为精准脱贫的重头戏，利用各种办法，争取项目促发展。新建了村级综合办公服务中心，解决了全村党员无活动室的问题；投资 52.4 万元，新建了桥头村村级幼儿园，解决了近 30 名幼儿上学难问题；协调县交通局，投资 507 万元硬化村道 13 公里，解决了全村 424 户群众出行难问题；投资 190 多万元，建成文化广场 3 个，使群众文化活动有了场地；投资 4.86 万元，建成家庭小牧场 4 户，引导贫困群众向产业发展；投资 16 万元，投资 200 多万元，修建了 800 平方米的冷藏库一个，解决了桥头村 600 多亩软梨无法储存的困难，使果农收入有了保障，发放软梨等果树苗 848 株。引进社会资金 2400 万元，建成了软梨酒厂，正在试产当中。建成了一个标准的省级示范合作社，组建了一个联合种植专业合作社。引进外资 450 万元，建成了乡村旅游接待中心。为桥头村的村民及贫困户解决了多个就业岗位，使农民实现了租赁土地有租金，合作社务工有薪金，年底有分红金的三金梦想。

近四年时间，累计落实项目资金 1800 余万元，引导村民回村投资 2850

余万元，促成 3 个大型产业户，为贫困户、困难户提供了稳定的就业岗位，为巩固脱贫成果打下了坚实的基础。

优秀的第一书记，彰显共产党员的为民情怀。2019 年她任期已满要回单位工作，村民们知道这个消息后，连夜写请愿书，摁上 200 多个红手印交到民和县委组织部部长的手里，请求留下玉兰书记，玉兰书记早已融入村民当中，面对老百姓的盛情挽留，55 岁的她决定继续留任为乡亲们服务，发挥余热。

为民谋利，团结创新

——辛彭同志先进事迹

　　扶贫就是一条追求幸福、永无止境的长征路……

　　2015 年 10 月 20 日，伫立在青海省海东市化隆回族自治县扎巴镇东拉卡村山顶，迎着凌厉的山风，望着支书的眼神，俯瞰远山脚下那蜿蜒的清清黄河，辛彭坚定地说："加洛书记您放心，再苦再难，我一定能让全村的老百姓都过上小康生活。""小康生活？"加洛若有所思，却又满心疑虑。东拉卡，是一个六盘山深度贫困片区化隆县脑高山顶的百年藏族村，

全村人文化水平还不到初中。辛彭沉思良久，说道："小康生活，就是像西宁的城里人那样的生活。"

　　"山尖尖、干梁梁、土汤汤"如果说是对东拉卡的第一印象，"区域封闭、观念保守、基础薄弱、结构单一、贫穷落后"就是辛彭对这贫困村的客观判断。而对这样的挑战，他宣战贫困、决胜小康，攻坚克难，坚定走向一条充满感情、富有激情的征途，为此矢志不移、始终如一。

　　基层—省直—基层—省直 24 年的霜雪芳华，他最难割舍的莫过于任第一书驻村记的三年九百个日夜。因为，这一次从城里到乡里的远足是他与乡亲们零距离追逐起营拔寨的"梦"，同吃住共进退的 3 年。"家"，在他心里是沉甸甸的诠释。临别的那一天，全村的百姓和镇上的干部伫立雨中，泪眼挥别，

锦旗上"您把我们搬出了大山，东拉卡永远是您的家"藏汉两文滚烫的金字，贴切地回馈了这一路一心为民的坚守与坚持。

在没有任何争议的情况下，他从全村 60 户 268 人中精准筛选出建档立卡贫困户 15 户 70 人。面对这穷家穷村硬骨头，辛彭焦急得整宿睡不着觉。驻村伊始的白天，辛彭和队员骑摩托车加步行，走遍了全村和邻村的每一道沟汊山脊。黄河就在眼前，可是吃不上水。他就想在大山找到一汪清泉替代雨水集流窖。夜里伴着星光，在昏暗的灯光里倾听家家户户的难事苦事。当听到，吃水全靠人背驴驮的困难时期，全村人都在"碗里洗脸"，逼得牲口都"讲规矩"不与人争抢泉水。山下邻村的笑话：山顶孤零零的东拉卡连支个牛槽都会滚下来，谁还愿意把姑娘嫁到山上。下了雪，大人们打着手电筒在前头扫，孩子们拉着小手在身后跟，摸黑下山上学需要 1 个小时。没有硬化路的时期或是现在雪下的大了，家里老人有个急病，只能等着……一个个故事深深刺痛着辛彭的心。他想把这些故事讲给别人听，还得爬到房顶、山梁上去找信号。

不破不立，辛彭深切体悟到，贫困，从表面上看缺的是资金，其实是本质上缺了观念、骨子里缺了勇力、肚子里缺了知识、行动上缺了改变。单靠发展产业，是很难实现脱贫进而小康的奋斗目标。曾在泽库县干过常务副县长的他想起了牧区的生态移民。经过理性科学的研判谋划，一根谋求全村百姓幸福的筋，在他的脑海深处扯伸出了一个大胆的设想——易地搬迁。

扎巴镇地处张（掖）汶川高速要冲，是化隆县的门户镇，离东拉卡约 20公里。辛彭站位高、前瞻性强，大格局谋划，联合联动村情贫情相近、由省委办公厅帮扶的洛乎藏村，实施整村搬迁，推进商住一体建设，培育产业、资产收益、商务扶贫等多措并举，既打整体仗和主动仗，更注重组合拳和借力拳。他是一个谋士，借力扎巴镇新型农村社区项目，探索创新出一条"扶贫易地搬迁＋新型农村社区"的新路子，符合省委省政府关于扶贫易地搬迁向城镇集中的政策设计。他理性制定出把两个村的整村搬迁项目打造成"全省易地扶贫搬迁的样板社区、民族团结进步的示范社区、节能环保绿色的智慧社区、富裕文明美丽的小康社区"的奋斗目标。他有序地做征地拆迁群众的工作和其他设施安全移置工作，在对接整合项目资金、协调服务抓好落实等方面干在前，5 个月 18 栋商住楼就拔地而起，堪称"化隆速度"。

至此，规划投资 1.08 亿元、总建筑面积 3.7 万平方米的梦想社区照进现实，一个像西宁城里一样邻街相望高标准的崭新社区、特色小区就像一幅精美的画卷呈现在化隆大地上，163 户 1008 人（其中 24 户 64 人选择自主安置）已全部迁入新居，两个村子几代人的命运从此悄然发生着可喜的变化。人们都说："这两个村，不要说水电路了，就连上学、看病、养老、挣钱都已占尽了'便宜'，还站在了乡村振兴的前沿。"这一地处重镇要地、交通要道、商贸要冲的整村搬迁项目自然也就成了市县的扶贫样板和亮点了。

"干在实处、作出表率、走在前列"是上级交付给辛彭这个省委办公厅驻化隆县扶贫工作队、临时党支部书记的攻坚军令。三年奔波，他与县乡各级干部、扎巴各族群众结下了深厚的友谊。他这样总结着三年一路的征途：从平时转入战时的扶贫开发进程中，把为民的感情转化为工作的激情，把工作的辛苦升华成为民的幸福，把责任的平台演进成担当的舞台，把整村易地搬迁这一件事情做成实现共同梦想的事业。

真心扶贫，专心做事

——杨同业同志先进事迹

2018 年 3 月，省委宣传部干部杨同业来到海东市循化撒拉族自治县尕楞藏族乡牙尕村担任驻村第一书记。他第一次到农村工作，不熟悉农村情况，加之牙尕村是纯藏族村，语言交流很困难。面对一个个困难，杨同业一股脑扎进了山大沟深的牙尕村，挨家挨户走访，和村"两委"班子商讨村子发展规划，几个月下来，心里也有了一本"扶贫账"。

牙尕村是纯藏族村，村民们过着传统的半农半牧生活，村民的收入来源也仅仅是依靠种植养殖和挖虫草收入，村民自我发展意识淡薄。杨同业到牙尕村的第一件事就是入户摸底。"对全村所有群众摸底就是要知道村民们的现状，了解村民们的需求，清楚村民们的想法，因户因人施策。"杨同业说出了当时的想法。扶贫工作中，"人"是基础，要改变村民的传统观念，就要从"扶智"上做文章。孩子是未来的希望，孩子也是扶"智"的关键。从 2016 年开始，省委宣传部在尕楞乡开展"情暖藏乡"助学活动，到今年底，共发放了助学金 25.8 万元，173 名学生得到了资助。杨同业到牙尕村后，开展"情暖藏乡"助学活动的同时，协调省教育厅，将尕楞乡中学前 10 名学生送到三江源民族中学就读，让学生享受优质的教育环境。

踏着积雪，跟随着杨同业的脚步，走进了贫困户夏吾尖措家中，院子中的积雪已清扫一空，房子里收拾得干净整洁。夏吾尖措一家 6 口人，三个孩子在上学，老大去年考上青海建筑职业技术学院，老二在循化县中学就读高中，最小的孩子刚上小学，一家人一年最大的支出就是教育支出。"我们这一辈人没啥文化，没啥技能，一年只能种地和挖虫草，这不今年挖虫草还赔了，连本都没赚回来，地里种的庄稼只能够吃口粮。"夏吾尖措向杨同业介绍家中的情况。谈及"情暖藏乡"助学活动，夏吾尖措竖着大拇指，不断地说着"杨书记好啊，去年娃娃考上了大学，全家人正为学费发愁的时候，你们送来了助学金，圆了孩子的梦，现在两个小孩学习的动力更大了"。为了不让娃娃输在起跑线上，推进基础教育均衡发展，杨同业还协调省文明办，将尕楞乡中心小学列为今年乡村少年宫项目单位，投入 15 万元，改善乡村学校教学条件。

思路决定出路，解决好思想观念的问题，就要在产业发展上下功夫，这也是牙尕村发展的根本。牙尕村产业结构单一，村民自我发展能力弱。2016年，省委宣传部扶持牙尕村创办了循化县秀吉牛羊养殖专业合作社，为贫困群众开辟了一条增收致富路，贫困群众人均增收 540 元。经过几年的发展，合作社由于养殖规模小、带头人积极性低、自然死亡老化等原因，合作社全年的收益仅能勉强维持分红，后续发展难以为继，甚至一度陷入了倒闭、破产、无人打理的局面。杨同业担任第一书记后，了解合作社的困难，看在眼里，急在心里，无时无刻不在想如何壮大合作社。2018 年，杨同业多方沟通联络，邀请江苏省民建无锡市委考察团到牙尕村考察，利用这个机会，杨同业说出了合作社发展的困难。最后，民建无锡市委向牙尕村捐赠了 12 万元的"爱心牛" 24 头，扩大了合作社养殖规模。合作社规模壮大，贫困户普化太等成了受益人。普化太一家 7 口人，孩子多、缺劳力是普化太家的困难，一年的收入只能依靠种地、挖虫草。合作社规模扩大后，普化太增收的路子更宽了。"以前，合作社规模小，用的劳力不多，一年种完地，挖完虫草回来就闲了，他也没啥手艺，没有外出打工，如今，合作社规模大了，需要的劳力也多了，闲着没事的时候还可以去合作社打工，增加收入。"杨同业说。普化太2019 年还被评为循化县脱贫光荣户，奖励了一辆价值 1.9 万元的三轮车。

雪后的牙尕村宁静、美丽，阳光照射村子对面山坡的梯田上，别有一番韵味。这正是牙尕村的优势资源，牙尕村坡陡、地少、自然林资源丰富，是发展乡村旅游的绝佳之地。今年，杨同业结合海东市乡村旅游扶贫规划，和尕楞乡政府一起衔接落实了 600 万元乡村旅游扶贫项目，其中牙尕村 300 万元，今年试种的 106 公顷梯田油菜花取得了惊人效果，种植油菜补助每亩 200 元，增加了群众的收益。牙尕村党支部书记仁增看着规划好的乡村旅游扶贫项目，脸上挂满了丰收的喜悦。他说："杨书记的思路就是不一样，我们看它就是一片普通的耕地，种粮食作物和经济作物都一个样，但是到了他手里，种上油菜籽，就变成了花海，变成了旅游景点，真是不可思议。"牙尕村乡村旅游扶贫项目基础设施正在建设中，村民对"乡村旅游"这个新鲜事物充满了信心，杨同业也对牙尕村的发展充满期待。走在村子里，格让沟水流哗哗作响，杨同业指着格让沟的水说："夏天下雨的时候，这里的水流更大更急，乡村旅游中，我计划将这条河流弄成阶梯景观河流，防治水患的同时还能提升观赏性。"

　　杨同业对照产业兴旺、生态宜居、乡风文明、治理有效、生活富裕的要求，协调循化县交通局投入 320 万元，对牙尕村所有道路进行硬化，确保水泥路通到了每一户村民家门口；为 14 户建档立卡的贫困户申请落实了 4.5 万元的危房改造项目，63 万元资金已全部发放到贫困户手中；协调落实 10.8 万元，牙尕村修建了 90 座卫生厕所……

　　一项项措施掷地有声，为乡村振兴夯实了物质基础，一幅幅幸福蓝图正在描绘，已初现端倪。

把脉问诊，做实做强

——星生玺同志先进事迹

星生玺，1986年10月出生，2018年4月，受组织选派，从德令哈市城乡投资控股有限公司到德令哈市尕海镇泉水村担任第一书记，也是尕海镇唯一一名从企业下派到村的驻村第一书记。自驻村以来他严格按照工作职责要求，认真学习贯彻落实习近平新时代中国特色社会主义思想，始终牢固树立全心全意为人民服务的宗旨，通过两年多的工作实践，在脱贫攻坚的道路上逐步成熟。

为更好地做到以党建引领脱贫攻坚，星生玺与村党支部班子成员共同谋划，结合实际建立健全了泉水村党支部各项规章制度，严格落实"三会一课"、组织生活会制度，制定了《泉水村"两学一做"常态化制度化实施方案》《泉水村一名党员一面旗实施方案》《泉水村党员远程学习计划》，以及泉水村议事规则、"四议两公开"制度、财务公开制度、村干部岗位职责等16项制度、计划，促进了村级工作规范化管理。

尕海镇泉水村曾是德令哈市"重点贫困村"和集体经济"空壳村"，经过努力，2018年7月，经国家扶贫工作督导组检查验收，7户23名建档立卡贫困户首先全面脱贫。2019年他和脱贫户多次商议交流制定了产业发展实施方案。截至目前，6户家庭都有了自己的养殖产业，总投入资金121600元，其中2户产业已经收益，为2户家庭实现纯利润10000元。但甘泉村集体经济"空壳村"的帽子依然没有摘掉,星生玺同志与村三委班子根据本村实际,撬动"内因"为村集体经济发展"造血"。查找病因短板,利用现有资源,理清工作思路,因地制宜开展工作,与村干部和群众统一思想,讨论脱贫致富难题。利用各类产业发展和帮扶资金,在德令哈市民族贸易中心购买 2 处商铺合计面积 286.58 平方米,金额 157.7619 万元,用于不断壮大村集体经济。为开展乡村振兴建设美丽乡村,2018 年至 2019 年分别实施了亮化 143 盏路灯项目,65 户危旧房改造项目(政府补贴 4.5 万元、40 平方米),高原美丽乡村 33 户围墙、大门修建建设项目,村二社后沙滩绿化项目;52 户危旧房改造搬迁至石灰窑项目、2 座水厕修建项目、自来水与城市管网连接项目。

泉水村四周都是一望无际的枸杞地,为发展壮大村集体经济,星生玺多次召开"村三委班子"会议、"党员和群众代表会议"通过四议两公开,问计于民,寻求发展壮大村集体经济的致富良方。在联企兴村"1+1"企业帮扶会议中,最终讨论决定,实行枸杞地散养土鸡养殖项目,星生玺分别向三家帮扶企业从资金、技术等方面进行了求助,并筹集资金 70000 元,但由于养殖运转资金不够,星生玺同志牵头自掏腰包 10000 元,引导"两委"班子成员自掏腰包,筹措资金 48000 元,为了使群众不产生误解,在会议记录中明确该笔钱大家不拿任何分红及利润。在筹措各方资金 118000 元后,及时采购鸡苗 1550 羽,在枸杞地里散养,通过 10 个月的养殖,所有鸡全部出栏。

为了更早摘掉村集体经济"空壳村"的帽子,在驻村干部与"两委"班子的共同商议下,于 2019 年 4 月又以村委会名义承包村民土地 627 亩,种植小麦 492 亩和青稞 135 亩。通过播种、除草、灌溉、收割等一系列工作,2019 年底,仅种植青稞小麦就为村集体经济带来约 70000 元的收入。通过两次尝试性的发展,泉水村慢慢有了自己的村集体产业,从"零"到"有",虽然利润不是特别多,但通过此次村集体发展,很好地凝聚了三委班子的力量,让大家的积极性更强。

驻村以来,星生玺同志一直对自己提出要求:"无论做得怎样,都必须用心去做!这样才无愧于党,无愧于村民,无愧于自己。"在驻村工作中他勇于担当,工作中任何村内事务公开、公正不怕得罪人,用真心、真情、实干的工作激情获得了镇党委政府、泉水村"两委"和群众的一致认可。

暖民心，解民忧

——祁之鹏同志先进事迹

祁之鹏，1973年6月生，2018年4月接受组织选派担任海西蒙古族藏族自治州都兰县香日德镇幸福村驻村第一书记。自祁之鹏到幸福村任职起，他一心想着撸起袖子加油干，一定要在村里干出点成绩来，带村民早日奔小康。用个人实际行动阐释着共产党员始终为人民服务的宗旨。不忘初心，牢记使命，他把谋发展促增收的担子扛在肩上，同村"两委"班子成员一道，从一件件、一桩桩实事着手，为了这个幸福的村庄办了不少幸福的事，
用真心、真情和真诚诠释了一个共产党员为人民服务的宗旨。

为了更快地了解村里的基本情况，迅速进入角色，祁之鹏一到村里就同上任驻村工作队在村内开展了深入走访，祁之鹏在很短的时间内全面详细地认识和了解幸福村147户的情况。在走访中，他耐心地倾听群众的意见和心声，在他的扶贫日志上，详细记录着每家每户特别是脱贫户的人口、耕地、收入、诉求信息等准确翔实的第一手资料。同时，他多次组织召开村"两委"班子会议、党员大会和村民代表会议，研究解决群众最关心的热点难点问题，并就村级发展向广大群众征求意见建议。通过反复走访，对幸福村的班子建设、生产生活、民情民意有了进一步的认识和了解。

幸福村枸杞种植面积达500亩，是主要经济作物。过去，每到枸杞采摘季节，村民们既高兴又发愁，高兴的是一年的辛苦劳作终于到了收获的季节。发愁的是，村民要将鲜果运输到几公里外的烘干厂进行脱水处理，花钱不说，运输过程中还要损坏很多鲜果。了解到村民的疑难困惑后，他日夜思索，认真调研，权衡了风险利弊后在他提出了本村兴建枸杞烘干厂的大胆想法，他并组织召开村"两委"班子会议进行商议。最后经民主表决通过"四议两公开"议事程序，经过多方努力，争取资金50万元兴建了烘干厂。除此之外，他认真钻研适合幸福村的发展道路，积极拓展幸福村各项产业发展，2018年5月成立都兰县同辉农业科技有限公司，开拓香日德镇青稞、藜麦、枸杞市场；2018年5月成立幸福村金达机械租赁有限公司，为村内40余台大型工程机械承揽建设项目提供平台。

幸福村驻村工作队了解到香日德镇青稞种植面积达15000余亩，为了充分利用这一地区产业优势，布局农产品精加工、深加工产业，祁之鹏带领驻村工作积极协调各方力量，争取各类帮扶资金，建设总投资207万元、占地20亩的农产品加工厂房。包括青稞粗加工、面粉厂、榨油机等，其中面粉厂一天可生产30吨面粉。"轰隆隆……"随着加工厂机器的运转，幸福村的明天也跟着转了起来。

在多次走访调研过程中，祁之鹏发现了一个问题，许多家庭的劳动力碍于要照顾老人无法外出务工，家庭经济收入也不景气。"如何才能让年轻人放开手脚拼搏自己的事业、增加收入？"在为期2个月的入户走访中，祁之鹏对有老人的家庭进行了重点调研，充分征求老人亲属的意见，并做足思想工作。做好前期准备工作后，祁之鹏又积极争取项目，协调资金，整合各方力量筹建幸福村老年人日间照料中心。2018年7月老年人日间照料中心"幸福院"正式进入试营业阶段，总投资5.7万元，设置医务室、活动室、休息室、办公室、餐厅，配备1名医务人员、1名厨师。"幸福院"的建立解决了村里65岁以上老人和残疾朋友在农忙时节顾不上吃饭的问题，同时也卸下了年轻人的后顾之忧，让儿女可以安心在外打拼。

幸福村的各项村集体经济发展已经成为香日德镇的领跑项目，但祁之鹏还在加紧发力，2019年经过多次考察调研，从海东购买杏树苗后试种杏树10亩，打算依托杏树种植打造生态旅游项目发展杏树观光旅游业。2020年继续扩大杏果树的种植规模，鼓励村民在自家后院种植，打造生态环境的同时，也为脱贫攻坚巩固提升和美丽乡村建设提供坚实的产业支撑。通过采摘水果、体验农家民宿、品尝农家饭菜等旅游项目吸引本地和外地游客，打造生态农业旅游品牌。2020 年获得中央财政扶持资金 50 万元的补助后，祁之鹏了解到生猪养殖的前景后，迅速组织人员对能繁生猪养猪项目进行可行性分析，并向县农牧局、自然资源局等多个部门征询项目实施内容，确定了生猪养殖项目。

祁之鹏同志担任第一书记以来，他与村"两委"一班人，齐心协力，带领群众谋发展，从一件件、一桩桩实事做起，一步步被幸福村群众所接受、认可和信任。他用汗水书写着扶贫路上的新篇章，在脱贫攻坚巩固提升的道路上砥砺前行，朝着"小康路上，一个都不能少"的目标奋力迈进。

凝心聚力，强化担当

——左志勇同志先进事迹

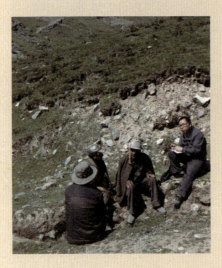

　　左志勇同志自 2015 年 10 月到海北藏族自治州天峻县织合玛乡多玉村担任第一书记开展精准扶贫工作以来，他始终抱着切实为群众办实事、做好事、解难事的想法，紧紧围绕"驻村为什么、驻村干什么、驻村怎么干、驻村留什么"的工作导向，抓党建、抓扶贫、抓发展，以严、实的作风狠抓各项工作落实，脱贫攻坚工作取得了实效。

　　他始终把脱贫攻坚当作是最大的政治任务，深入贯彻落实中央和省、州关于脱贫攻坚工作的决策部署，积极宣传扶贫政策，竭尽所能落实扶贫项目，持续激发群众内生动力。2018 年 7 月他担任第一书记的天峻县织合玛乡多玉村迎来了第三方评估组考核评估。经考核评估，多玉村贫困人口人均可支配收入达到 18873 元，7 户 19 人均已达到贫困人口退出六项指标。多玉村水电路基础设施条件进一步提升，经济基础进一步增强，达到了贫困村退出六项指标，"两不愁三保障"问题全部解决。脱贫攻坚过程中"三率一度"均优于考核指标。多玉村贫困人口脱贫、多玉村贫困村退出，实现了海西州委州政府制定的在全省"两个率先"的目标。他个人也在 2018 年 1 月被海西州委、州政府评为"2016~2017 年度脱贫攻坚先进个人"，多玉村贫困户才拉本被海西州委州政府评为"2016~2017 年度脱贫能手"，在扶贫三年期满考核中个人也被天峻县和织合玛乡分别考核为优秀。2017年海西州电视台、青海日报、青海省国土经略对他的扶贫事迹进行了专门的采访报道。

"支部强则班子强。"他到村里任职后，首先，加强党支部建设，强化党支部战斗堡垒作用和党员先锋模范作用的发挥。组织党员干部深入开展了"两学一做"教育实践活动和学习十九大报告、新党章等活动，促使党员增强党性观念、提高"四个意识"，从而进一步发挥党员先锋模范作用，打造了一只"永不走的支部"。其次，与村"两委"班子开展了"新常态下扶贫攻坚大讨论"活动，和大家一起梳理脱贫思路。在多玉村组织开展了脱贫典型宣讲大会，让该村脱贫典型户才拉本进行典型宣讲，通过身边这些鲜活的事例，教育引导贫困群众用自己的辛勤劳动实现幸福生活，在贫困群众中营造了自食其力、勤劳脱贫致富的良好氛围。他带头在多玉村党员与贫困户中开展帮扶工作，积极宣传国家、省、州、县的扶贫政策，让贫困户彻底摒弃"等靠要"思想，激发自我发展的意识，同时也密切了党群干群关系。大力开展乡风民约活动，营造多玉村孝进老人、家庭和睦、邻里和谐、勤劳致富的良好风气。

入户走访调查是他每天的必备工作，谁家有个家长里短也会找他帮忙，实实在在为群众解决困难问题80余件次，在牧民群众中树立了党员干部的良好形象。2016年以来，他为村解决办理事项20余件，他积极从省国土资源厅争取30万元帮扶资金，为脱贫户购买生产性母羊462只，2017年以来脱贫户每年实现增收，夯实了脱贫基础。同时争取帮扶资金5.5万元，为多玉村村委会新购置计算机、打印机，极大改善了多玉村办公条件。利用业务时间对辖区范围内的泉水进行水文基础调查，通过调查发现一处日涌水量达10000立方含锶类型的优质矿泉水点，为投资开发矿泉水资源奠定了坚实基础。

"没有比人更高的山，没有比脚更远的路"，左志勇同志结合多玉村村情，坚定不移的贯彻落实习近平总书记重要讲话精神，紧跟党中央步伐，勤勉工作，以决战决胜的信心和行动打赢多玉村脱贫攻坚战，为实现全面建成小康社会和中华民族伟大复兴的中国梦奉献一分力量。

盘活资源谋产业，尽心尽力有担当

——李积忠同志先进事迹

李积忠是海西蒙古族藏族自治州乌兰县总工会的常务副主席，2017年3月，他被单位派到乌兰县希里沟镇东庄村任第一书记。自从加入波澜壮阔的脱贫攻坚工作以后，他始终把群众的事当自己的事，把工作当事业、把重担当责任，全身心地扑在希望的乡村中。

如今，在东庄村提起李积忠，村民们都会竖起大拇指："李书记在驻村3年多时间里，他办的事，件件都办在了我们的心坎上。"

东庄村位于乌兰县城乡接合部，是一个多民族聚居的农业村。全村共有4个农业社，420户1642人。全村耕地面积2670亩、草场15.91万亩，主要种植枸杞、藜麦等经济作物，耕地面积相对较少，自然环境恶劣，劳动力缺乏，除传统农业外无其他致富增收渠道。2015年8月，在基层党组织排查中，东庄村成了"后进村"。

初到东庄村，李积忠在走访中了解到，近几年，由于该村基层组织薄弱、基础设施落后、发展村集体经济受制约、环境卫生差等各种因素，阻碍了村庄的发展。李积忠挨家挨户"串门"，走遍了全村的所有农户，访贫因、挖穷根，深刻认识到贫困村脱贫关键是要谋产业，激发内生动力。他结合村情，因地制宜，提出了"强组织、建产业、亮新村"的工作思路，切实推进产业发展，带动群众增收致富，探索出了一条符合东庄村实际的扶贫工作新路子。

长期的贫困状态，让东庄村村民们对幸福生活的期待有些麻木，村民视李积忠为"外来人"，对他不信任，认为他不能改变大家长久的生活状态。李积忠暗下决心，要尽快改变村民们的看法。

妥金花是一位撒拉族村民，患有疾病，时常发作，因此只能在家养病，家里有两个孩子，一家人生活十分拮据。李积忠得知这一情况后，多次上门走访，结合妥金花的实际情况，建议她试着养羊增加收入。谁知妥金花一口回绝："我身体有病，不能出去干活，现在有低保，生活还算过得去。"

李积忠认为，妥金花发病原因可能还有一部分来自"心病"，如果她尝试着去做一点事情，转移注意力，生活可能会发生改变。经过多次劝说，妥金花终于被李积忠的诚意打动。根据扶持政策，李积忠帮助妥金花贷出了五万元的资金，作为养羊的资金，并告诉妥金花："你就放心去做吧，如果赔了，贷款还不上，我帮你想办法。"

"李书记的真诚让我找不出不努力的理由。"于是妥金花起早贪黑地努力干活，当年底，就收入一万多元。她的故事，起了带头作用，让村里的其他贫困户也燃起了脱贫的希望。随后两年，妥金花顺利带动了村里 10 多户村民开始了养殖牛羊。李积忠也没有闲着，忙前忙后地请兽医、开药方、看饲料，为村民养殖牛羊做好"后勤保障"。

农忙时，在田间地头；农闲时，在农户家中。这已成为李积忠的工作常态。随着深入田间地头，李积忠发现村里通向枸杞园的路况十分差。那里是村里集中种植枸杞的地方，一到丰收的季节，枸杞运不出去，直接影响大家收入。"这条'致富路'一定要修通。"李积忠主动与东庄村的联点帮扶单位取得联系，经过多次沟通协调，最终对方同意为枸杞园修建 1.5 公里的公路。"致富路"畅通了，货车可以进去拉运枸杞，节省了人力，枸杞产业发展持续向好。

东庄村在 2017 年时村集体经济基本为零，村"两委"仅凭一点土地租金维持本村工作的开展，导致本村村集体经济发展缓慢，老百姓对于村两委的信任度不断降低。

李积忠带领东庄村党支部进一步转变工作思路，在抓好脱贫攻坚工作的同时，把壮大村集体经济作为本村一项重要工作提上日程。根据本村实际情况，及时组织村"两委"及村民代表，研究村集体经济发展前景，并根据研究结果制定了《东庄村村集体经济发展规划》，计划在未来几年内，通过强化村级组织建设，充分调动村"两委"和群众积极性，引导村集体和农民群众建立合作社、协会等农村经济自组织，完善和规范管理，因地制宜的发展适合本村的产业。经过研究决定大家一致同意，通过盘活现有集体资源和发展旅游为依托，发展集体经济。

运用现有资源盘活了村集体经济后，他又开始在旅游市场做起了文章，"现在我们县的旅游越来越好了，来的人越来越多，如果我们可以借助这个势头发展一下产业，既可以带动村集体收入，又可以把我们的特色农产品、美食推介给更多人。"于是在 2019 年下半年，东庄村整合村集体各类产业发展资金，在县城及茶卡镇购置固定资产（商铺），成立以旅游业为主的服务中心，并承包给本村村民发展旅游产业，获取稳定的收益。利用少数民族发展资金 150 万元并自筹 30 万元在县城商业广场成立了东庄村特色旅游产品销售中心，为村集体增收 8 万元。同时，将 300 万元旅游产业发展资金投资茶卡镇成立东庄村旅游服务综合中心，年收入 14 万元。

通过全村上下不懈的努力，东庄村从 2015 年的村集体经济收入"空壳村"一跃成为村集体经济年收入为 30 万元的经济大村，2018 年被镇党委评为"先进基层党组织"，一下子由全镇的"后进村"变为了"后劲村"。

三年多来，李积忠团结和带领村干部发挥模范作用，尽心尽力为村民谋福利，帮助村民解决生产生活难题，探索出一条符合东庄村实际的扶贫攻坚工作新路子。贫困户人均可支配收入由 2015 年的 2237.96 元提高到 2018 年的 10371.59 元，实现了整体"摘帽"。他用自己的行动践行了他的诺言——要让东庄村成为幸福美丽和谐的新农村。

坚守初心，勇于担当

——冯学荣同志先进事迹

在海南州共和县廿地乡羊让村的草原上飘扬着一面鲜红的党旗——羊让村驻村工作队。当羊让村群众说起近年来村里发生的新变化、群众过上的新生活，大家都不约而同地提到一个人，他就是驻村第一书记冯学荣。自 2015 年 12 月被组织上任命为羊让村驻村第一书记以来，他凭着一颗共产党员的赤诚之心和对基层群众的一片真情，主动担当作为，带领农牧民群众走出一条致富路。

从到羊让村的第一天起，冯学荣就把服务群众作为"第一宗旨"，从群众最关心、最直接、最现实的问题入手，坚持把走群众路线和发挥群众主体作用作为打赢脱贫攻坚主动仗的突破口。深入调查研究，摸透村情民意。迅速进入角色，认真开展调查研究，积极主动与村两委班子成员进行交流沟通，深入农牧户家中，倾听党员群众的意见建议，详细了解掌握村情民意，为开展工作打好基础。他抓班子带队伍，加强组织建设，及时召开村"两委"班子会和党员会议，进一步摸清党员干部的思想动态，帮助制定完善村"两委"各项规章制度，健全管理机制，形成了稳定、团结、奋进、干事创业的村"两委"班子队伍。通过发挥自身多年来工作经验优势，他积极开展矛盾纠纷大排查、大调解，认真排查解决影响和谐稳定的突出问题和矛盾隐患，及时做好群众的思想疏导工作，努力做到"大事小事不出村"。基础设施建设滞后是制约羊让村发展的一个重要原因。在驻村期间，他通过多方积极协调，争取到各类惠民项目 21 个、各类扶持资金达 2361.24 万元。有效改善了全村基础设施状况和村容村貌，提升了群众的获得感和幸福感。他通过开展实地调查和召开村民代表大会，找出贫困病根，因户施策，为他们提供帮助，积极衔接扶贫部门落实产业到户资金，通过购买藏系羊、牦牛、农用三轮车、农用机械、轻型货运车等方式，用于发展家庭产业。

几年下来，冯学荣脚踏实地，为困难群众办实事、好事，赢得了群众的爱戴和赞扬。2017 年，贫困户叶加因家中意外起火烧毁所住房屋及家当，得知这一情况后，冯学荣迅速到他家看望了解火灾情况，后与县红十字会联系为他家送去慰问款物 2000 元，并与乡上和上级建设单位衔接全额拨款为他家新盖了房屋。2018 年，羊让村三社贫困户叶忠吉身患乳腺癌刚被切除，但其聋哑残疾又身患多种疾病的女儿夸毛吉，又出现前胸突出疼痛症状，因无钱治疗一直在拖。在了解到这个情况后，冯学荣首先把他们家的具体情况发布到社会扶贫网上寻找救助，并联系乡民政干部为她家申请临时救助 7000 元，发动群众积极捐款 1.8 万元，解决了她家的当务之急。2020 年，在了解到 2018 年的脱贫户多杰才郎因病去世，留下孤儿寡母生活困难的消息后，冯学荣立即组织村"两委"开会，在全村范围内募集善款 1.65 万元，并向有关单位申请救助，目前该户实际困难得到有效解决。本着为人民服务的理想信念，冯学荣积极帮助解决困难群众的实际问题，赢得了群众的好口碑。他说，今后要按脱贫巩固计划实时监测，对可能返贫户、脱贫检测户加大关注力度，坚决做到不落一人，稳定脱贫。

农村工作事务性强，涉及面广，接触面宽。他常说："只有踏踏实实干工作、干出成绩，才能赢得群众的信任，也不枉驻村的初衷。"他认为，脱贫攻坚是大仗、硬仗，单靠驻村工作队的力量肯定不行，必须想方设法取得村干部和广大群众的支持，要将村上的老党员、村组干部发动起来，充分调动村"两委"和村民群众的积极性，才能取得胜利。因此，他经常同"两委"班子成员之间进行沟通、交流，时刻营造一种相互信任、相互支持、精诚团结的氛围，并重视搞好与群众之间的联系，深入群众家中拉家常、谈发展。在工作中注重广泛讨论，集思广益。既积极主动开展工作，发挥引导、示范和协调作用，又注重把握方式方法，不过多参与村里具体事务，多提出合理化建议，形成融洽和谐的工作关系。驻村扶贫工作是琐碎的，也是忙碌的。为了做好各项工作，他给自己定了任务书、路线图，列出了时间表，一项一项抓好落实。通过几年来的努力，驻村工作队和村"两委"在他的团结带领下，紧紧围绕"两不愁、三保障"及脱贫"六项指标"目标要求，攻坚克难，锐意进取，2019年，羊让村顺利通过第三方评估验收，实现了整村脱贫退出。

担使命，讲奉献

——韩庆春同志先进事迹

韩庆春，现任海南藏族自治州环境保护局办公室主任。2016年4月受组织委派来到尕让乡关加村，先后任驻村工作队成员、第一书记。自担任第一书记以来，他紧紧团结带领村"两委"一班人，认真贯彻落实精准扶贫各项政策，扎扎实实为群众办实事办好事，着力加强基层组织能力建设，在精准扶贫、基层党建、后进村整治、产业发展等方面做了大量工作，并取得了显著成效，树立了基层党员干部良好形象，赢得了组织的认可和群众拥护。

关加村不仅是重点贫困村，也是全县有名的"问题村"和"后进村"，他刚入村时村党支部软弱涣散、村民矛盾纠纷突出，产业发展严重滞后，开展各项工作举步维艰。为了摸清民情村风，他走巷串户，深入田间地头、挨家挨户走访全村76户群众及贫困户，掌握实情、诚交朋友，倾听群众的真话实话，即使遭受群众冷嘲热讽和无理责骂他也不气馁，不放弃，不抱怨。为取得群众信任、理解和支持，他视村民为亲人，把村民的事情当成自己的事，竭尽全力去解决，真心实意做好群众的"服务员"。通过解决群众反映强烈的全村春耕良种和通网络、乡村旅游业发展、美丽乡村建设等一些事实，赢得了群众的信任。在此基础上，调研掌握村情实际，梳理发展思路，制定脱贫发展规划，强化基层组织建设，发展产业等，确保了全村顺利脱贫。

针对"后进"村实际，他从抓党建入手，以强党建促脱贫为抓手，把基层党建工作融入脱贫攻坚全过程，不断增强村党支部造血功能和服务发展能力，驻村后严格按照建立"123"工作机制的要求，从抓基层组织能力入手，积极开展"三治"工作，着力加强基层组织能力建设。严格落实"三会一课"制度，组织开展"党员联系群众""一名党员一面旗帜"等活动，表彰优秀党员、关爱老党员，充分调动党员先锋模范作用。同时，利用村"两委"换届契机，配实配强班子，努力提升基层组织和党员的凝聚力和战斗力。结合本村实际，修订村规民约，破除陈规陋习，推进移风易俗，不断规范村民行为。2018年在乡党委组织的全乡"两委"班子换届综合评估中村"两委"班子被评为优秀班子，党建年终综合考评第一名。

他结合县乡扶贫发展规划和"九个一批"专项行动计划，落实"一村一策、一户一法"原则，整合到户产业资金53.76万元，购置农机械，通过承包租赁每年收取租金6.5万元，贫困户人均分红773元；成立贵德县关加年丰种养殖合作社，落实项目资金14.8万元，修建畜棚6座720平方米，发展牛羊育肥产业，增加创收渠道；落实资金4万元，开垦撂荒地撂荒土地600亩，组织种植大黄等中药材300亩，2017年12户贫困户户均增收4万元；协调落实12万元，购置旅游帐篷及配套设施开展生态自助游，逐步培育和发展乡村旅游，2018年累计接待游客1500人次，创收5万余元，有力地带动贫困户就业增收；组织24户贫困户易地搬迁到县城安置点，为切实抓好后续产业发展，举办藏秀、厨师、家政服务实用技术等专项培训3期，先后培训97人/次，帮扶人协调解决就业17人次，自主就业5人，基本实现每家有一人就业的目标，解决了贫困户的后顾之忧，确保了他们搬得出、稳得住、能致富。

通过采取以上措施，2018年底顺利实现了贫困村退出，全村29户96人脱贫的目标任务。

砥砺前行，真抓实干

——项秀同志先进事迹

2016年12月，时任海南藏族自治州贵南县委政法委办公室主任的项秀经组织安排任贵南县茫曲镇那然村第一书记。他满怀对那然村贫困群众的深厚感情，努力克服了自身孩子年幼、母亲年迈多病的实际困难，带领村"两委"一班人齐心协力、为群众解难题、求发展，从一件件、一桩桩小事做起，使那然村面貌焕然一新，用自己辛勤的汗水赢得了那然村群众的信任与拥护，谱写了一曲民族团结和脱贫攻坚之歌。

贵南县茫曲镇那然村位于县城西5公里处，总面积29.9平方公里，是全县唯一一个回族聚居村，全村有553户2247人，贫困户占全村总户数的20%，贫困人口占全村总数的17.4%，是一个以种植为主，养殖、经商相结合的农业村。由于受到自然地理条件的制约，基础设施建设滞后，经济发展缓慢，群众文化水平低下，农村经济结构单一，群众生活水平处于全镇较低水平。该村各类社会矛盾错综复杂，是一个远近闻名的"后进村""重点贫困村"。项秀初到那然村，严峻的现实也曾让他眉头紧锁忧心如焚，但是他并没有临阵退缩，反而迎难而上。为了准确把握那然村眼前现状，他开始穿梭于那然村的田间地头、农户家中，促膝长谈，积极宣传精准脱贫各项政策措施，鼓励动员贫困群众积极主动参与脱贫攻坚。通过一个多月深入调查研究，掌握了大量第一手资料，为了制定切合实际行之有效的脱贫帮扶计划，他边走访边请教边思考，仔细分析致贫原因，商讨致贫需求，听取群众心声，亲自为全村108户贫困农户制定了内容翔实目标明确操作性强的脱贫帮扶计划，为群众如期脱贫奠定了坚实基础。

村子富不富，关键在支部。作为第一书记，项秀深知脱贫攻坚最根本的就是要抓好农村党建工作，把党员的心聚在一起，形成一个团结的"两委"班子和坚强的农村党支部。基于这一认识，到任伊始，他便召集村两委干部、党员和村民代表召开座谈会，了解情况，交流意见，认真宣传党的路线方针政策，在他的驻村工作记录本上，仔细地记着村里大事小事，群众关心的热点难点问题等，功夫不负苦心人，最终与党支部、村委会达成了共识，就是始终把群众的要求当作第一信号，把群众的满意当作第一追求，把农民的增收当作第一目标，始终把群众的利益作为一切工作的出发点和落脚点来抓好抓实。班子有了凝聚力，群众有了向心力，干部、党员和群众也拧成了一股绳。项秀带领村两委成员，调处各类矛盾纠纷100余件，调解成功率达95%以上，真正做到了"小事不出社，大事不出村"，将大量矛盾纠纷化解在了基层。如今村里各项工作稳居全镇前列，顺利摘除了"后进村"帽子。茫曲镇党委书记吴得庆说："那然村扶贫第一书记项秀同志是我们镇上最勤快的一位书记，三天两头就往镇上跑，每次来总是带着一大堆亟须解决的问题和事情，为了贫困群众，他殚精竭智忘我工作，是我们贵南县扶贫战线上的一面旗帜。"

夯实了思想基础，鼓足了发展干劲，工作重心就要转移到为村民办实事上来。根据村里的实际情况，项秀多方奔走、积极沟通衔接，高原美丽乡村建设，危房改造，产业发展项目全面实施。在扶贫工作队和村两委的共同努力下，到2017年全村贫困户全部享受小额贷款和村集体互助资金，全村危房改造共207户，围墙改造400户，新建大门411顶，安装路灯200盏，争取到产业发展农机8台、牛285头，羊270只，建成卫生厕所411所、健身广场3座、村服务大厅1座、幼儿园校舍一幢，平整土地1700亩，修建小围墙3600米。在危房改造、产业发展、新农村建设过程中，他事无巨细亲力亲为，全身心地投入到那然村的扶贫攻坚工作之中，为群众排忧解难，以身作则发挥示范带头作用，手把手为贫困群众跑项目、谋思路、教方法。在他的努力下，村中涌现出一批脱贫致富典型，如省级脱贫光荣户马明忠，如今家庭年人均收入已由原来的 2000 多元增加到 15000 元；州级脱贫光荣户海买，家庭年人均收入由原来的 1800 多元增加到 10000 元以上；镇级脱贫光荣户王财、马爱国、陈好道 3 户，家庭年人均收入均有原来的 2000 多元增加到 8000 元以上。2018 年全村建档立卡贫困户家庭年人均收入平均超过 5000 元。至 2017 年年底，全村已脱贫 42 户，162 人，2018 年底，全村 66 户 238 人将全部脱贫。州委书记张文魁同志曾赞扬他："一个藏族同胞，在回族村能干出这样的成绩，是民族团结最好的榜样、模范。"2020 年突如其来的新冠肺炎疫情席卷全国，他主动放弃春节休假，提前 5 天返回那然村开展防疫工作，连续一个多月始终奋战在疫情防控第一线，冲锋陷阵、无私无畏。

作为一名共产党员，项秀同志砥砺前行，用自己的行动诠释了"不忘初心、牢记使命"；作为一名"第一书记"，他真抓实干，成为贵南县脱贫攻坚战线上的一面旗帜。他用满腔热情换来了群众的信任和爱戴，圆满完成上级交给的各项工作任务，为贵南县精准扶贫工作做出了贡献。

一片丹心，绘就蓝图

——郭延照同志先进事迹

郭延照，2015 年 12 月，受组织选派到海南藏族自治州兴海县曲什安镇大米滩村担任第一书记。驻村工作五年来，郭延照坚持以一个党员干部的自觉，坚守在农村一线，想群众之所想、谋群众之所需。五年寒来暑往，始终如一。在其带领下，大米滩村于 2017 年实现整村出列，贫困户全部脱贫，并于 2018 年圆满通过省际交叉考核与国家第三方评估。

"不仅将群众的问题记在纸上，更记在心坎里。"听民声、察民情，在村民期盼中找方向。这是郭延照的工作宗旨。初到大米滩村，郭延照就入户了解民意，分片包干、不留空白，通过与村"两委"、党员代表、"四老人员"座谈、困难户长谈。在最短时间内摸清了村里的基本情况，并集中整理出村民所思所想所盼和村中今后发展的问题，郭延照将解决这些问题作为工作重点，为工作的开展找准了方向。

郭延照坚持"制度管人管事"的理念，注重加强制度建设，指导健全村规民约、村党支部"三会一课"等各项规章制度，强化党员干部学习教育，完善议事规则和决策程序，推进村务、党务、财务、重大事项公开，并通过民主选举成立村理财小组、村监督委员会，加强村级"三资"监管力度，奠定党建工作基础，切实加强基层党组织建设。他以创建先进基层党组织为目标，着力于提高村两委班子的凝聚力和战斗力，发挥基层党员先进模范作用，积极宣传国家教育政策。他努力把党和各级政府在农村的路线、方针、政策和相关的法律法规传达给村民，推动了农村政策的贯彻落实，带着全村群众与干部谋划乡村新篇章。

郭延照坚持从基础设施帮扶、产业帮扶、精神帮扶，全面改善了当地村民的生产生活质量，有效发挥基层党组织的凝聚力和战斗力。成立村扶贫攻坚领导小组后，召开专题会十余次，为了尽快让村民增收，郭延照认真调研，多次与村民沟通、讨论和协商，聆听贫困户心声，在深入调研和征求群众意见的基础上，最终决定在大米滩村发展家庭式、小规模的生猪养殖、大棚蔬菜等产业。他结合该村气候、土壤等特点，大力发展特色产业，与村"两委"班子齐心协力，流转土地建成青草、玉米种植基地 50 亩，并多方协调将富余劳动力转移到兴海县工业园、省外等增加收入。他积极引导部分建档立卡贫困户积极开办小餐厅、电焊铺、养殖业等第三产业增加收入，还通过建造老年食堂解决大米滩村空巢老人就餐问题。

他积极探索新时期村集体经济发展新模式，打造形成了具有大米滩特色的"支部＋公司＋农户＋合作社"扶贫富民新模式，成立两河谷香面粉加工厂，推动了产业发展、集体增收。于 2018 年 2 月份正式成立裕民种植农民专业合作社，使大米滩村面粉加工厂高效运转，形成产业链条，彻底解决了生产原料及加工后的面粉销路问题，确保群众有稳定收益。郭延照还帮助村支两委负责对接面粉种植农业公司技术服务合同，对全村面粉基地种植、生产等工作实行蹲点技术指导服务工作，带领村"两委"建立面粉种植技术培训基地，大力开展面粉种植及管理等技术培训。通过他的不懈努力，带领着村民创出了一条村集体经济发展的破冰之路。目前，裕民种植合作社有流转耕地 2000余亩，调换优质小麦种子 80000 余斤，基本实现了基地式连片种植，该村受益人数达到 191 户，其中包括 29 户建档立卡户。

如今的大米滩村，村庄干净、巷道整洁，物品归置有序，家家户户窗明几净，邻里和谐、民风淳朴。村民们的精气神也有了改变。一股清新之风在广袤田野中吹拂，村民生活更加安心、舒心。作为第一书记，郭延照以满腔的深情，推进脱贫攻坚、办好实事好事，践行着共产党人的初心与使命，在大米滩这片沃野上，与村名一起绘下了美好的未来画卷。

精准施策，拼搏实干

——才布旦同志先进事迹

"我是一名牧民的孩子，从小就喜欢宽广无垠的草原，能有机会到村担任第一书记，是我今生的幸事，也是实现带领群众脱贫致富梦的好机会。"——2017年组织选派才布旦同志到海北藏族自治州刚察县哈尔盖镇果洛藏秀麻村担任第一书记时，他满怀热血、带着梦想、充满激情地说。长期以来他也是这样做的，时刻不忘初心、牢记使命，脚踏实地地干好了村里的每件事儿，赢得了广大干部和群众的赞誉。

果洛藏秀麻村地处草原深处，是一个纯牧业村，长期以来牧民以畜牧业为生，由于受到交通等地理环境因素的制约，牧民经济收入不高，2015年被列为州级贫困村。面对这样的一个村子，他想"村子富不富，关键看支部"，因此担任第一书记的第一件事就是召开支部委员会，宣传和学习党的路线、方针、政策和镇党委组织的决议、指示，让村班子成员先从思想深处得到改观，把握国家支持涉藏地区发展的好机遇、明白惠农政策，从思想上认识"只有改变，才能让群众服气"。他暗暗地下了决心。第二天就带领村班子成员进村入户，摸底调查，根据人均纯收入、家庭劳动力、牲畜数量、草场面积、住房条件等因素，按照"五看五清"原则，拉网式的摸底排查和精准施策，对有残疾人的家庭、因病致贫返贫的家庭、遭遇天灾人祸的家庭、"五保户"家庭等分类施策。接下来的日子里，与班子成员谈心谈话，共谋思路、编制规划，确定了"种草养畜、加快周转、劳务并举、尽早脱贫"的村级发展思路，并对班子成员进行分工，做到目标明确、任务明确、责任明确，有力促进了牧区发展、牧业增效、牧民增收。年初疫情防控期间，组织工作队成员全部到岗值班，并组织村"两委"和驻村工作队成员向镇党委缴纳了一笔13000元的"特殊党费"，为打赢防控疫情攻坚战献出自己的一分力量。他严格按照党组织书记要带头履行的职责，在党支部讲党课，注重用身边事教育身边人，用浅显的话讲好大道理。

果洛藏秀麻村畜牧产业品质低下的主要原因是土壤贫瘠、草场退化、产业链条短。为了破解难题，才布旦多方跑项目、争资金，摸索出草场和宾馆租赁、加快牲畜周转、培训新型合作组织的发展路子。在多方调研、广泛征求意见的基础上，将本村2000亩公共草场租赁给养殖户，每年收取租金4万元；将扶贫投资建设的877平方米民族特色宾馆对外出租，每年收取租金6万元，为村集体经济破零找到了新路子。畜牧产业上将2625只母畜由本村40余户大畜户代管代放，每年"投羊换羔"用于村内建档立卡贫困户及边缘贫困户分红；178头牦母牛共周转54户牧户，周转期为3年，期间盈利均用于牧户个人，以提高牧户自身收入，3年期满后，村委会召开群众大会，继续向有意向牧户投放周转。同时，积极协调州财政局产业发展帮扶资金147万元，以入股的方式将资金投入到刚察县赤绣嘉姆文化雕刻产业有限公司，入股合作期限为4年，由乙方作为合作人按照帮扶资金的要求进行经营，以最大限度获取收益。

"晴天一身土，下雨一身泥，群众放牧两头黑"，这就是果洛藏秀麻村的实际情况。基础设施建设滞后一直是制约发展的瓶颈。让群众住上好房、走上好路、发展好产业、过上好日子是精准扶贫的重要任务。可以说，这两年才布旦最忙的事是想群众的冷暖，跑项目、争项目、解难题、促发展，吃饭不按饭点，休息不按假日。自担任第一书记以来，争取投资133.95万元新建机井33眼；实施扶贫产业到户资金项目，收到财政专项扶贫资金97.92万元，人均增收2432元。通过国家电网刚察分公司，落实了300户村民一户一表项目，该项目投资达20万元。争取了州、县财政局扶持产业发展资金30万元，购置了35头牛（35头母牛带35头小牛）。积极争取我村青达麻地区66户无电户电网项目。才布旦办了很多很多实事，目前，他还正在申报机井 125 眼，暖棚 115 栋，草原灭鼠项目 29 万亩，房屋改造、桥梁建设、电网覆盖、等产业扶持项目。他让昔日的穷乡僻壤变成了美丽乡村，群众生产生活条件实现历史性改观，才布旦真正成了牧民的"贴心人"。

才布旦同志用精准的发展思路、拼搏的实干精神，让果洛藏秀麻村生机盎然，让贫困群众用坚实的步伐迈向小康，相信在他的带领下，果洛藏秀麻村的明天一定会更加灿烂。

坚定理想，勇担使命

——安蕾同志先进事迹

安蕾，女，藏族，青海省扶贫开发局政策法规处主任科员，现任海北藏族自治州海晏县金滩乡金滩村第一书记。2018年3月被选派到金滩村开展驻村工作以来，她主动进村入户掌握情况，真心融入、真情帮扶，做到了情况熟悉、工作及时、帮扶到位，得到了全村群众的普遍认可。

安蕾驻村没多久，她就发现村"两委"班子里几乎没人能够熟练使用电脑办公，各种扶贫表格还有文字汇报材料就是他们的"拦路虎"，更别说各种电子表格与信息系统的填报。在查阅贫困户的资料时，不是有错别字，就是前后逻辑不通，资料更是表述不准。虽然已经做了充分的心理准备，但是看到满屋子的脱贫攻坚档案资料和乡镇发来的各类需要上报的材料，安蕾的压力值瞬间就爆了表。

为了尽快适应角色，培养与村"两委"的高度默契，她认为首先要扎实做好基础工作，于是跟两委成员共同入户走访成了她驻村的头等大事。通过近3个月的时间，她走访了全村26户贫困户，走访了村"两委"班子及非贫困户，了解村里的脱贫攻坚、产业发展、群众需求及意见建议；走访党员，了解支部的组织建设、三基建设等，事无巨细地都记录在了那本"民情日记"上。有了这一本踏实账，她立即整改了档案资料，进行查漏补缺，全面完善所有表格与文字资料，并制定了贫困户、贫困人口、村级巩固提升计划，为攻坚 3 年奠定了坚实的基础。

因为踏实认真，村干部、贫困户对她也渐渐认可。村支部书记蔡得全说最多的一句就是"没有第一书记的帮忙，村里的工作就要落下大半个了"。

金滩村位于青海省海晏县东北部，共有 258 户 877 人。由于自然条件差等因素，农牧业产业发展滞后，群众收入低，是省级的贫困村。

2015 年，因病致贫的徐贵富一家被海晏县金滩乡金滩村评定为建档立卡贫困户，无房的他 2016 年正好赶上易地搬迁政策，住进了新房。几年来，徐贵福利用产业到户资金、小额贷款、互助资金等扶贫帮扶资金搞起了大雁养殖，2018 年又开起了酿酒坊，去年人均收入达 8.9 万元，成为全村贫困群众中收入最高的一户。在徐贵富看来，自家生活条件的不断提高，得益于精准扶贫及党的各项惠民政策，离不开村两委的引导帮助，也离不开第一书记的坚守与奉献。"安书记经常来家里了解情况，帮我们在销路上想办法出主意，还经常帮我代销产品，她有耐心、有魄力，我们信任她也敬佩她，我们要给这位第一书记点个'赞'。"

近几年，金滩村通过土地托管、养殖场、农机（具）租赁等村集体经济发展，生产规模不断扩大。2019 年，村集体经济收入超过 20 万元，比上年增加了 8 万元。

2015 年底，全村共有有建档立卡贫困户 27 户，贫困人口 94 人。经过一年的努力，2016 年，金滩村提前摘下贫困的"帽子"，通过这几年的巩固提升，昔日人们眼里的落后村，如今变成了充满活力、和谐有序的美丽乡村。

从徐贵富的身上，可以看见金滩村许许多多贫困户蜕变的影子。"原来全家人一年的收入还没有现在我一个人的收入高，如今家里的人均收入达到了 1 万多元。"58 岁的王贵虎是村里的种植能手，2015 年，在村委会的支持下，他将自家的 28 亩耕地托管到合作社，老两口便在村上开起了小商店。王贵虎还是合作社的种植管理员，负责部分片区。仅去年一年，他家的土地托管分红就过万元，再加上参与土地管理的工资、自己育肥牛羊赚的钱、儿子媳妇在外打工等收入，年收入达到了七八万元。"我们村的村集体经济发展得好，这几年给全村老百姓带来了许多实惠，乡亲们都大力支持村集体产业发展，这些产业的发展都离不开第一书记的大力支持。"王贵虎说。

　　为了让村集体经济加速壮大，安蕾和村干部大胆探索、积极争取，重点投入到壮大村集体经济发展并统筹整合支农、援建等资金，夯实资金保障。

　　金滩村自古以来种植青稞油菜，收入比较单一，为了延伸产业链，她积极与乡政府、县扶贫开发局、结对帮扶单位联系，协调落实 150 万资金筹建农产品加工坊，让百姓不仅能够吃上自己的面粉和清油，同时壮大了村集体经济；今年 3 月，她多次与青海青稞产业联盟协调后，该联盟企业为村里免费提供 700 亩地的"蓝青稞"进行试种，秋收后以高于市场价格进行收购，从而带动农民增收致富；今年年初，安蕾协调省扶贫开发局在金滩村开展"黑青稞"试种项目备耕，自此，村里有了自己的特色种植基地。

　　在脱贫攻坚的路上，安蕾舍小顾大、冲锋在前、务实创新、率先垂范，用真心和行动赢得了村民们的真诚点赞！

俯身为民谋福利，精准扶贫洒光辉

——任正忠同志先进事迹

笔直干净的道路、整齐漂亮的房屋、功能齐全的广场、大气的村民综合办公中心、木质护栏映入眼帘……这个坐落于冷龙岭下的小村庄，在蓝天白云的映衬下，在不远处雪山的烘托下，显得格外美丽安详。这就是海北藏族自治州门源县西滩乡老龙湾村。

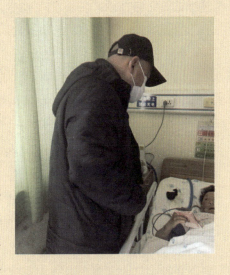

任正忠是海北藏族自治州驻宁干休所的一名干部，2015年10月，被组织选派到老龙湾村担任驻村扶贫工作队的队员，2016年4月担任第一书记，不管担任工作队员还是第一书记，他坚持用情走访农户，用心服务群众，给老百姓做实事做好事，赢得了村干部和老百姓的拥护和尊敬。本来在2018年4月份的时候，任正忠就已经完成使命，可以回到原单位，但是在村干部和全村群众的极力挽留下，任正忠决定留下来。"我对这里的一切有感情，舍不得。作为一个共产党员要对得起组织的信任，要善始善终，这里的老百姓彻底脱贫了，我也就安心了。"

五年来，任正忠立足村庄实际，团结带领村扶贫工作队和"两委"一班人，从建强基层组织、推进精准脱贫、建设美丽乡村入手，积极投身到驻村帮扶工作中，老龙湾村的社会经济发展得到全面提升，民生及基础建设得到全面提高，村级公共服务能力得到不断提升，树立了基层党员干部的良好形象，赢得了组织的肯定和群众的认可。2016 年他被评为全州优秀第一书记、优秀共产党员，2018 年被评为门源县优秀第一书记。

农村基础设施落后，经济发展门路不多等现实情况，曾经让任正忠深深感到自己肩上的担子很重，但是他没有迟疑，而是沉下气来，带着对群众的爱进村入户调查走访，广泛征求意见。为了充分发挥村党支部的先锋模范作用，把党建和脱贫攻坚更好地结合起来，他完善党支部"三会一课"制度、村"两委"议事规则，推动村级网格化管理、积极开展"三务公开"。并以"两学一做"学习教育为载体，大力进行党员教育管理，扎实开展"党员固定日"活动，进行党员义务植树、环境卫生整治，引导党员进行亮身份、作表率，为各项工作的开展奠定了扎实的组织基础。

作为第一书记，任正忠的重点工作是要带领全村群众实现致富增收，早日奔向小康。为了打赢脱贫攻坚战，任正忠积极发展脱贫产业，整合入户扶贫资金人均 6400 元，全村共计 49.28 万元，用于购置位于门源县浩门镇气象小区商铺 63.31 平方米，通过对外出租实现分红，人均年增收 350 余元。2016 年筹集互助资金 50 万元，现已达到 130.4 万元的资金规模，全村已有 102 户农户（其中 22 户贫困户）加入合作社中，为发展产业的农户提供了有力的资金支持。并不断夯实村级集体经济发展基础，通过广泛征求群众和联点单位意见，将村集体经济财政专项扶持资金 100 万元投入县光伏扶贫建设项目，将"十二五"期间整村推进项目资金 100 万元投入青海生态源物流公司，将 50 万元山东援建资金投入门源县皇城老牧人专业合作社，通过入股形式实现分红，2019 年实现村集体经济收入 18.07 万元。同时，他注重村庄基础设施建设及完善，结合老龙湾村"高原美丽乡村"建设工程，统筹推进村庄硬化、亮化、绿化、美化建设。积极协调争取县财政"一事一议"奖补资金 72 万元，修建村级硬化路 1.75 公里。在村口建设投资达 7 万元的 70 米文化墙及小广场。完成投资 35 万元老龙湾村人畜饮水工程建设项目，进一步改善了村基础设施建设。"脱贫攻坚不能只盯着贫困户，要放眼全村，全村富才叫富。"任正忠是这么说的也是这么做的。

为了改变村民的精神面貌和思想观念，任正忠还经常组织一些群众文化活动，在庆祝建党 96 周年、97 周年之际，联点帮扶单位的全体党员干部深入老龙湾村开展了"重温入党誓词、纪念政治生日"等"七一"主题活动。

2019 年在庆祝新中国成立 100 周年、青海解放 100 周年之际，组织群众开展文艺演出。在每年重阳节慰问 60 岁以上老人，在"三八"妇女节、"六一"儿童节等节日开展文艺表演等活动。对村上发生意外事故或出现大病、去世的家庭进行慰问，在全村营造了健康文明、积极向上、温馨和谐的社会氛围，建立了鱼水情深的干群关系。同时，他积极开展爱心帮扶活动，在贫困户看病住院时常常帮助联系医院、申请救助。2017 年以来一直为结对贫困户孔繁德出钱买药，并资助 2018 年新考录的贫困户大学生梁俊娟。积极协调联点单位州委组织部和县财政局 77 名干部与 22 户贫困户开展"结对认亲"活动，2016 以来联点单位入村开展活动 17 次，看望慰问贫困户、老党员等 50 余户次，走访贫困户 180 余次。

作为扶贫第一书记，任正忠脚踏实地、甘心情愿、以干求成、以干求胜。他行走在田间地头，只为改变村子贫困面貌，带动老百姓增收。在他的带领下，老龙湾群众精神面貌焕然一新，看书、打球、参加文体活动的人多了，学习种植、养殖技术的人多了，村里的文化中心户、带头致富人多了。全村上下呈现出经济发展、民族团结、人民安居乐业、社会治安稳定的良好局面。近年来，老龙湾村先后荣获"'五个好'党支部""全县创先争优先进党组织""民族团结进步示范村""民主法制示范村"等荣誉称号。一个个具体可行的措施，加上高度的责任心和使命感，2016 年老龙湾村如期实现了脱贫摘帽。

做合格干部，当扶贫先锋

——格来江措同志先进事迹

格来江措，藏族，现任玉树藏族自治州财政局国库科科长。2016 年被选派到囊谦县娘拉乡娘麦村担任驻村工作队员，2018 年 1 月担任第一书记兼驻村工作队队长。

五年来，格来江措同志积极践行"做合格党员、当干事先锋"的要求，履职尽责，奔波于精准扶贫第一线，勇做扶贫先锋，用实际行动，为扶贫攻坚做出了不懈的努力，受到了上级领导的一致好评。

作为驻村第一书记，格来江措到任的第一件事，就是带领驻村工作队员走村入户，了解村情民意。每次入户访谈，他都非常耐心，和群众聊天的内容也很广泛，日常的柴米油盐、收入支出、生产生活、子女上学等等都是交谈的话题。对于群众反映的问题，每次他都非常认真地记在自己的扶贫工作日志上加以分析和研判，并制定扶贫帮扶计划。首先在村级范围内对制定帮扶计划形成共识，锁定年内工作的任务和目标；其次，根据实际调研情况，编写了《娘拉乡娘麦村精准扶贫基础设施和产业发展思路报告》，提出了"强组织，建产业，求外援"的工作思路，对娘麦村的帮扶工作进行了长远的规划，探索出了一条符合娘麦村村情的扶贫工作新思路。

格来江措初到娘麦村时，村里的基层党建环节薄弱，资料不齐，制度不完善，村支部重产业、轻党建的问题比较突出。了解这个情况后，他积极向局党组汇报建议，开展了局党支部与娘麦村党支部互动交流的一系列党建和扶贫政策宣传活动，自 2016 年以来，累计开展了 52 余次宣传、学习、再教育等活动，在村里营造了一个良好的学习氛围。为加强讲党课的效果，他不光自己讲，还经常邀请老党员们讲课，通过现身说法的方式，有效增强了农牧民党员群众的荣誉感和使命感，基层党组织的战斗堡垒作用更加明显，精准扶贫工作中党员率先垂范意识不断增强，在村里急事难事的处理上发挥了很多切实有效的作用。

为培育产业新动能，通过发展特色产业拓宽农牧民收入来源，格来江措积极与省、州农科院等相关单位联系，多次深入娘麦村进行实地考察，确定产业项目。通过对调研结果深入分析，筹集 3 万元建立了 10 亩蕨麻种植实验基地。为实施好蕨麻产业项目，从多处引进优质种源，选择 8 处不同土壤条件的农田分别进行种植，通过多方努力，邀请到专业技术人员对种植技术进行现场培训和指导，让娘麦村村民全面深入掌握了蕨麻种植的各项技术。2020 年 4 月份，娘麦村收获了第一批小产量的蕨麻，人们对于以后的日子更加充满了期待。

2016 年以来，他不遗余力地帮助娘麦村争取项目，修建了投资 99.6 万元的娘麦村群众文化广场，提升当地群众文化服务水平，丰富了群众文化生活。娘麦村作为娘拉乡占地面积最大的村社，在多次走访调研中，鉴于群众对联合收割机强烈需求，在局党组的大力支持下，从农牧渠道争取农机具购置资金 20 万元，购置联合收割机、榨油机、拖拉机等农机设备，运用现代化的设备，以前几十天才能干完的农活，现在只要几个小时就能完成，当地群众的农业生产能力和效率得到大大提升。为了壮大和培育村集体经济，他从多方面渠道争取扶持资金 3 万元，对具有石刻技艺的贫困群众购买石刻机，提高生产效能。2018 年他又通过财政一事一议奖补项目，争取总投资 139 万元的亮化项目，项目覆盖全村七个社，并在年内全部投入使用，切实解决了群众夜晚出行难的问题。针对娘麦村冬季牧场转场困难的实际问题，争取投资 50 万元全长 5 公里的村级道路建设项目，修建了贯穿娘岗社、娘登社、吉然达三社牧场道路。改变了娘麦村肥料运输和牧场转场长期人扛马驮的状况，解决了当地群众的老大难问题。

这些年，不管是春耕备播，还是秋季收割，他的身影总会出现在群众左右。对他来说，群众认识自己是不够的，只有群众把自己当成朋友，打心里把他当成贴心人，自觉和你站在脱贫攻坚的同一战线才能实现脱贫致富。为落实好"双帮"的工作机制，组织州财政局党员干部先后7次深入娘麦村看望"亲戚"，并送去慰问金4.4万元。同时组织全局干部职工通过消费扶贫的方式，认购贫困户土豆1000斤。从红十字会争取价值17.6万元的帐篷和小型太阳能设备，发放给结对帮扶贫困户。从慈善总会争取价值13.6万元的物资对困难和受灾群众进行多次慰问。他通过自己所作所为，充分体现了共产党员先进性和模范性，并用实际行动赢得人民群众的赞许和肯定。

格来江措常说："老百姓信任他，把他当成亲人，他有责任和义务让他们尽快脱贫致富，不应该辜负他们的期望。"在农村这片广袤的土地上，他无怨无悔地奉献着自己的青春，在平凡的岗位上履行着沉甸甸的责任。他以自己的实际行动，为自己的驻村工作写下了浓墨重彩的一笔，诠释了一名共产党员"全心全意为人民服务"的宗旨。在他眼里，扶贫第一书记驻村工作只有进行时，没有完成时，他依然为娘麦村的发展思考着、探索着、谋划着……

扎根基层，为民服务

——扎巴同志先进事迹

　　扎巴同志在基层奋战了21年，他是龙麻村乡亲们眼中的亲人，更是乡亲们眼中的"万能汉"，他在高寒缺氧的曲麻莱县，凭着对党的事业的执着追求，艰苦奋斗、恪尽职守，以无私的奉献精神，彰显了共产党员的本色。

　　他虚心学习，记录工作中的点点滴滴，积极参与制定了《龙麻村扶贫开发实施方案》《龙麻村党支部帮扶工作意见》。他扎根基层，贴心服务，修路筑房惠民生、产业扶贫又扶智，与驻村工作队、党员、群众拧成一股绳，带领他们脱贫攻坚，各项扶贫政策在龙麻村大地上落地生根，在全面建设小康道路上谱写出华丽篇章。

　　玉树藏族自治州曲麻莱县叶格乡龙麻村是省级贫困村，产业结构单一、财力匮乏，基础设施建设不足，脱贫难度高。自然条件差、经济基础薄弱、交通闭塞等是制约发展的主要原因。作为龙麻村扶贫第一书记，他深知自己肩上责任重大。为了完成好脱贫工作，他经常一个人在办公室加班加点，为了确保精准扶贫不落一户，他长年累月奔波在贫困户家中，了解牧民群众的生产生活等情况，第一时间掌握了龙麻村贫困户的基本情况和致贫原因，详细制定了一户一策的脱贫计划。

　　自精准扶贫工作开展以来，扎巴同志始终坚持做到深入牧区边缘，走访每一个贫困户，聆听每一个贫困群众的诉求，针对贫困户实际进行认真梳理、形成有针对性的工作思路。只要村里有一件扶贫"大事"，总能看见他与村"两委"班子成员围坐在党员活动室研究相关事宜，他集思广益，召开群众大会商讨方案，只要群众点头认可的，立马主动实施。

很多人告诉他，这样的工作方式很累且效率不高，但他的回应却恰恰相反。他说，扶贫第一书记的工作就是一项直面群众的工作，找群众商议可以了解他们对这项工作的参与度和认可度，将问题化小化无，才能在实施阶段顺利无碍。就是这样一个抓微小细节、用心为群众办实事的干部，成了龙麻村群众心目中的"万能汉"。

他认真贯彻"四带四推"活动和组织开展结对认亲帮扶户的"双帮"工作机制，从财政局、地税局、农商银行等联点帮扶单位与叶格乡龙麻村三个社 78 户 266 人贫困户确定了结对帮扶关系，并以自愿方式筹措资金购买龙麻村青稞加工机一套（磨面机、炒面机）。每年开展一次特色帮扶活动，充分利用帮扶联点单位"两节"前夕捐款捐物，个人助资 3 户帮扶对象现金 3500 元，帮助实现就业计划（开办汽车修理店）。

在扎巴的努力下，龙麻村争取到了北京昌平霍营镇帮扶资金 21 万元，县畜牧局购畜款 61 万元，购买能繁殖母畜 122 头，财政局一事一议修桥项目资金 76 万元。开办畜产品特产综合商店，积极引导他们自力更生、艰苦奋斗，靠辛勤劳动改变贫困落后面貌。让贫困群众正确认识自己所处的生存状态，正确看待自身的优势和劣势，正确理解新的生产、生活方式和新的产业发展前景，帮助他们增强信心，提升自我发展的能力。加大"530"扶贫贷款，狠抓"控辍保学"，保障适龄儿童入学，加强"水、电、路"基础设施建设，杜绝因病返贫。项目扶贫、产业扶贫和包户扶贫相结合，力争实现产业发展，牧民脱贫致富，生态环境改善。落实了产业到户扶持项目资金 256 万元购买两套商铺，历年效益增收达 8.6 万元。为使资金产生最大效益，他组织有关部门实地走访、考察、调研（西宁市、格尔木市、玉树市、曲麻莱县城）等商业区，最终购置 2 处商铺。为贫困户办实事、解难题，充分发挥第一书记的作用，在他的不懈努力下，龙麻村扶贫逐项明确了主要任务、工作目标。在党和政府的关怀下，龙麻村按照预期目标，于 2017 年年底胜利完成脱贫摘帽任务。

　　扎巴同志注重关心下属、热心助人、办事公道、诚实守信，始终以宽容的心态对待每一个人。无论双休或节假日，只要工作需要，都能保证出色完成各项工作。他始终保持头脑清醒、警觉，清醒地认识到自己是党员，全心全意为人民服务，发挥着党员先锋模范作用。

　　作为扶贫第一书记，扎巴尤其尊重扶贫对象主体地位，深入贫困群众，问需于民、问计于民，真正实现"两不愁三保障"，切实为群众排忧解难，更把志气、信心送到群众心坎上，帮助群众树立自力更生、勤劳致富的正确观念。龙麻村群众在扎巴同志的带领下，正昂首阔步地迈向小康。

发扬高原精神，追求高质量脱贫

——胡成同志先进事迹

　　胡成，男，1970年生，系国电格尔木光伏发电公司副总工程师，2018年被选派到玉树藏族自治州曲麻莱县麻多乡巴颜村担任扶贫第一书记。2017年和2019年，分别获中国国电集团和中央企业"劳动模范"等荣誉称号。

　　作为巴颜村扶贫第一书记，胡成同志不忘组织托付的重任，将责任扛在肩上，工作中注重细节，做牧民的知心人。经过近两年的工作，巴颜村的面貌有了巨大改变，党支部焕发了新的活力，战斗力明显增强；发展村集体经济，解决了村劳动力就业，全村如期完成了脱贫摘帽任务。

　　给钱给物，不如给个好支部。如何发挥巴颜村这个基层党支部的战斗堡垒作用，他首先想到的是党支部活动场所。面对三面漏风，顶部漏雪的党员活动室，是整修还是易地新建，他组织全村党员在草地上召开了近两年来第一次全体党员大会，会议最后决定在移民搬迁集中点新建党员活动场所。经过三个月紧张施工，240平方米的党员活动场所终于建起来了，他向国家能源集团申请党支部共建经费10万元，配齐活动场所内桌椅、音像等硬件设施。活动场所建好10个月以来，在这里召开大小会议15场，不管是村里党员还是牧民群众，都说"我们村支部总算有了个像样的家。"家有了，如何才能人心齐，他经过实地走访，发现村里从20世纪60年代以来历任村领导班子成员之间存在许多误会，相互不信任，且都是村里老党员，严重影响党员队伍的团结。他提议召开了以"交心谈心，共谋巴颜新蓝图"为主题的座谈会，该会得到了全体新老班子成员的一致响应，远在西宁的来了，躺在医院床上的请假来了，走不动路的由孙子搀扶着也来了，与会者各自展开了自我批评，最后大家一致认为：一人有不如大家有，团结才能奔小康。他在会上提出问题，如何让本村 12 户建档立卡户稳定脱贫，大家纷纷建言献策，最后经村"两委"班子讨论决定：以党员为先锋，在全村开展捐畜活动。该活动得到了全体党员积极响应，有的捐了 3 头母牛，他也带头捐助了现金，共收到折合人民币 48 万元的捐助，每户分生 6 头。在年底回访时，所有牛均怀了仔，经测算，这 12 户人家人均可增收 3500 元，年人均收入可稳定在 9000 元以上，确保稳定脱贫。

胡成实地走访过程中，发现有的牧户牛养老了都不卖，影响收益。通过与牧民算算账，卖一头成年牛，买两头幼年牛，收益可翻倍，彻底改变他们养牛保生计的传统观念。本村牧民反映因无网络信号，牛羊死亡报案不方便，导致保险理赔难，牧民投保积极性不高。他多次与保险公司沟通，在全县率先改变了通过协保员报案的传统理赔方式，由牧民直接现场拍照报案，2019 年村牛羊保费达到 42 万多元，比上年增长 13%，有效防止了牧民因牲畜死亡返贫现象。他鼓励牧民拓宽增收渠道，说服牧民外出务工，充分珍惜每年一次外出采挖虫草等务工的机会，2019 巴颜村采挖虫草的人数达到 386 人，比去年增加 130 人，为全村增加务工收入近百万元。积极发展外向型经济，与村"两委"协商，他向国家能源集团争取扶贫资金 100 万元、村集体经济破零资金 40 万元成立了巴颜村物流公司，购买两辆货车跑运输，每年可为村集体经济增收近 30 万元。

他十分重视教育工作，和学生们沟通，帮助他们改进学习方法，利用周末时间，给学生补课，一是教他们学习方法，二是教他们树立学习目标，培养正确的"三观"，让他们拥有积极健康乐观的生活态度，三是鼓励他们上网课。才仁巴丁等学生表示，通过学习，物理和语文成绩有明显提高。他还经常到县教育培训中心，与学员谈心，并为他们学成后就业方向建言，有效地激发了他们爱学好学的热情，先后有学厨师的西尕拉毛、学修车的索南扎丁、学裁缝的来措等都找到了理想的工作。

当初，在他申请来巴颜村任驻村第一书记时，有人就劝他："你快年近半百的人，4500米的海拔，年轻人去都受不了，你能坚持得了吗？"但是他没有退缩，与当地扶贫队员一起，战斗在高寒缺氧的高原，有时因为高原反应，连续头疼一个多星期，他仍坚持下乡入户走访。2018年8月的一天他右腿突然失去知觉，重重摔倒在地，医院检查结果是因高原反应所致，但他仍坚持在扶贫一线战斗。在疫情期间，他一面配合当地政府做好隔离工作，还积极申请做义工，把政府配发的爱心生活物资从车上卸下来，送到每位隔离居民手中，受到当地居委会和居民的高度赞扬。

百尺竿头，更进一步。巴颜村脱贫攻坚第一目标虽已完成，但按照中央"四不摘"的要求，胡成同志又马不停蹄地为巴颜村稳定脱贫、乡村振兴贡献自己的力量。

严于律己实作为，真情实意系民心

——庞军同志先进事迹

庞军，中共党员，1997 年 7 月参加工作，2018 年初，为贯彻落实中央和省、州委关于精准扶贫工作的总体要求和安排部署，果洛藏族自治州人民检察院 42 岁的庞军同志响应组织安排，就任班玛县吉卡乡贡章村第一书记。他从一名政法机关行政干部转变为村第一书记，虽然工作性质、工作对象发生了根本性的变化，但他始终保持一名共产党员的初心不变，保持勤勤恳恳、任劳任怨、脚踏实地的工作精神不变，担当起贡章村精准脱贫工作的重任。

吉卡乡贡章村距班玛县 110 公里，距州府 380 公里，平均海拔 3900 米，系省级贫困村，有 3 个社小组，全村有 204 户 726 人，村干部 7 人，牧民党员 20 人，贫困户 52 户 175 人。近几年，国家虽对村里实施退牧还草等项目，但牧草生长期短，植被稀疏，牧草产量低，草场退化的现状还未得到全面改观，致使牧民群众的牛羊繁殖和出栏等切身利益迟迟得不到改善，牧民群众的"等、靠、要"思想严重。为掌握一手资料，详细摸清牧民群众生活状况，庞军驻村后，在乡党委、政府大力支持下，在村"两委"班子和驻村队员的密切配合下，他克服种种困难，认真细致开展调查研究。他经常深入村社、深入牧户倾听牧民群众最关心的热、难点话题，掌握村情民意。通过一段时间的调

研走访，他把村里的班子建设、生产生活状况、民风民俗、民情民意摸得一清二楚，做到了底数清、情况明，为顺利开展工作奠定了坚实基础。

庞军担任驻村第一书记后，发现村党支部发挥领导核心作用不强，宣传群众、教育群众、组织群众的能力欠缺。为强基固垒，他自觉履行第一书记职责，狠抓基层党组织建设工作。进行重温入党誓词、党章学习、健全规章制度等一系列举措，重塑党员在牧民群众心目中的形象，进一步增强了党组织在脱贫攻坚工作中的积极性。促成贡章村党支部与州检察院第二党支签订了"结对友好党支部"，互帮互助加强基层党组织建设。

庞军充分发挥桥梁纽带的作用，认真做好上传下达，为牧民群众办实事办好事。定期向单位检察院党组和乡党委政府汇报工作，针对驻村工作开展过程中存在问题和困难，及时请示，做好上传下达。为落实解决贡章村实际困难，协调果洛州检察院各级领导多次到实地进行调研，多方筹措帮扶资金和物资帮助牧民群众解决实际困难。一年多来他共协调落实帮扶资金和物资达25万元。驻村后他发现贡章村地处偏僻，又无发展产业的有利条件，他和驻村工作队一同通过调研发现，贴近牧民群众生活的石磨糌粑投资小、收益快。积极协调州院领导，在各级领导和部门的高度重视下联系帮扶资金约12万元用于贡章村德吉青稞炒面加工店的建成，改善和增加了牧民群众的收入，目前运营状况良好。炒面加工店的建成，帮助牧民群众增加收入的同时解决了两名贫困户的就业问题。去年他在走访期间发现很多牧民群众家中食用的米、面紧缺，那时正是雨季洪水多发的季节，为提前预防灾情，他及时向院领导汇报牧民群众面临的困境。院领导高度重视，为尽快解决牧民群众的生活问题，协调相关单位解决了帮扶物资大米7500斤、面粉7500斤、青稞3000斤、帐篷3顶，总价值约10万元。同时，积极推动开展结对认亲活动，一对一解决牧民群众生活问题。根据年初制定的结对认亲计划，积极协调联系相关单位及时开展结对认亲活动，实际解决牧民群众的生活问题。

在危房改造项目入户调查的期间，他了解到贫困户次吉家的房屋年久失修，逢雨必漏，但因经济条件限制，无法修缮加固，而次吉本人患有轻微的精神疾病，无法正常表达诉求。他和驻村工作队了解到这一情况后，及时组织村"两委"班子召开会议，商议对次吉家进行危房改造。召集30余名村"两委"班子成员、护林员、草管员等基层干部以无偿投劳、共同出力的形式，为次吉家修建新房，解决了她多年来的实际困难。

教育扶贫也是扶贫工作的重中之重，2018 年 6 月，控辍保学提出要求，所有建档立卡贫困户中辍学生必须清零。他以"一个都不能少"的工作目标带领工作队员开展失学孩子的劝返工作。他带着工作组通过动员、部署、摸底、入户。经过近一个月的努力，成功劝返学生 83 人。

在驻村工作队中，他虽然年纪最长，但凡事都亲力亲为，大到谋划扶贫项目，参与基础设施建设，小到完善"一档一册"，填报各类统计报表，既当指挥官又当战斗员，他的执着、热情让队员们竖起了大拇指。在攻坚克难的路上，他顶着许许多多的压力和困难，放弃了许多休息时间，这一路上有艰辛有收获，有挫折有成长，但他从未想过放弃，是一名激情饱满、勇于担当的好干部。庞军相信，一定能在打赢脱贫攻坚战的伟大征程上谱写华丽的乐章，通过努力奋斗，彰显高原检察干部的风采。

默默奉献，心系群众

——贾先卫同志先进事迹

贾先卫，男，中共党员。2015 年 10 月，贾先卫同志受中国科学院西北高原生物研究所选派，到果洛藏族自治州达日县满掌乡布东村担任第一书记。自驻村工作以来，贾先卫紧紧围绕精准扶贫中心工作，牢记第一书记"抓产业，促脱贫"的责任和使命，在全面摸排掌握村情的基础上，从加强党的组织建设，指导全村经济发展，帮助贫困户脱贫致富入手，积极投身到驻村帮扶工作中，与牧民群众同吃同住同劳动，为整村的脱贫致富工作做了积极贡献，积极帮助牧民群众脱贫致富奔小康，赢得了布东村牧民群众的一致好评。

作为选派的第一书记，贾先卫深知自己的一举一动、一言一行都可能直接或者间接地影响到"村两委"班子成员的工作积极性，到村任职后，为了尽快融入工作，他一方面与"村两委"班子成员促膝谈心，了解村情融洽关系，另一方面他挨家挨户走访，熟悉村情，了解民意，分析制约发展的原因，理清思路。

按照习近平总书记提出的"六个精准"和青海省"八个一批"工作要求，本着"不漏一户，不差一人"的严谨态度，通过建档立卡摸清了贫困人口的致贫原因，有效制定了帮扶规划和具体扶持措施，因类施策、因人施策，靶向治疗。针对布东村的特殊情况，贾先卫结合实际，在达日县委县政府和满掌乡党委、乡政府的帮助支持下，走出了一条适合布东村发展、特色突出、成效明显的扶贫开发之路。

2017 年，针对布东村"黑土滩"退化现状及牧民生态畜牧业发展需求，重点实施黑土滩退化草地恢复治理技术示范及关键技术培训，为高寒牧区生态畜牧业可持续发展和牧民持续增收提供技术支撑。鉴于布东村野生大黄资源和水资源丰富,实施"大黄种植技术及病虫害治理"和"矿泉水开发前期水质技术检测"两个科技扶贫项目,达到产业扶贫、技术扶贫的目的。同年7月,贾先卫积极与青海大学医学院附属医院联系,对当地牧民进行医疗帮扶。按照"筛查一例、治疗一例、巩固一例"和"边筛查、边治疗"的原则,对筛查确诊的包虫病患者进行科学规范治疗。筛查牧民36人,检查出各类包虫病患者18人(赴青海大学医学院附属医院进行治疗患者3人;留果洛州人民医院进行住院手术治疗患者6人、射频和微波治疗3人、药物治疗患者6人)。此次包虫病公益医疗救助对布东村扶贫工作起到了积极作用,牧民群众得到了实实在在的好处。2018年8月,为扎实推进精准扶贫工作,进一步加强包虫病患者的筛查力度,最大限度保障牧民群众身体健康,努力缓解因病致贫、因病返贫问题,全面提高牧民健康水平。贾先卫结合本村实际,邀请达日县疾控中心医护人员赴布东村,对4周岁以上的牧民群众进行包虫病筛查,此次接受义诊牧民群众共计899人,筛查出各类包虫病90余人,由县政府统一安排治疗,基本实现全村牧民包虫病筛查全覆盖。

2018年初,为彻底改变布东村地方产业为零的现状,贾书记经请示汇报中科院西北高原生物研究所自筹资金6万余元,积极调研、反复论证,设立了"蕨麻种植试验基地建设及产品开发"项目,项目内容包括蕨麻种植技术培训、蕨麻种植试验地建设及蕨麻品质评价等,同时邀请熟悉蕨麻种植的研究员配合扶贫项目组开展工作,制定项目实施方案及种植规范,并对相关人员进行了种植技能培训,目前已建成15亩蕨麻种植试验地。

2019年4月,为助推村集体经济产业发展,通过对蕨麻的生长环境以及土壤检测分析研究,经过反复尝试终于突破难题,筹集资金7万余元购买蕨麻种苗及化肥,完成了布东村50亩蕨麻种植项目。希望通过蕨麻种植产业的发展,实现地方产业破零,增加当地牧民自我造血功能,早日实现脱贫目标。

布东村位于三江源国家自然保护区内,平均海拔4000米,年冰冻期长达9个月,自然条件极为恶劣,每年冬季常有雪灾发生。为切实帮助布东村牧民,着力解决他们遇到的实际问题,截至2018年底,累计将55吨营养型草块畜牧饲料送到布东村,增加了布东村牧民冷季饲草储备,提高了牧民抗灾保畜的能力。

在工作中,贾书记爱岗敬业,多少个日夜走在走访贫困户的路上。他和扶贫工作队员往返于县城、乡村之间，有时晚上 10 点多才赶回扶贫办公室，随便吃点东西继续整理带回来的资料。2019 年 11 月 18 日晚，贾书记在往返工作的路途中被一辆疾驰的汽车撞伤了头部，幸好送医抢救及时，才挽回了生命。住院期间，他还在不时关心扶贫工作，心系牧民群众。他就是这样一个人，总是冲在脱贫攻坚战场的第一线，以不甘平庸的钻劲，心系群众的情怀和默默奉献的精神，在平凡的岗位上实现着自我的人生价值，同时，也以他的实际行动诠释了新时期一名普通共产党员的高尚情怀。

或许源于贾书记是一名军人出身，他秉承了一种坚持不懈努力、孜孜追求的精神，锻炼了一种困难面前不低头、不达目的不罢休的韧劲。四年多来，他通过多方努力争取到项目 7 个，资金共计 54.94 万元，带动了全村经济发展，牧民群众生活渐渐富裕起来，他的一言一行得到了乡政府和牧民群众的一致好评。

跑前跑后，一心为民

——杨永智同志先进事迹

卓让村，果洛藏族自治州玛多县扎陵湖畔的一个小村庄，距离玛多县城足足有 105 公里。94 户 263 人中有 43 户 115 人为建档立卡贫困户。村子所处的地理环境差，基础设施落后，村民思想陈旧……面对这样一个要实现脱贫的"问题村"，县委组织部派原来玛多县"两新"工委副书记杨永智担任"第一书记"。

初入卓让村，抱着为群众办实事、解难题、促脱贫的想法，杨永智首先是走访牧户。卓让村地理位置偏僻，牧户居

住相对分散、且交通不便，虽说只有 43 户建档立卡贫困户，走访也足足花去了杨永智一个半月的时间。从走访完贫困户的那天起，杨永智对卓让村有了更加深入的认识，他的走访也引起了村民的注意。"有人注意就是好事情"杨永智说，"只要能说上话，就可以宣讲脱贫的相关政策，这样我的第一步计划就顺利开始了。"

杨永智计划的第一步就是宣讲。为了让村民们更好地了解政策，增强脱贫致富的信心，他可没少下功夫，用"磨破嘴、跑断腿"来形容再合适不过了。见缝插针式的宣讲成了杨书记的标配，据村干部讲，每次村里开党员大会、支部会议或者群众大会，杨书记逢会必到、逢会必讲，精准扶贫是什么？小额贷款怎么贷？做点小买卖、出去打工该注意什么？……遇到这样的书记，

村民们也动不动爱给杨永智打电话，因为在他们眼中，杨永智是个"百事通"。

"光说不练也不行啊，宣讲常态化了，为贫困户办实事也需要常态化"杨永智说，"我一个人力量毕竟有限，需要大家一起努力才有希望。"原来，通过走访群众杨永智观察到，卓让村虽然设有一个25名牧民党员的党支部，但支部整体工作比较弱，党员队伍结构不合理……支部不强是制约村子发展的重要因素之一。

找到问题的关键，杨永智凭借着组工干部的"经验"，建立健全党建工作机制，完善村里相关规章制度，通过开展一系列活动和整顿，加强党支部的核心作用，党支部的号召力、凝聚力不断提升。有党支部做"领头雁"，杨永智和贫困户们踏实多了。

杨永智经过不断与村干部、村民的交流，对村里的脱贫之路更加清晰了。好政策让一部分贫困户端上了"生态饭碗"，一个管护员一个月工资1800元，是一笔不小的收入。这时杨永智想，村里应该把沉寂的村集体经济搞起来。

杨永智积极争取资金、争取项目，努力推动村集体经济发展。这一圈忙下来，年存羊820只，减去人工、饲料、疫苗、保险等各类支出，当年收入达到8万元，贫困户人均增收700多元，沉寂多年、在群众眼里不怎么赚钱的合作社终于有了起色。

这一下群众眼里有了光。再有杨书记发起的项目，大家都争相报名、十分踊跃。2018年底，在各级党委政府的支持下，县扶贫局又投入105万元推动卓让村集体经济，购买150头牦牛。2019年县农牧局又投入180万元用于壮大发展专业合作社，在原来的基础上购买了1384只羊。看着新购买的牛、羊，杨永智和卓让村牧民群众的喜悦溢于言表。

没人算过杨永智往返县城与卓让村跑过多少趟。才让多杰回忆，自己在拿到了驾照后，打电话给杨永智，问能不能帮他贷款，他想着买辆三轮车跑跑运输。杨永智很是高兴，跑前跑后为才让多杰的1万元小额贷款奔波。没几天，才让多杰靠着小额贷款购置了三轮车，开始在工地上跑运输，好的时候一天能赚500元。才让多杰说，这件小事，杨永智往返县城与他家里跑了不下6趟。

105公里，路远了点，但是心和心的距离近了。拉最美多女儿患有先天性心脏病，但因家中困难无法得到彻底医治，只有用便宜的药物控制女儿的病情。

了解情况后的杨永智，又开始了"跑前跑后"，一级一级审批跑下来，小女孩终于踏上了前往上海就医的路。

生态管护员尕什杰不小心摔断了右腿、贫困户尼洛想出去打工、奇尕妻子要前往医院……杨永智每天都"游走"在各家各户，"跑腿书记"也就成了杨永智自嘲的一个名词。

2020年，面对新冠肺炎疫情持续蔓延，杨永智主动提前结束春节假期返回卓让村，与村"两委"班子对外出和进入人员进行逐一排查登记，宣传疫情防控措施，并针对部分村民的恐慌心理进行心理疏导。了解到紧缺口罩，他各方联系，多方协调，自费购置了300个一次性医用口罩，及时送到牧民群众手中。

看着村集体经济、专业合作社、后续产业的发展越来越好，杨永智心里很是欣慰，他又开始谋划起了新的发展思路，如今，虽然村子整体脱贫了，但杨永智说，他还愿意继续当这个"跑腿书记"。

为民办事，尽心尽力

——尕代同志先进事迹

2017年7月2日，黄南藏族自治州河南县委常委会议研究，决定派尕代同志担任河南县多松乡多松村第一书记。为及时掌握多松村情况，尕代同志从7月3日开始，下基层、搞调研，进户入村，详细掌握了多松村民生、社会保障、日常生活等情况。在这不到3年的工作时间里，尕代同志积极配合乡党委、政府，认真开展脱贫攻坚各项工作，全力落实驻村扶贫工作职责，在大家的努力下，2017年河南县顺利脱贫摘帽，是黄南州唯一一个脱贫县。尕代同志2017、2018年被河南县评为优秀第一书记。

多松村位于县境西南，全村共有237户889人，贫困人口占全村总人口的11.7%。多松村属于多民族混居村，群众之间经常会因为草场等原因发生纠纷，上访群众较多。为切实解决各类纠纷，尕代同志与多松村村民谈心谈话，组织召开思想教育大会，调查核实多松村党委委员、村委干部以及草管、林管、环卫工人等履职情况，要求他们冲锋在前，为多松村多做贡献。之后组织全体村民成功选举了村"两委"班子成员，对村干部及党员进行思想引导，通过宣讲十九大党课，指导他们充分发挥党员的先锋模范作用，带头将精力用在发展生产、脱贫致富奔小康上来。通过尕代同志和村干部的努力，现在多松村邻里纠纷等矛盾明显减少，村民间和谐相处、团结一心，村民的精神面貌发生了巨大的变化。

河南县以畜牧业为主，牧民主要经济收入为牛羊养殖。在尕代同志担任第一书记期间，与村"两委"班子商议，积极向上级政府反映情况，在尕代同志的协调、组织下，多松村先后创办了珍腾拉姆刺绣专业合作社，多松村有机畜牧专业合作社。尕代同志多次向县、州妇联及天津挂职领导汇报合作社开展情况，争取补助资金发展合作社，2019年1月至7月争取到天津援建帮扶资金3万元、河南县扶贫局非深度贫困村帮扶资金100万元。在积极探索扶贫方式上，突出激活技能、人力、资本"三要素"，优化资源配置，确定了以技能入社、劳力入社、资本入社的创新路径。为让大家清楚合作社经营情况，组织财务人员对多松村的财务及合作社资金情况进行了检查督导，对所有的财务信息施行公开透明的政策，赢得了村民的一致赞同。

为更好发展多松村经济，早日使村民脱贫致富，尕代同志积极向县委、县政府、县政协、县委组织部等有关领导汇报多松村的情况及存在的问题，并与政府相关部门沟通、协调工作，其中协调县信用社50万元贴息贷款，特色产业资金473600元，协调河南县扶贫局互助资金补助40万元，争取合作社装修资金10万元。民政救灾资金206408元，残疾人救助资金6000元，扶贫户教育补助款11000元，五保户资金19788元，易地搬迁资金399万元，危房改造资金225000元，合计6205396元。经常下乡进行问题调查，对多松村民的住房、水电、交通进行了详细的调研，与民政局、扶贫局、教育局、建设局、交通局、水务局等单位沟通解决多松村民生基础问题。

只有稳定和谐的社会才能更好地发展经济，按照河南县政法委要求，认真开展了扫黑除恶工作，组织全体村民进行了宣讲，让大家明白扫黑除恶工作的重要性，要求村民自觉跟黑恶势力作斗争，有线索及时反映，大家一同维护好和谐稳定的社会环境，并和村干部研究决定将每月的24、25号定为环境打扫日和集体学习日，通过组织活动增强村民间的团结，至今已开展此类活动22次。

尕代同志还十分重视教育工作，在多松村大力宣讲上学的好处，成功劝返辍学学生复学19名，得到当地村民的一致好评，对多松村的文化教育的发展做出了巨大的贡献。如今，多松村有了翻天覆地的变化，相信在尕代同志的带领下，在全体村民的共同努力下，多松村奔向小康的步伐会越来越稳健。

创新思路，统筹推进

——才让当周同志先进事迹

才让当周是黄南藏族自治州卫生计生委的一名干部，2016年10月被组织选派到尖扎县措周乡洛哇村开展驻村帮扶工作，担任第一书记。驻村工作以来，他深入调查研究，掌握村情民意，创新完善思路，凝心聚力、多措并举、健全机制、统筹推进，使洛哇村逐步走上了一条符合村情实际的脱贫致富奔小康之路。

洛哇村位于尖扎县西南部，平均海拔2900米，有西洋、许麻、贡麻、洛哇4个自然社，全村共196户1056人；建档立卡贫困户112户490人，贫困比例高达41%。自然环境差，人均耕地面积仅1.5亩，且多数为山地，群众收入主要以种植经济作物和采挖虫草为主，2015年全村农民人均纯收入仅2990元，在尖扎县34个贫困村排序中处于末位，脱贫任务十分艰巨。

作为村第一书记，才让当周看在眼里，急在心里，驻村之后，他迅速与村"两委"班子成员入户开展调研和实地考察，集中利用近一个月时间，走遍了洛哇村西洋、许麻、贡麻、洛哇4个自然社，对112户贫困户进行了重点走访，现场解读惠农政策，发放各类宣传资料，为群众提供致富信息，并深度分析洛哇村致贫原因，修订完善帮扶计划，协助乡村核实洛哇村贫困户和贫困人口信息，开展精准扶贫大数据库平台建设，健全完善双联行动精准扶贫基础资料。

经过和村干部座谈交流，大家一致认为，洛哇村贫困面大，返贫率较高，加之长期以来受到的扶持有限，村基础建设十分滞后，将近90%以上的耕地为山地，耕种难度大。农民收入单一，思想守旧，普遍缺乏种植、养殖技能，严重制约了全村经济社会的发展。按照脱贫时序安排，他们将路、电、水、田、房、业、智、健康等八大瓶颈作为洛哇村的致贫原因和帮扶重点。同时，才让当周在广泛调研和深入分析梳理的基础上，立足村发展实际，起草了《洛哇村精准扶贫调研报告》，全面总结洛哇村的发展现状、致贫原因，进一步明确村户需求和帮扶重点。

才让当周任洛哇村第一书记以来，在积极推进精准扶贫工作方面做了大量富有成效的工作。他组织洛哇社和西洋社致富带头人牵头，成立了洛哇村公保扎西养猪专业合作社、班玛生态畜牧业养殖专业合作社、才旦牛羊养殖专业合作社、许麻仁青加苗木种植专业合作社、西洋养牛专业合作社等五个专业合作社，贫困户参与率达95%以上，现成为洛哇村贫困户脱贫致富的一个重要平台。他积极沟通有关部门，帮助解决合作社发展资金，截至目前，共解决资金200余万元。鉴于洛哇村卫生室年久失修，未能有效发挥基层卫生网底作用的实际，协调双联单位州卫计委解决了5万元维修费对卫生室进行了全面维修，填平补齐了31种常用药品和医疗设备。针对村党员活动室设施缺乏，影响了基层组织功能正常发挥的问题，协调双联单位州卫健委资助洛哇村党员活动室购置了办公设施，切实发挥了村"两委"班子议事、党员活动、教育培训、便民服务、文化娱乐"五位一体"作用。集中开展环境卫生综合整治活动。按照州、县关于环境卫生集中整治的安排部署，工作队结合每月26日环境卫生整治日活动与村干部一道组织村民以社为单位集中精力开展卫生大扫除活动，确保不留死角，治理彻底。通过宣传教育，强化环保意识，促使广大村民养成良好的卫生习惯和健康文明的生产生活方式。

积极争取安置三江源草原生态管护员、护林员、公路养护员等各类公益性岗位70余人，每户每年可增加收入2万元以上。根据村民的意愿，100万元的互助金由村互助协会根据互助协会的章程及有关规定，按照公开、公平、公正的原则，贷给有需要的51户村民作为发展资金。积极开展技能培训工作。组织贫困户积极参加"阳光雨露计划"等劳动技能培训。共举办及参加挖掘机、唐卡绘画、缝纫技术、雨露计划项目等培训班 6 期，截至目前，共 210 人（次）受训。发展产业到户项目资金 208 余万元，连续召集召开了 6 次会议，制定了发展产业到户项目资金实施方案。确定洛哇村公保尖措生态养殖合作社、班玛生态畜牧业养殖专业合作社、才旦牛羊养殖专业合作社、许麻仁青加苗木种植专业合作社、神箭杨曲家具公司、当周手工艺品有限公司、青海公麻文化产品开发有限责任公司等一批合作社及企业作为到户项目资金融资对象，降低贫困户发展产业到户项目资金的安全风险，确保了贫困人口短期增收与长远可持续发展相结合的目标。积极协调各双联单位到洛哇村开展"送温暖、送服务、送医疗"系列慰问活动。结合洛哇村实际，积极协调争取双联单位尖扎县环境保护局和林业局林业项目，加大扶持力度，截至目前，争取了新农村村庄绿化建设、苗圃地、三江源二期工程封山育林项目、"三北"防护林工程等项目，共争取项目资金达 400 余万元。通过项目的实施，增加了农牧民群众经济收入，提高了当地群众的生产和生活水平，从而加快了精准脱贫步伐。积极探索增收致富的产业，发展村集体经济，2019 年成立了全村第一个 254 户均参与的尖扎更朋牦牛养殖专业合作社，通过积极争取项目资金 40 余万元和全村 254 户入股，现合作社养殖牦牛 100 余头，产仔 40 余只，发展前景良好。

作为第一书记，他深刻认识到扶贫攻坚，既是体察民情、帮扶贫困人口脱贫的一项措施，又是传递政府温暖和关怀、密切干群关系的一种方式。干部不能脱离群众，干部要帮助群众，干部要把自己的关怀传递给群众，让群众体会到温暖，感觉到希望。因此，他始终不忘密切联系群众。在走访过程中，了解到贫困户卡卓吉家因为资金问题 2016 年危房改造后期修缮工作存在困难，他第一时间到县有关部门积极争取资金 3.5 万元，又安排村干部帮助完成了后期修缮工作，让卡卓吉家住上了漂亮温暖的房子。现在卡卓吉每逢见人，就竖起大拇指说："感谢共产党，感谢第一书记才让当周。"

才让当周同志正和队友们仍然与洛哇村"两委"班子一起，继续奋战在精准扶贫第一线，为让洛哇村所有贫困群众早日实现脱贫致富奔小康而努力。

驻村干部

精准识别，精准发力

——田富林同志先进事迹

大通回族土族自治县向化藏族乡下滩村地处达板山深处，距县城 35 公里，平均海拔 3000 米，全村有 5 个自然村，327 户 1264 人，其中建档立卡贫困户 100 户，贫困人口 380 人，主要聚居着汉、藏、蒙古、土族 4 个民族，自然环境艰苦。下滩村生存环境恶劣、自然资源匮乏，面对这些困难和问题，田富林说："要想带着村民脱贫致富，首先要让村民思想富裕精神脱贫。"他决定先从村两委班子入手，围绕村情民意、班子现状、党员作用发

挥、群众思想动态等方面调查摸底，一方面召开村干部、党员大会、群众代表座谈会，现场把脉会诊，分类制定整治方案，另一方面他坚持挨家挨户走访，与村民谈心，与老党员谈心，熟悉村情、了解民意，分析制约发展的原因，理清工作思路。

田富林任职三年多以来，他从加强基层组织建设、加快经济建设步伐、精准扶贫攻坚等工作入手，结合下滩村的实际情况，组织党员、贫困户深入学习习近平总书记关于精准扶贫、精准脱贫系列重要讲话精神，全面宣讲中央、省市县党委关于脱贫攻坚的重大政策和要求，始终把扶贫工作当作头等大事，始终把脱贫攻坚重任扛在肩上、抓在手上、落在实处。

扶贫先扶志，治穷先治愚，为更好地让广大群众了解精准扶贫、精准脱

贫的意义，他利用广播、制作展板、悬挂横幅、张贴标语、召开村民大会等形式，对党的强农惠农政策及中央和省委1号文件进行广泛宣讲。通过做贫困户思想工作，充分调动贫困户的积极性，让他们心热起来、行动起来，靠辛勤劳动改变贫困落后面貌，摆脱贫困户头脑中的贫困，打破思想桎梏、拔掉思想穷根。利用草地优势，引导贫困户积极参与养殖业发展。

他与大通百灵农畜产品电子商务有限公司联系，由公司无偿给71户贫困户提供鸡苗4260只。从县扶贫办争取辽宁省锦州市扶贫资金70万元，为100户贫困户提供鸡苗18000羽和网围栏、鸡笼、饲料等设备。通过养殖，每年每户增加收入12000多元。以农户改造圈舍为契机，利用财政扶持资金，带动贫困户82户、279人进行精准脱贫，按照贫困人口每人5400元扶持标准，利用财政扶持资金150.7万元，为82户贫困户购买西门塔尔杂种母牛205头，鼓励农户发展养殖业。

根据贫困户发展规划，逐户落实扶持资金，将10万元财政专项扶贫资金用于贫困户增收产业发展。与向化乡山河绿色养殖场协商为100户贫困户提供藏系羊羔300只，预计每年产羔3到5只，2至3年繁育成群，每户增加收入2100元。

田富林积极主动联系帮扶单位，开展结对帮扶工作春耕时节为贫困户送去备耕生产资金，逢年过节为贫困户发放大米、面粉、糕点等生活必需品和慰问金。在"三八"妇女节，邀请结对帮扶单位西宁市妇幼保健中心专家为全村留守妇女进行妇科病检查及"两癌"筛查义诊活动，深受贫困群众的欢迎。安排生态护林员12名，年工资收入达12000元，增加了贫困户收入。贫困户聋哑人马仁瑞以前仅仅依靠低保艰难度日，他多次与向化乡山河绿色养殖基地联系，解决了他的务工问题，每月工资2000多元，不但增加了收入，而且解决了吃住问题。积极与青海省克图高速公路项目部联系解决了26人的务工问题，每月工资收入达到了2000多元。55岁的贫困户张富年，家中只有他和70多岁的老母亲相依为命，田富林帮他争取到危房改造补助资金4.5万元，并从农商银行贷款1.5万元，对其房屋进行了修缮。他在调查中了解到下滩村因自来水管堵塞冻裂，田富林与县水务局联系，当即指派工作人员和施工队前往工地，通过五天施工，人畜饮水问题已全部解决。下滩村因地方偏僻，信息闭塞，很多村民看不上电视，更没有网络，严重制约着本村经济发展，他积极与县有关部门联系，为40户群众安装"户户通"电视，为172户群众安装宽带，极大地丰富了群众业余文化生活。

2017年田富林积极联系乡政府，协调帮扶单位，争取到资金1318.43万元建设"美丽乡村"改善人居环境。为村里修建了村级综合办公服务中心、卫生室、幸福院和文化活动广场，实施道路硬化、太阳能路灯安装、土改砖及大门安装、排水渠建设等项目，激发了村民脱贫的热情。

自2015年10月驻村开始，田富林总是能想群众所想、急群众所急，积极争项目、找资金、为人民群众办实事，充分体现了一位扶贫干部厚德善谋，笃行为民的本色，他以严谨务实的工作态度赢得了下滩村党员群众的一致好评。

发挥自身优势，解决群众难题

——贺联邦同志先进事迹

贺联邦，男，中共党员，2016 年 4 月由湟中县教育局选派到湟中县李家山镇马圈沟村开展精准扶贫工作。驻村以来，贺联邦走村串户，详细摸排，对马圈沟村整体发展情况有了全面了解，始终怀着为贫困群众谋发展、谋福祉的初心和使命，与村"两委"班子一道掌实情、理思路、抓产业、惠民生，使昔日贫困的马圈沟村发生了翻天覆地的变化。

在重点贫困村，驻村工作并非想象中那么简单，而贺联邦同志始终保持一颗"初心"：要带上马圈沟的村民一起脱贫致富。村里唯一的无房户马生财常年住在侄子家中，几乎没有劳动能力，驻村干部贺联邦看到此情形，跑前跑后为马生财申请政策补贴用于修建住房，但补贴的发放还需要等待一段时间，而老人的需求却极为迫切。贺联邦经过几个辗转反侧的夜晚后，从自己的工资卡中取出 25000 元钱交给施工队："这是我攒下来的工资，先给马生财垫付建筑费，请你们尽快开工。"说干就干，施工的三个月时间，贺联邦几乎每天都来工地查看并与工程队研究方案，他觉得虽然是政策扶贫的住房，但是美观实用一样不能少。2016 年 7 月 2 日上午，住房完成了基础装修，贺联邦将钥匙郑重地交到了老人的手中。65 岁的马生财颤抖着双手打开房门，只见 45 平方米的两间住房干净明亮，他顺利地搬进了新家，这让贺联邦感受到了满满的成就感。

老党员、老教师，贺联邦没有忘记自己的这两个身份，也没有辜负这两个称号赋予自己的责任和使命。2017 年 12 月，村民王保寿经李家山镇党委考察合格后，被正式批准为中共预备党员。这位新党员与贺联邦这位已有 31 年党龄的老党员的故事，还要从贺联邦刚刚来到马圈沟村时说起。王保寿家的生活可算得上捉襟见肘：父亲王世成因半身不遂几次住院，在几乎花光家里积蓄后于 2015 年病逝，老母亲也年老病痛缠身，妻子因家中贫困出走多年不知去向，留下了正在读初中的两个孩子。王保寿"上有老下有小"，一家人都需要他来照料，只能选择在家务农，无法外出务工，家里的收入十分有限。

贺联邦第一次见到这个刚刚 40 出头的西北汉子时，便感受到了他不甘贫困的想法。于是在后来，他与第一书记汪虎林时常登门拜访，讲解政策的同时，鼓励王保寿积极树立脱贫致富的信心。得知王保寿因缺乏启动资金而无法发展养殖业，但又对贷款政策有颇多不解和疑虑，贺联邦连续 5 次家访，举例子、讲政策，终于说服王保寿加入村脱贫互助协会并借款发展养殖业。随后，贺联邦又马不停蹄帮他整理借款需要的文件，并陪同王保寿逐项办理成功才。王保寿于 2016 年 7 月向互助协会借款 2 万元发展养殖产业，当年养羊 30 只，年底便见到了收益。2017 年，产业发展项目资金到位后，王保寿及时还清了借款后又继续借款 2 万元，再从信用联社贷款 5 万元，加上产业扶持资金的 2.16 万元，他在家自建了养殖产业的羊圈、牛棚，并在 2016 年的基础上又养牛 30 头育肥。2018 年初，王保寿将育肥牛整体收储，产生效益 1 万多元。

讲政策，贺联邦孜孜不倦，发展村中教育，贺联邦怎敢忘记？贺联邦刚刚来到马圈沟村，因村里贫困，孩子们不仅很少接触课外图书，就连学习用品也十分缺乏。作为教师的贺联邦看在眼里急在心里，在他的努力下，争取到扶贫项目并开展了"平台送温暖，爱心暖童心"的主题活动，并为 48 名特殊群体学生送去价值 2.5 万元的学习用品和图书，当这些物品发到孩子们的手中时，孩子脸上的笑容让贺联邦仿若回到校园……

贺联邦说："2016 年 4 月，我受县教育局委派来到这里开展精准扶贫工作。从前我是一名教师，桃李满天下是我们的成就；而如今，我是一名驻村干部，村民脱贫致富便成了最让我骄傲的事儿。精准扶贫，国之大策，作为一名老党员，在这场脱贫攻坚大战中，我要做出无愧于组织、无愧于群众的业绩。"

说起驻村工作队的生活，贺联邦说道："来村里开展扶贫工作，我把村民当亲人，从未后悔。村民们经常会叫我们去家中吃'大餐'，虽然可能只是炕洋芋，但却可以让我感受到满满的幸福感。因为，这些是村民们对我们工作的认可。"努力不会辜负，付出终有回报，2018 年，贺联邦荣获"全省脱贫攻坚优秀驻村干部"，荣誉或许就是对他脱贫攻坚工作的最大肯定。

深入调研，精准施策

——解占顺同志先进事迹

解占顺，1984年6月生，本科学历，中共党员，西宁市审计局金融外资科四级主任科员，2017年1月任湟源县巴燕乡上浪湾村驻村工作队员。驻村工作以来，解占顺同志就把自己当作村里人，俯下身子、融入群众，扎扎实实为群众解疑难、办实事，引导组织群众脱贫致富，在脱贫攻坚的路上践行共产党员的初心使命。

上浪湾村位于湟源县西部，距县城27公里，属半浅山半脑山地区，平均海拔3181米，全村共有148户498人，贫困户26户92人，为省级贫困村。受自然条件制约，经济结构单一，青稞、油菜等主要农作物产量低，村民增收渠道窄，脱贫任务十分艰巨。

上浪湾村受自然条件限制，全村没有一个像样的产业项目，特别是国家投入的贫困户产业发展资金，由于找不到投资出路，一直闲置在账上。为把贫困户产业资金用好用活，尽早发挥作用，2017年6月，他顶住各种压力，在充分征求贫困户意见，尊重群众意愿的基础上，投入48.06万元到户产业项目资金，利用村委办公楼、综合服务中心屋顶，建成48千瓦光伏电站，由村委会集中管理，23户89名贫困人口以量化折股的方式分红。2018年3月电站并网发电，到2019年底合计收益12.8万元，23户贫困户人均年分红700元，有效摆脱了贫困户自主经营能力弱、产业选择难的发展困境。面对恶劣的自然条件和资金短缺的实际情况，他积极引导村民转变观念，主动作为，先后筹集4万元资金，带动贫困户种植蕨麻增收，2017年种植50余亩，实现户均增收0.5万元。2017年，他在实地调研走访后，通过多次与乡政府领导、企业沟通协商，成功引入博泰藏野兔养殖有限公司、湟源天明农牧开发有限公司、海北海林环保建设有限公司等3家民营企业，发展起了野兔、肉牛、生猪养殖业。目前，博泰藏野兔养殖有限公司实施的野兔养殖项目已投入运行，项目投资1000万元、占地26.89亩，以"基地＋协会＋农户"模式运营，年出栏种兔500余只、商品兔3.36万只，提供种兔养殖劳务岗位20个，年人均收入2万元，并吸收就业9户10人，带动3户养殖。

在推进村集体经济发展中，解占顺同志学习和借鉴外地先进经验，倡导引入"共赢共享"的产业发展共享模式，及时向乡政府提出资金整合建议。2018年，在乡政府主导下，共整合上浪湾等7个村及南京市六合区雄州街道办事处捐资产业发展资金共计集体经济资金410万元，成立了青海省泓燕农牧开发有限公司，在上浪湾村建设牛羊养殖场，按股分红，组团发展。在项目实施中，他从公司注册、项目可研编制、制度制定等环节亲力亲为，在签订协议、管理培训、经营方式等环节严格把关，积极引入合作联结、市场资源共享、技术支撑的现代公司理念，着力提高集体经济风险抵御能力，取得良好成效。2019年，出栏164头，实现集体经济创收10万余元。

针对上浪湾村2017年脱贫后，部分贫困户自身致富能力弱、村产业项目与贫困户利益联结不紧密等问题，他严格落实"四个不摘"的重大要求。2019年下半年以来，再次对村情进行了深入调研，明确了规避上浪湾村贫困户返贫的主要措施，以健全长效机制为抓手，制定了《上浪湾村脱贫巩固提升计划》《上浪湾村易地搬迁后续产业扶持方案》，为巩固脱贫成果提供了保障。紧盯边缘人口和脱贫不稳人口，进一步完善贫困户利益联机机制，健全返贫监测预警和动态帮扶机制，抓住因病、因学、因灾等致贫返贫关键因素，及时解决脱贫不稳人口就业问题，调整护林员4人、公益性岗位1人，落实互助资金贷款33户188.5万元，"530"贷款14户63万元，有效解决了边缘人口及脱贫不稳定人口复工复产、就业等实际困难。为有效改变贫困户"等靠要"的思想，以提升贫困户致富本领为抓手，他先后联系县就业局等部门开展挖掘机操作、刺绣、汽车驾驶、烹饪等实用技能培训，累计培训130人（次），实现转移就业贫困户21人,年人均收入2万元。为增强致富带头人的引领作用,以举办致富带头人培训等方式,提升村民致富技能,解决产业引领项目中遇到的困难,帮助5家合作社、3家家庭农牧场、2家企业办理项目手续,并为生仓家庭农牧场等多家养殖场争取畜棚顶架8个,折合人民币16万元,争取财政配套资金84万元。为切实落实摘帽不摘帮扶的责任,积极同派出单位联系,汇报沟通情况,在他的主动沟通下,西宁市审计局4年来累计帮扶资金15万余元,捐赠春耕化肥12吨,帮助协调项目5个,共同开展党建活动20余次。同时帮扶单位到户及时了解贫困户的生产情况,分析致贫原因,确定扶贫方向,帮助制定脱贫项目计划和工作方案,不断加强贫困户的造血功能。

四年来,他坚持精准扶贫、精准脱贫,立足村庄实际,借力基础设施建设、村集体经济、到户产业发展和就业培训等项目,使全村人居环境和生产发展条件大幅改善,群众精神面貌切实改观,村民增收致富的渠道越来越宽,满意度不断提高。

扎根基层，奉献青春

—— 琼措同志先进事迹

琼措，女，藏族，1988年1月出生，青海化隆人，中共党员，硕士研究生学历，2017年8月通过选调生考试并分配到海东市互助县西山乡人民政府工作。根据组织安排，从2017年8月参加工作至今，便一直担任杨徐村驻村干部。琼措同志扎根基层、深入群众，不畏艰辛、踏实工作，赢得了群众的认可和组织的肯定，2018年、2019年先后被评为优秀公务员、优秀扶贫工作队队员。

从小在西宁长大、一直在城市生活的她，一参加工作就来到基层，加入扶贫（驻村）工作队，不但面临乡音俚语听不懂的语言关、农村生活不习惯的生活关，更要面对群众对"年轻娃娃"不信任不认可的难题。面对困难与挑战，琼措同志未有丝毫退缩胆怯，而是迎难而上、一方面认真学习扶贫的有关政策规定、指示精神，积极向领导同事学习方法经验，主动向村里的老支书、老主任了解杨徐村的有关情况；另一方面，利用数据统计、入户排查、政策宣讲等时机，坚持挨家挨户走访、逐口逐人摸排，详细了解掌握全村每一户的家庭人口、收入情况、住房、子女上学、从业打工等情况。在加入工作队不到半年时间里，她不但对每家每户的情况做到了如指掌、心中有数，而且对影响和制约村里发展的瓶颈问题做到了情况清、底数明，更是通过脱鞋下田、打成一片得到了群众的支持、信任与认可。

在扶贫（驻村）工作队，琼措同志承担了大量的调查摸底、数据统计、情况汇总上报等基础性工作。这些工作看似简单平常但繁杂琐碎，更关乎群众的切身利益，为了确保调查统计的数据、情况真实准确，三年多时间，琼措同志经常加班处理文件，利用休息时间实地走访调查，尤其是结合迎接国家第三方评估、省际交叉验收等工作，逐一完善贫困户登记表、精准管理手册、结对认亲卡等资料，逐户建立基本情况数据库，做到了贫困人口、贫困家庭有卡、有册、有档。

工作中，琼措同志与工作队其他队员一致感到，给钱给物不如给个好支部。过去，杨徐村是个后进村，工作样样排在全乡最后，支部没威信、群众不信任。针对村两委班子现状，琼措同志与工作队一起，通过召开班子会、党员大会、群众代表会等办法，指导村支部研究分析加强组织建设的方式和方法，帮助制订组织建设计划，结合实际规范了村支部"三会一课"等制度，建立健全了村级财务制度和村务公开制度。通过常抓不懈、共同努力，杨徐村打破了"零奖状"，实现了从后进村到先进村的跨越，先后获得了西山乡2018年年终考核第三名、2019年年终考核第二名的好成绩。

杨徐村地处黄土高原丘陵沟壑区，属于浅山地区。全村共有345户1347人，以马铃薯、油菜、小麦、当归等农作物种植，养殖和务工为主导产业。受地域环境所限，全村贫困发生率高，贫困人口基数大，群众脱贫心切。如何找准工作发力点、帮助群众脱贫致富，是琼措同志和扶贫（驻村）工作队需要面对和解决的首要任务。采取悬挂横幅标语，发放"明白卡"、宣传手册，召开党员会议、群众大会等方式，利用一切机会为村民积极宣讲国家脱贫攻坚的战略部署，讲解各项农牧业支持保护补贴、精准扶贫、农村低保、医保、社保等一系列强农惠农富农政策，鼓励大家坚定脱贫致富的信心与决心。为确保各项扶贫政策落到实处，真正让老百姓得到实惠、看到希望，琼措同志与村"两委"、扶贫（驻村）工作队一起，强力推动各项工作。2018年以来，先后实施危房改造23户，修建公共厕所186个。在深入了解贫困户贷款需求的基础上，进一步加强与农商行的沟通协调，发放"530"贷款56户220万元，发放互助资金53户53万元。为拓宽群众收入渠道，琼措同志与扶贫（驻村）工作队的同志针对杨徐村特点，精心编制杨徐村精准扶贫实施方案和扶贫产业项目实施计划，科学制定贫困户脱贫、帮扶计划，逐户确立帮扶产业项目，多渠道争取资金 165.78 万余元实施产业扶贫项目，鼓励村民开展八眉猪、牛、羊等规模养殖，以及当归、枸杞等种植产业，实现贫困户增收达 20 多万元，帮助 86 户群众顺利实现脱贫，杨徐村 2018 年底脱去了贫穷的帽子，老百姓生活水平有了很大改善。

　　琼措同志的爱人是一名现役军人，平时工作任务繁忙，无暇照顾家庭。家里女儿尚年幼、老人身体不好均需要人照看。面对家庭生活的现实困难，琼措同志没有丝毫怨言，一心扑在工作上，从未因个人问题耽误工作。参加扶贫（驻村）工作队以来，琼措同志每天早出晚归，因工作繁忙经常会一整天也吃不上一顿饭，导致身体落下疾病。琼措同志 2019 年生病住院进行了胆囊切除手术，手术后一周便返回到工作岗位继续工作。2020 年初疫情期间，琼措同志不惧风险、不畏艰辛，第一时间向组织申请，坚守疫情防控第一线，积极参与疫情防控工作。在日常工作中，琼措同志坚持严于律己、踏实做人，坚持做到不拿群众一针一线，不对老乡摆架子打官腔，看到一些老乡家里困难，就把自己家里一些旧衣服、生活用具送给他们，用实际行动践行了一名共产党员的初心、赢得了群众的肯定与赞扬。

找准方向，冲锋在前

——李琼仁同志先进事迹

民和回族土族自治县古鄯镇夏家河村位于古鄯镇南部，距民和县城 36 公里。全村有 6 个自然社，294 户，1248 人，耕地 2087 亩，人均耕地仅 1.66 亩。贫困户有 76 户，329 人，于 2017 年整体脱贫。

三年前 47 岁的李琼仁是一位优秀的海东市人大代表。党的精准扶贫政策开展后，县残联从大局出发，把政治站位高，思想觉悟先进，工作踏实肯干的她派驻到夏家河村。

到村委会的第一天，还未进门她就听到了前来参加见面会的村社干部的质疑声："听说这次精准扶贫，又给咱们派了两个女干部，不知行不行？"李琼仁毫不犹豫说出："一定行"三个字，这个回答不仅是对夏家河村干部的承诺，更是对驻村工作队员的自我定位。她暗下决心，一定要牢记精准扶贫这个使命，砥砺前行，为坚决打赢脱贫攻坚战而努力。

没有乡村基层工作经历的李琼仁，在村支部书记及第一书记的带领下，不断学习政治理论知识，配合村支书首抓党建工作，认真落实"三会一课"制度，深化"两委"干部政治学习制度，每月定期开展形式多样的党日活动，强化村党组织战斗堡垒作用，扎实开展"四议两公开"和党内关爱制度，让党员们感受到党的温暖，增强支部的凝聚力，有力地推进了驻村工作队抓党建、帮增收、促发展工作。

利用召开群众大会、进农家、入棚圈和跑田头的机会，为群众宣讲精准扶贫、人居环境整治、移风易俗、乡村振兴、扫黑除恶、中央和省上的 1 号文件等政策内容，给老百姓鼓干劲、提信心，把党的好声音传播到家家户户，使群众的干劲凝聚到谋发展、稳脱贫、促振兴、奔小康上来。

2018 年 8 月 2 日凌晨，一场持续强降雨使川官公路夏家河路段塌陷，村旁的河水暴涨，附近山体滑坡，泥石流涌动。洪水致使低洼地带农户房屋进水，农作物被淹。在突如其来的灾难面前，驻村工作队第一时间全力投入到抗洪抢险救灾工作中。她在微信群发布暴雨信息，组织村"两委"班子向全村群众宣传灾情应急处置措施，迅速安排应急抢险队进入战备状态，密切关注汛情。暴雨一直持续到 3 日晚，河水猛涨，一旦决堤，后果将不堪设想，必须立即通知下游的群众随时做好转移的准备。这时她和村干部已经走户串巷查看灾情整整一天，来不及换裹满泥水的衣服，顾不上吃晚饭，又连夜逐家逐户通知群众做好转移的准备，组织村委、包村干部、民兵连长和部分党员发动广大群众积极参与救灾行动，进行河道抢险、清埋淤泥和转移安置受灾群众，使农户的受灾程度降到了最低。

夏家河村的主要产业是养殖业，76 户贫困户有一半从事养殖业，且养猪户居多。猪肉市场价格不稳定，影响着贫困户的养殖积极性。2018 年猪肉市场不景气，村里养殖户家中也出现了空棚，为此李琼仁所在的帮扶单位县残联察实情、解难题、出实招，先后投入 26 万元的居家养殖项目，为残疾贫困户送鸡苗 8000 只、羔羊 87 只，助推了养殖业持续发展。

在入户走访的过程中，她始终没有忘记自己是人民选出的代表，将最新的信息、最新的会议精神通过拉家常、不断向村民做宣传。在平常工作中，时常记录群众所需，她发现夏家河村的妇女们闲暇时间有做传统手工刺绣的习惯，其中有一名残疾妇女名叫夏文仙，她的绣技比别人更胜一筹，李琼仁便推荐她参加了省、市、县的残疾人刺绣比赛，结果获得了优异的成绩。李琼仁动员夏文仙注册成立了民和县仙秀刺绣有限公司，不仅壮大了集体实体产业，又弥补了养殖户抵御市场风险能力的不足。让妇女们在家门口挣钱，真正实现了群众致富，组织带路，共同发展奔小康的目标。

在脱贫攻坚战役中，李琼仁是个合格的战士，虽没有戎装，却冲锋在前。

在进行控辍保学、产业发展、互助资金使用回收、人居环境整治、扫黑除恶、参合参保等工作时，部分村社干部有畏难情绪，她鼓励说："怕什么，我们的后盾是党中央、是国家的政策，我们是依法行政，怕就不是共产党员。"她的话为村社干部壮了胆，让他们在工作上放开了手脚。在驻村工作队的大力支持下，夏家河村的各项工作层层推进，跃居全镇前列，所在的村支部也因此被评为古鄯镇的一类支部。

现在的夏家河村已达到了"两不愁三保障"的标准，自身产业有发展，外出务工有技能，人居环境整洁舒适、社会安定和谐。在今后的工作中，她将继续努力，从广大群众的利益出发，尽自己的义务和职责，发挥党和政府与群众的桥梁和纽带作用，做一名合格的驻村工作干部。

为扶贫尽心尽力，为振兴挺身担当

——马玉祥同志先进事迹

地处化隆回族自治县南部山区的初麻乡塔麻村，曾经是一个穷得出了名的地方。2016年塔麻村实施易地搬迁项目，由海拔2800米的脑山地区搬迁至甘都镇公伯峡农场附近。搬迁前的塔麻村交通条件差，基础设施及教育发展极为落后，全村没有一条像样的路，遇到雨雪天气，出行极为不便。

2017年5月，海东市金融工作办公室金融监管科干部马玉祥同志进驻塔麻村开展精准扶贫工作。进驻塔麻村后，马玉祥刚放下行李，就一头扎进农村，走村串户，访贫问苦，调查了解贫困户现状，及时掌握贫困户最迫切需要的是什么，做好详细的记录，掌握好第一手材料，做到心中有数。

入村第一个月，马玉祥同志就参与了产业扶持项目——奶牛养殖。作为驻村扶贫干部，马玉祥满怀激情地投入到了第一项工作任务当中，配合第一书记制定详细的项目实施方案，带领贫困户代表到大通县奶牛养殖合作社实地考察，最终购得奶牛60头。通过半年的饲养，产下牛犊16头，收益8万元，原本因为搬迁后没有土地而发愁的贫困户们喜上眉梢。

刚参加工作不久就被派到扶贫点驻村的马玉祥，一开始对自己的工作还带有疑惑，如此复杂而重要的工作，自己该从何下手，没有任何基层工作的经验，面对老百姓各种复杂的情况，该如何应对。通过与老百姓的接触，他逐渐融入了基层工作当中，塔麻村的老百姓们，也开始慢慢认识了这位会讲自己民族语言的扶贫干部。原本就热爱农村生活的马玉祥，工作闲暇之余，就会跑到村民家里拉家常，老百姓家里没有了生活用品，他就开车载着村民去镇上采购，村里的红白事，他都会一一过问，如果有人需要帮助，都会义不容辞地去帮忙。逐渐地，村里的男女老少都对这位年轻的干部产生了好感。

2017年塔麻村成立了互助资金协会，由于村两委干部文化水平较低，马玉祥同志主动承担起了起草互助协会章程的任务。协助村干部开展了互助资金的发放工作，接纳会员26户，其中贫困户7户。由于村民文化水平普遍较低，马玉祥亲自陪同26户会员到化隆县城准备申请资料，三天时间，一户一户将申请资料整理完成，并到信用社办理相关手续，帮助全村借贷互助资金49.4万元。

根据县上的安排，工作队给贫困户详细宣讲了参加带薪在岗实训项目以后，贫困户踊跃报名。全村贫困户中共有11人报名，并且也有自己的实训目的地。现在有3户自己经营拉面馆，另有6人在拉面馆务工，收益可观。

马玉祥同志认为，要做一个合格的扶贫干部，就必须时刻学习，不断丰富自己的理论水平，丰富自己的经验。他会经常跑到附近的村子的扶贫工作队中学习，翻看他们的工作日志和精准扶贫工作档案，借鉴别人的长处，回去以后完善自己的档案资料。

马玉祥初到塔麻村的时候，塔麻村的扶贫工作档案严重缺失，在县乡领导的安排下，马玉祥配合第一书记开始了对档案资料的重新整理，由于工作量大，时间紧迫，他就把档案资料放在自己的车里，工作日在村里，周末就带回家，他拉上妻子，经常加班到深夜，妻子在一旁拿着计算器计算，自己一项一项核对数据，就这样干了整整一个月，塔麻村的基础资料才全部完成。

2020年6月，塔麻村第二批产业扶持项目开始实施，其中一户贫困户家里劳动力少，也不懂技术，户主愁于发展何种产业，马玉祥了解到情况之后，主动联系该贫困户，与其深入探讨，出谋划策，最终为其量身定制了产业扶持项目——水果蔬菜铺，接下来的一个星期，马玉祥跑前跑后，为其准备项目申请资料，陪贫困户一起找铺面、签合同，接下来的营业执照和各类证件，都是由马玉祥亲自帮其办理，最终贫困户的水果蔬菜铺顺利开张，这一切，马玉祥同志乐在心中。

塔麻村作为化隆县易地搬迁的示范点，每年都会迎来大大小小的参观考察团，外国友人、台湾同胞以及省市县的各级领导都曾到过塔麻村参观调研。在马玉祥看来，这些都是向外界展示塔麻村新颜的机会，他经常翻阅各类书籍、上网查阅各类信息，计划着打造塔麻村的新亮点，以此寻找一条适合塔麻村后续发展的致富之路。在巷道、村口、农民的炕头上，他会经常与村民一起探讨致富的路子，将自己从网上学习到的致富经验宣讲到每一户贫困户，引导贫困户正确利用现有资源致富。目前，塔麻村已经建成一家民族服饰加工厂，为近 30 名村民提供了就业机会。

三年真情铺就小康路，款款深情铭刻不朽丰碑。三年来，马玉祥同志为塔麻村的发展倾注了心血，努力将党的政策真真切切地落实到农民身上，为打赢脱贫攻坚贡献自己的力量。

把群众放在心上，让初心照耀人生

——张鸿青同志先进事迹

走进海东市循化撒拉族自治县查汗都斯乡赞卜乎村，一条干净整洁的马路映入眼帘，道路两边是整整齐齐排列着的路灯。铺着塑胶的篮球场上，一群年轻人正在热火朝天打篮球。老人们在文化广场的凉亭里谈论家常。幼儿园传来孩子们悦耳的歌声……

41岁的张鸿青是青海省科协直属单位青海科技馆干部，2018年4月，省科协派张鸿青前往赞卜乎村工作。当时的他没有丝毫犹豫，毅然接受了组织的安排。因为他知道不忘初心、牢记使命，一心一意为民办事是一名共产党员的责任和担当。

赞卜乎村是一个纯撒拉族的村庄，下辖4个自然村312户1230人，现有建档立卡户36户、147人。到村上后，他迅速转换角色，投入扶贫一线。为获取第一手资料，他入户调研，熟悉村情户情，翻阅资料，为巩固提升期明确发展思路和方向。在很短的时间里，他摸清了全村36户建档立卡户的底子和村里基础设施、产业发展、公共服务等各项情况。"家底"摸清了，下一步就看怎么做了。

虽然已脱贫，但村里仍然存在基础设施较为薄弱，产业发展相对滞后等问题，基础设施建设任务依然艰巨。驻村后，张鸿青积极向县行业部门申报项目，着力解决路难走、灯不亮等问题，为该村产业发展奠定了坚实基础。

"原来我们新分户的门前道路是泥巴路，下雨天很难走，现在进行了道路硬化，夜里走路也亮堂堂的。"村民韩亥力录说道。

张鸿青通过积极协调县相关部门，申请修建了排水渠1300米，修缮道路1.1公里，安装太阳能路灯60盏，翻修围墙100余米，修建文体广场3座……

为形成拉面经济为主、养殖业和种植业为辅的多元化产业模式，2018年9月，张鸿青积极向省科协争取到13.5万元的羊舍修建项目和1.5万元的种羊项目。2019年6月，羊舍修建项目顺利完工，已建成现代化日光羊舍6座，配备饲料粉碎机6台。截至目前，羊舍共繁育100余只羊。同年4月，又从省科协争取了建设新型果树示范园的项目，投入资金5万元引进荷兰阿森泰克红富士和萨米特大樱桃共300余株。在果树生长期间，利用原单位优势，联系省科协技术人员多次到村内进行果树定植、滴灌铺设、枝丫修剪、病虫害防治等技术指导，目前，果树成活率达98.5%。看着示范园里果实挂满枝头，果农韩学锋心里乐开了花，因为他看到了致富的希望。

2018年7月18日，查汗都斯乡遭遇了几十年来没有过的特大洪水冰雹灾害，大树被连根拔起，农作物被无情的冰雹打得东倒西歪。张鸿青第一时间冒雨赶到农户家中查看受灾情况，他和村干部挨家挨户安抚村民开展自救互救，保证了灾害期间村民的人身和财产安全。暴雨过后，又及时统计村里的受灾情况和村民需求上报乡政府和省科协。省科协党组高度重视，第一时间组织全体职工进行捐款慰问，及时将7200元捐款送到受灾户手中。当时，马德忠家受灾最严重，房屋开裂、地基塌陷，张鸿青赶到时，马德忠正无助地看着开裂的房屋正在抹泪，他的内心有种说不出的难过。自己也是农民出身，能深切地感受到村民家庭财产遭受巨大损失后的绝望和无力。于是，他积极向乡政府反映，为他家争取了4.5万元的危房改造项目和2.8万元的灾后修缮款项，如今马德忠家已经住上了坚固敞亮的新房子，逢人就说："还是省里来的小张干散！在我家最困难的时候给予了那么大的帮助。"

2019年8月，低保户马格热布的儿子不慎落入黄河中，张鸿青听到消息第一时间到达现场，一边安抚家属，一边动员所有力量进行搜救。看着孩子的妈妈每天以泪洗面，张鸿青说道："孩子的失去让人无法接受，但今后的日子还得继续过下去，还请节哀顺变，另外，两个孩子还要你抚养，有什么困难尽管说。"他及时协调帮扶干部进行了慰问，送去了600元现金和衣物等生活用品，并联系大地保险公司到其家中出险核实情况，为他们家申请了十余万元的意外理赔。

在驻村工作最忙的时候，正逢妻子有孕在身，张鸿青几乎没有好好陪伴照顾过妻子。在村里他得到了村民的认可和赞许，却对妻儿留下了无尽的愧疚。多日来的加班使有病在身的他病情加重了，可他还在为果树示范园的事情奔波着。后来，在村主任的多次督促下，才抽空回到省城住院治疗，病情稍有缓解，立马又回村内开展工作。今年又被查出心脏瓣膜出现问题，医生告知必须要手术，不能拖太久，否则后果很严重。听到医生的话，他难过到了极点，但想到脱贫攻坚到了最关键期，于是他决定为自己的驻村生涯画上一个圆满的句号后再做治疗。就这样，他毅然决然回到村里。

"我也是村里的一员，村民的需求就是我的追求。"这是张鸿青常挂在嘴边的话。驻村工作的两年，张鸿青始终怀着对村民的深厚感情和一颗炽热之心，离开舒适的城市生活，深入基层开展调查，倾听群众心声，为群众排忧解难，传递政府关怀。他已记不清流了多少汗水，熬了多少次夜，吃了多少桶泡面；记不清多少次冒着狂风暴雨、大雪严寒行走于村户之间。如今，他成为村民们眼中的"香饽饽"，哪家有大小事、红白事都会邀请他，村里大人小孩没有不熟知他的。由于在精准脱贫攻坚战中表现突出，连续两年在年终考核中被循化县委组织部评为优秀。

"脱贫攻坚工作艰苦卓绝，收官之年又遭遇疫情影响，各项工作任务更重、要求更高。"习总书记语重心长的话语，一直激励他不断前进。他深知作为一名共产党员，不空想、干实事，不推卸、有担当，不退缩、勇前进，用脚步丈量民情，用实干凝聚民心是永不褪色的信条。

心怀大山，红装上阵

——许正丽同志先进事迹

　　五月的大洼，处处生机盎然。春耕已落下帷幕，村里的工作重点由防疫、春耕转向务工就业。"外出搞副业对于我们来说是小事，但对于农民来说是大事，我要赶紧帮着联系一些务工岗位，"许正丽说。驻村三年，许正丽把自己变成了一个名副其实的山里人。鞋上时常沾满泥土，每天奔波于田间地头、村口巷尾。关注生产、牵挂村民成了她生活的重要组成部分。这位从山里走出的女干部，有着山里孩子心怀大山的情怀，从心底建立了与大洼村难以割舍的情怀。

　　2018年3月，许正丽受市场监督管理局委派，成为海东市乐都区李家乡大洼村扶贫工作队队员，2018年7月，由于第一书记岗位变动，她成了没有头衔的第一书记兼队员。驻村以来，她深入了解致贫原因，参与制定帮扶计划，认真落实"六个精准"，实施"八个一批"。三年的时间，拧成一股绳，全力摘穷帽的大洼人修起了休闲广场，新校舍也拔地而起，12户贫困户易地搬迁住进了新楼房，太阳能路灯下妇女们跳起了欢乐的广场舞……2019年底，全村人均纯收入1.35万元，顺利通过国家级验收，实现了27户79人脱贫和整村摘帽。

　　大洼村民居住分散，上坡下洼，南北跨度4.5公里，从村委会到最远的贫困户家，一个来回需要一个多小时，但她仍然坚持每个月遍访建档立卡户。入户次数多了，村民们也很快熟悉了这位女干部。贫困户们说："许主任人谦和，说话实在，没有架子，对我们很关心。"在最短的时间内，她掌握了村情户情，整理编制了两套翔实的村情、户情资料册，为扶贫工作提供了第一手资料。

扶贫的第一年，每次遇到恶劣天气，许正丽心里总是忐忑不安，她担心徐国兰等四户人的住房安全。这四户村民家无劳动力、缺少资金，无奈只能一次次放弃危房改造指标，生活在面积不到30平方米、土木结构的破房子里。想办法解决住房问题，成了许正丽的第一工作要务。数不清多少次往返于农户和乡政府之间，要指标，督促落实。了解到乡政府的难处，又不想错过最佳的建房时间，她便拿出自己的两万元钱与村"两委"成员为这四户村民垫付了建房资金，使他们顺利地建起了新房，乔迁新居。时至今日，这几户村民都在感念乡党委、乡政府对他们的关爱，却始终不知道是许书记为他们垫付了建房资金。

许正丽的心里装的不仅仅是贫困户，非建档立卡户的冷暖她也时常记挂在心。村民李孝业是非建档立卡户，在住房安全排查中，发现他家的住宅墙面有裂缝。许正丽和村干部查清实情，专门安排匠人对他的房屋进行修缮、粉刷。认真对待群众的这些小事，大洼村实现了危房清零！

小病扛、大病拖是部分贫困户的"习惯"，为避免这种情况的发生，许正丽和村医多次上门宣讲医疗扶贫、住院报销政策和慢病办证流程。贫困户李积来的眼疾严重影响了生活，又无钱治疗，许正丽看在眼里，急在心里。2018年9月她带着李积来到区人民医院检查治疗，替他支付了所有的检查费用。尽管李积来的眼疾已不能根治，但他知道党和政府对他的关爱始终如一。

全面建成小康社会，一个也不能少；共同富裕路上，一个也不能掉队。"上学路上，一个都不能少。"这是许正丽对适龄学生家长说得最多的一句话。她时常以自己为例，引导个别家长一定要支持孩子安心读书，完整接受义务教育。三年来，她劝辍保学初中生2名，依照政策，帮助7名学生申请"雨露计划"，为贫困家庭送去了信心和希望。

2018年，村民李积虎家失火，所有的家产化为灰烬。2019年，村民蒲继成家发生车祸，老少两代失去依靠，正在上大学的孩子面临失学。两起事故发生后，许正丽第一时间协调乡党委、乡政府及派出单位给予救助，带头捐资 1000 元，并在社会上发起募捐。先后为李积虎筹到善款 5 万余元，粮油 300 斤，衣物 11 件，家具 7 件；为蒲继成筹到善款 10 万余元，上大学的孩子得到企业长期救助。这两个饱经风霜的家庭再次回到正常的生活轨道。

为鼓励全体村民参与美丽乡村建设，许正丽以留守妇女、老人作为重点，组建起"环境保护"志愿服务队，开展了卫生竞赛、创建"最美家庭"等群众性活动。在环境整治行动中，她耐心细致做好群众思想工作，拆除了影响村容村貌的破损、违章建筑，全力支持美丽乡村落地开花。大洼村部分道路无排水沟，夏季雨水横流，影响群众出行。许正丽三番五次找局领导反映，甚至向私人老板求助，为大洼村筹集水泥 11 吨，修好了排水沟，路面环境得到根本的改观。2019 年春节前夕，许正丽从红十字会为全体村民争取到面粉 50 袋、衣物箱 30 个、棉袜 400 双，为村民过一个祥和的春节尽了自己一份力。

2020 年，群众外出务工形势严峻。为了不让刚脱贫的群众"卡"务工路上，许正丽根据自己掌握的个体户用工需求，引导他们准确定位，发挥一技之长，推荐 7 名村民到县城个体商户处务工，2 人去江苏惠山及西宁务工，鼓励贫困户外出务工增收，进一步巩固脱贫成果。

许正丽说，一路走来，自己的每一项工作都得到了乡党委、乡政府的大力支持。的确，"足寒伤心，民寒伤国"。这片曾笼罩在贫困之殇中的土地，正是在党中央的正确引领下，"中华民族千百年来存在的绝对贫困问题，将在我们这一代人手里历史性地得到解决！"

一腔热血，务实工作

——祁福来同志先进事迹

在海东市平安区脱贫攻坚的"战场"上，有这样一位"战士"，他以青年人的一腔热血冲锋在脱贫攻坚的一线，将打赢脱贫攻坚战、全面建成小康社会这项伟大民生工程当作自己最神圣的使命默默不懈奋斗着。他就是海东市平安区石灰窑乡红崖村扶贫驻村干部祁福来。

2018年3月，祁福来被海东市扶贫开发局选派到平安区石灰窑乡红崖村协助第一书记开展当地的精准扶贫工作。对于刚参加工作不久的他，这一切都是那么新鲜又陌生，未知的挑战在等待着他。在红崖村工作了一段时间，学习了精准扶贫的相关政策，对村情有了全面的了解后他认识到，精准扶贫工作是一项切实为贫苦群众改变生活面貌，实现小康生活的伟大民生工程。身在扶贫一线，让他有机会能够更贴近贫困老百姓，切实为他们解决问题，全心全意为他们服务。在脱贫攻坚工作中，祁福来勤奋扎实、任劳任怨、务实高效、无私奉献，红崖村精准扶贫精准脱贫工作成效显著，全村经济生活水平显著提高，他在2018年脱贫攻坚工作考核中被评为平安区石灰窑乡先进工作者。

"打铁还需自身硬。"他深知作为扶贫驻村工作队员，必须要吃透政策、熟悉业务，所以他高度重视自身能力建设，将党的基本理论和路线、方针、政策率先学通学懂。坚持向书本学，深入学习中央、省、市、区各项扶贫方针政策、全面掌握精准脱贫政策文件精神，坚持先学一步、先懂一步；坚持向老同志学，能够虚心学习老同志做群众工作的方法和经验，使得在开展工作中更能深入群众，全面、准确掌握相关信息；坚持向群众学，积极深入农户，了解他们的致贫原因，掌握所思所盼，量体裁衣定措施，真正达到因户施策，实现精准脱贫。通过认真学习和深入调研，他准确掌握了政策精神，全面熟悉了全村脱贫攻坚重点难点，成为脱贫攻坚一线的"排头兵"和"领头雁"。

在推进红崖村脱贫攻坚进程中，他不断创新，改进工作思路，使扶贫政策在红崖村落地开花。2018年3月被派驻到红崖村扶贫的他面临的是国家第三方脱贫退出考核，直至2018年7月，他协助第一书记夜以继日奋战在红崖村，白天一一走进建档立卡贫困户家里了解情况，解决各方面的需求，宣讲政策，做好各类信息登记，晚上回到村委办公室将白天所做的工作一一梳理归纳制作建档立卡户户籍档案，完善各类信息，能够在以后的扶贫工作中更精准地实施帮扶工作，使全村建档立卡户生产生活水平不断提高；积极与联点单位沟通，为村里先后争取到7.54万元的发展资金，对村里的农田道路等基础设施做了维修，提升了村基础设施服务功能。

紧盯贫困户脱贫目标，他积极协助第一书记入户走访调研，因户施策制定具体帮扶措施，并采取挂图作业的方式晒清单、亮进度、促落实。积极组织帮扶干部引导建档立卡户自主选择发展产业，着重在劳务输出、养殖方面寻找致富门路。积极发展劳务经济，鼓励能人带动务工，促进劳务输出转移由体力型向技能型转变。大力实施劳动力技能培训，确保每个贫困户掌握1项适用技术，实现技能提升培训全覆盖。根据贫困户发展需求，有针对性地组织开展培训，2018年至今，先后举办农村致富带头人示范性培训、就业技能培训、岗位技能培训、创业培训等各类培训11场，受益群众130余人（次）。大力发展养殖业，依托山地资源，鼓励村民种植饲草发展养殖，养殖业收入明显增加。

他把大数据管理平台建设作为反映精准扶贫工作成效的重要抓手，认真研究，及时高效完成了每阶段数据采集和录入任务，确保做到"八个准"。全面细致采集。根据每次信息采集中涉及村、户的不同内容，加强上下衔接，全面入户走访核实，对惠农政策、专项贷款、社会培训等内容数据集中填写后再入户核实，对富民产业、劳动力培训等内容入户调查后再集中分析修正，有效确保了数据采集质量，推动了今后脱贫巩固提升工作的有效开展。

在日常工作生活中，他严格遵守中央和省、市、县党风廉政建设相关规定，认真履行职责，严格履行各项规章制度。作为一名基层扶贫干部，他以务实的工作作风、认真的工作态度、突出的工作业绩，赢得了全村群众的一致好评。

扶贫重扶志，一心办实事

—— 陶塔虎同志先进事迹

陶塔虎于2018年4月被派驻到海西蒙古族藏族自治州德令哈市蓄集乡浩特茶汗村任驻村干部以来，以不辱使命的工作态度，坚持"乡""村"重点工作两不误，积极投身驻村工作，组织本村迎接脱贫摘帽国家评估验收冲刺、带领村班子推进村集体经济建设、落实牧区基础设施建设、加强班子队伍建设等各项重点工作，热心为村民服务办事，表现突出，赢得了群众的认可，在多项工作上做出了一定成绩。

浩特茶汗村建档立卡户共2户2人，均是单人单户。其中一位常年患有慢性病，另一位是刑满释放人员，两人均没有基本生产资料和技能，无安全住房，靠被雇佣放牧和亲属接济生活，2015年被精准识别为贫困户，通过落实扶贫政策，顺利脱贫，但两人逐渐习惯了给钱给物的帮助，形成了较强的"等靠要"思想。陶塔虎了解到实际情况后，经常与两人沟通，嘘寒问暖唠家常，引导他们要懂得自力更生。陶塔虎觉得，各级扶贫政策的力度是前所未有过的，我们不能为了成绩滥用政策，更不能把建档立卡户养成懒汉，扶贫重在扶志。要落实脱贫巩固提升工作，首先要建立脱贫户的荣辱观和脱贫信心。陶塔虎常常主动与村干部深入脱贫户交流，谈生活、谈爱好，为他们构想今后的生活蓝图，激发他们对美好未来的憧憬和追求，帮助他们建立自信，使"等靠要"的思想逐渐淡化，精神动力逐步形成。

在一位脱贫户病危期间，陶塔虎抽出时间多次前去看望，为他送去关怀和鼓励，并带头募捐，组织本村党员和村民共捐款 6140 元，帮助落实各项救助和医疗报销，缓解其经济压力。为防止"返贫"发生，陶塔虎在抓好脱贫户巩固提升工作的同时，组织驻村人员和村"两委"入户走访，筛选出 8 户困难牧户列为重点观察和帮扶对象，为他们建立了档案。

浩特茶汗村是集体经济"空壳村"，陶塔虎了解到本村集体经营性资产和资源性资产十分匮乏，基本是一穷二白的状态，"空壳村"破零的思路陷入困顿。通过与村干部进牧区、访牧户，与乡上领导沟通，陶塔虎逐渐掌握了村情，熟悉了牧区情况，借助农村产权制度改革清产核资工作，摸清了村集体的家底，组织村干部到乌兰县茶卡镇考察牛羊肉生产、奶制品加工、有机肥生产、乡村旅游等行业，把自己的想法讲给村干部，并积极与乡领导交流，听取各方意见，牵头起草编制了《2018—2020 年浩特茶汗村村集体经济发展工作计划》。在村各项会议上和村干部的谈话中，陶塔虎反复强调："我们村是集体经济'空壳村'，我们的中心工作是经济建设。"

为实现集体经济"空壳村"破零任务，根据本村加工奶制品的基础条件以及村民的意愿，陶塔虎和村班子决定将牛奶加工作坊办起来，添置设备，组织生产酸奶，并于当年实现了零售。浩特茶汗村的资源优势是骆驼特色养殖，驼奶营养高于牛奶，并能辅助糖尿病的治疗，但驼奶一直没有合适的销售途径。陶塔虎在与乡级联点领导的沟通中，开发驼奶资源的想法与乡领导不谋而合，并在市、乡领导的帮助下，督促村主任在河东美食城设立了销售摊位，浩特茶汗村的驼奶终于步入市场，实现销售。为扩大奶制品的生产销售，他实地勘察在建的集体经济产业用房，根据房间结构，提前构思设计装修方案，为后期奶制品产业的发展做准备。

在土地占补平衡项目中，浩特茶汗村村民的 3 万余亩撂荒地变成了耕地，其中一条 735 亩的牧道成为村集体的耕地，但是一个纯牧业村没有任何生产工具，又不懂耕种经验和技术，而且生地的前期投入非常大，村里根本没实力经营。经过与乡政府领导研究、征求村民意见，决定流转土地拿租金，在乡上的帮助下，陶塔虎组织与承租人协商，明确双方权益，签订土地流转合同，村集体获得了年收入 2.2 万元，41 户村民也顺利拿到了年度租金共计 85.3482

万元。

长期在蓄集乡工作的陶塔虎对发展养殖业有着深刻的认识。养殖的提标增量可有效增加牧民收入，但传统落后的放养方式无法增加养殖量，只有规模化集中养殖才能提高产量。于是，陶塔虎考虑将集中养殖和放牧养殖相结合，在春季草场兴建大型棚圈，冬春季牛羊实施集中化养殖。陶塔虎专门将这种产业思路和想法不断和村干部讨论、向村民传播，再慢慢转变牧民群众的思想认识，为实现这一想法创造有利条件。浩特茶汗村生态畜牧业专业合作社因经营管理不善，集体牲畜养殖多年来未产生经济效益，为盘活资产，督促村"两委"立即收回集体牲畜，重新安排饲养，与村民签订养殖协议，明确养殖责任，制定出栏计划，待秋季回笼资金再扩大养殖数量，为规模化集中养殖创造基础条件。

在驻村工作中，陶塔虎心中始终装着牧民群众。在牧区走访中，陶塔虎发现放牧区水、电、路等基础设施还存在短板，尤其是冬季草场，交通不便，人畜饮水困难，并且水质根本达不到人饮标准。于是他积极组织村干部认真梳理基建需求，建立项目库，及时组织项目材料，积极沟通相关部门，报送项目申请，并实时跟踪项目审查情况。功夫不负有心人，浩特茶汗村顺利争取到11.6公里硬化路和38公里砂石路建设项目，这将进一步改善冬春季草场的路况。为解决冬季草场缺水问题，多次组织水窖工程选址，编制项目建设方案，落实项目申报。

陶塔虎一心一意为牧民群众谋福利、办实事，在脱贫攻坚工作中用智慧和汗水帮助浩特茶汗村改变现状，如今的浩特茶汗村发生了翻天覆地的变化，说起他，群众无不竖起大拇指。

多措并举齐用力，扎实走好脱贫路

——梁德海同志先进事迹

自进驻海西蒙古族藏族自治州格尔木市郭勒木德镇盐桥村以来，梁德海同志时刻牢记上级部门的安排部署，时刻牢记工作组对精准扶贫工作的深刻含义，找准帮扶工作内容和方向，积极主动和村"两委"班子成员沟通村情，商讨村精准扶贫工作思路和解决扶贫工作工作中出现的问题，并主动反应、协调解决，为盐桥村顺利实现脱贫不断贡献着自己的力量。

为扎实做好精准扶贫工作，村内率先成立了由第一书记任组长的精准扶贫领导小组。为确保做到贫困户准确识别，驻村工作组与盐桥村"两委"班子根据《郭勒木德镇精准扶贫工作实施方案》总体要求，在全村夜以继日地开展了为期20多天的入户调查，对全村827户进行了全覆盖式的走访。同时，结合困难家庭实际，进行面对面交流，以掌握其家庭收入来源，贫困程度状况，并分析致贫原因，了解脱贫致富需求，按照"一户一策、一人一方案"的精准扶贫要求，对18户贫困家庭明确了具体帮扶措施。

俗话说得好，"一个篱笆三个桩，一个好汉三个帮"，扶贫工作单靠驻村工作组是不行的，它需要整合社会资源，凝聚整体社会力量才能真正出实效。在具体的帮扶过程中，梁德海和他的"战友"们按照"六个到村到户"精准帮扶要求，结合党的群众路线教育实践活动和基层组织服务体系建设扎实开展工作；在保就业方面，他们动员困难群众开展技能培训，做好生态管护员、雨露计划、装载机操作等劳动技能培训工作，保障建档立卡群众的就业；在村级基础设施提升方面，他们积极协调安全饮用水工程、村级主干道硬化、农田灌溉水渠修建和涵洞建造等基础设施建设项目，使农田及时得到浇灌，为农民增收，并让全体村民喝到干净卫生的饮用水。同时，打造道路美化亮化工程，进一步方便了广大村民和学生的出行。在丰富村民文娱活动方面，他们争取资金对村文化广场进行了改造，增加了健身器材，建设了运动广场，进一步丰富了广大农牧民群众的娱乐生活。在联村帮扶方面，通过不断争取各类社会力量，越来越多的帮扶单位投入到了其所驻村的帮扶工作中来。联点帮扶部队管线团为联点户发展养殖业提供了幼崽和饲料，并修建了棚舍，盐湖股份公司为建档立卡户危房改造每户资助一万元，同时为一户建档立卡户资助发展产业启动资金 5000 元。这些举措使贫困户产业得到发展，由"输血"转变为"造血"，进一步激发自我发展能力。

驻村伊始，在经济条件及传统观念的影响下，村内有两户建档立卡户的儿子初中毕业后，便不再想再继续上学，一心只想着出去打工赚钱。梁德海深知：再穷不能穷教育，教育跟不上，"穷根"是不可能拔得掉的。他多次利用农闲时节及入户走访的时机，苦口婆心地劝说他们父子，希望这两个孩子一定要继续上学深造，扎扎实实学到一门实用的技术，将来能养活自己和全家。同时，他不断与上级部门及相关教育院校联系，一有消息便给他们父子提供相关的教育信息。终于功夫不负有心人，梁德海的努力换来了实实在在的效果，这两个孩子一个去了西宁卫校学习，一个去了青海职业技术学校学习。

其实像这样的"小事"，梁德海还做了很多。比如说，还有一户建档立卡户有肢体二级残疾，日常只能拄双拐出行。梁德海同志也是看在眼里、急在心里，因为如果不能帮助他树立起自我发展的信心，单纯靠政策补贴也不是个长久事。他多次召集工作组及村干部深入调研分析其个体情况，并多次征询其本人意愿，看看他是适合发展养殖或其他产业。梁德海在平时的生活中也是经常跟他聊家常、谈心事，不断对其思想进行开导。后来，经过与其本人的不断沟通及工作组和村干部的研究结果，最终确定其适合发展零售业，梁德海同志第一时间联络帮扶单位为其争取到了启动资金。现在他不仅实现了脱贫，追赶幸福小康生活的脚步也迈得越来越大了。

在驻村工作组来之前，盐桥村无村集体实体经济，土地全部划分给了农民群众，农业生产发展都是"单打独斗"的生产模式。根据这一情况，梁德海与工作组进村后，多次在会上和工作中与"两委"班子及党员群众就发展盐桥村村集体经济进行探讨，并引导大家要根据现有的实际情况，通过组建农业合作社，制定盐桥村切实可行的村集体经济思路。在他们的努力下，盐桥村逐渐有了适合自己的集体经济发展体系：一是争取资金建造农贸市场，帮扶贫困户和广大村民参与经营，增加收入。二是建设停车场和物流为一体的经营项目，为增加贫困户的就业和脱贫提供强有力的保障。三是为贫困村发展村集体经济，争取政府投资，购置了商场铺面，用于租赁分红。四是将产业发展资金入股青藏冰天电子商务公司，每年按 10% 进行分红；将入户产业发展资金入股郭勒木德镇红柳村仁达合作社，每年按 10% 进行分红。五是互助发展资金存入格尔木市农村商业银行用于撬动贷款，并成立互助资金扶贫协会，用于保障群众发展产业，进一步保障脱贫成效。

2020 年是决战脱贫攻坚，决胜全面小康，实现第一个百年奋斗目标的关键之年，盐桥村在各方力量的共同努力下不仅实现了整体脱贫，也为实现全面小康做好了充分的准备。行百里者半九十，梁德海在为盐桥村发生巨大改变而感到发自内心的喜悦的同时，也在为盐桥村的下一步改变做着准备。

众志成城，不让须眉志

—— 达木加同志先进事迹

脱贫攻坚决胜时期，有这样一个地方，这样一个人，她信念坚定、胸怀大爱，她立足平凡、追求崇高，为了人民群众的利益，舍小家顾大家，怀着对扶贫事业的满腔热情，数年如一日，兢兢业业，在工作岗位上拼搏奋进，用实际行动建功新时代，为那尔扎村顺利脱贫贡献巾帼智慧和力量，她就是脱贫攻坚战场上最美的女战士达木加。达木加，女，蒙古族，1996 年参加工作，1996—2006 在海西民师任教，2006 年至今海西州教育局教研室工作，2019 年 9 月主动申请到龙门乡那尔扎村，成为一名海北藏族自治州天峻县龙门乡那尔扎村扶贫工作队队员。

在那尔扎村，干部群众对达木加同志有着一种发自内心的信赖，这位大山养育的孩子，为不负村民们的厚望，不惧艰难困苦，带领全村群众，坚决打赢脱贫致富这场攻坚战。

在教育事业上工作了近 24 年的她，深知"扶贫必扶智，治贫先治愚"的道理。从小在牧区长大，她更加懂得牧区扶贫最大的困难，落后的基础设施为其次，更重要的是在思想教育上，本就主管教育扶贫的她，来到村里，一心扎在了思想教育上，在村里的大小会议上，在走访牧户的家里，在村小学的教室里，都有她的身影。她告诉村民："治穷病要找到穷根，在教育扶贫的战线上，我绝不会让一个孩子掉队，不让一个孩子辍学，这是我神圣而光荣的使命。"

那尔扎村是个纯牧业村，从县上到那尔扎村有近 130 公里的路程，到了村里，达木加是唯一一名女性驻村工作队员。在村里她没有住的地方，每天村里忙完工作都要回乡上住宿，来回 100 公里的路程，对她一个中年女性来说，身体上很有很大压力，但从未见她抱怨过。有时候入户太晚，她索性就住到村干部家里，有时候也借宿在牧民家中，大家都开玩笑说她是个"流浪儿"，因为她也是牧区长大的，所以牧区的生活习惯都能适应，为此牧民们也觉得她亲切，喜欢喊她去家里吃饭。她是蒙古族，喜欢唱歌，但不会讲藏语，为了拉近与群众的距离，她总跟着村主任学习藏语，还特地学会了几首藏歌，有时候在牧民家里拉家常的时候也会随性唱上几句，村里的第一书记常常说："有达木加的地方就有欢笑。"对她来说，与群众打交道就必须用真情，只有真情才能让牧民打开心扉。

达木加刚到村里工作，也曾哭过鼻子，别看她性格大大咧咧，却是个十分感性的人，她告诉村主任："本来充满自信的我，如今看到村民们期待的眼神，我内心压力非常大，怕我自己做不好。"村民们分散居住在几个不同的山头，对于她这个不熟悉地形的"新手"来说，是非常困难的，她却仅仅用了不到一个月的时间，熟悉掌握了那尔扎村的基本情况和全村贫困户的详细情况。她挨家挨户上门走访，还做了手绘地图，上面有每一户人家的名字，

如今她已经完完全全地将自己当成了村里的一员，用实际行动谱写了一曲众志成城的攻坚赞歌。

疫情就是命令，防控就是责任。大年初四，阖家团圆的日子，达木加在接到村里关于新冠肺炎疫情防控工作的通知后，主动放弃春节假期，冲在全村疫情防控第一线。尽管对刚刚相聚不久的儿子充满不舍，对不能尽到母亲和妻子的责任充满歉意，但她毅然踏上了抗疫之路，用实际行动诠释"舍小家、顾大家"的敬业奉献精神。

当村里设立疫情检查站和劝返点时，她冲锋在前，主动要求轮班值守，她早已忘记了自己是个女性，跟着村里的男干部，一起对外来返乡人员进行登记报备、体温检测、跟踪管理。并对过往车辆、行人进行排查、劝返以及消毒工作。她还利用空余时间挨家挨户了解群众的诉求，安抚恐慌情绪，进

行健康指导，宣传防控知识，为居家留观人员测量体温．送去米面、消毒液、口罩等生活用品和防护物资。整整一个月的时间，她吃住在村里，却忘了家里还有孩子在等她回去相聚，每次视频通话看着父子俩经常用方便面填饱肚子时，心里很不是滋味儿。

2020 年 3 月份她参加了关于 2019 年贫困退出专项评估检查工作，以对脱贫攻坚事业高度负责的态度，讲政治、顾大局、重责任、敢担当，全身心投入，用认真负责的工作态度高质量完成了专项评估检查各项工作。在专项评估检查工作中表现优秀，获得省扶贫办通报表扬，坚定了她带领全村百姓全面脱贫的决心。

达木加用实干谱成一首脱贫攻坚的歌，她在扶贫路上的点点滴滴，激励着更多人在扶贫道路上砥砺奋进。在海西州，还有许多党员和群众积极参与到脱贫攻坚战斗中，在这场没有硝烟的战场上，贡献着自己的力量，正因为有了他们勇敢无私的付出，才使我们对最终打赢脱贫攻坚战充满了信心。

聚力谋发展，为民办实事

——吾强当周同志先进事迹

吾强当周，男，于 2016 年按上级要求成为海南藏族自治州塔秀乡达隆村扶贫（驻村）工作队一员，3 年多的工作时间里，吾强当周始终按照选派工作"六句话"的目标要求，不辱使命，紧密团结工作队、村"两委"和广大群众解放思想，开拓创新，克难攻坚，凝心聚力谋发展，尽心竭力办实事，千方百计地增加牧民收入，取得了显著成绩，得到了组织上和群众的一致好评。

达隆村是一个纯牧业村，下设 4 个村民小组，共 336 户 1381 人，全村共有贫困户 80 户、350 人。一直以来，达隆村群众思想观念较为落后，受教育程度低，发展经济意识差，市场意识淡薄，安于现状，"等靠要"的思想严重，吾强当周到村后在第一书记的带领下，与村民们同吃同住同劳动，增进感情，消除隔阂，真情沟通，了解掌握群众对于脱贫致富的真实想法。为做到精准帮扶，跑遍了全村所有人家，并到老党员、退休书记、致富能手、贫困户家中走访，征询他们对村里发展的意见和建议，经过近一个月的深入走访调研，掌握了全村的基本情况和第一手资料，为达隆村下一步发展什么、怎么发展打下了良好的基础，同时也给他以后的工作打下了坚实的群众基础。

俗话说得好："火车跑得快，全靠车头带。"建立一个好的村"两委"班子，对全村的发展是至关重要的。一是狠抓班子队伍建设。坚持学习和会议制度，制定发展经济规划，责任到人，提高发展经济是第一要务的意识，增强村集体经济实力。吾强当周以身作则，严格要求自己，在工作队的努力和带动下，达隆村两委班子成员转变作风，团结一致、一心为民，还积极带领村贫困户脱贫致富。现在村"两委"成员在党员、群众中的威信得到了很大的提高，同时达隆村党支部的战斗力也得到了上级党委的高度认可。二是带好党员队伍。吾强当周作为一名老党员，时时刻刻按高要求规范自己的行为，严格执行工作队及第一书记的要求，严格执行"三会一课"制度，发挥模范带头作用，着力引导提高村党员素质。以创先争优活动、"两学一做"为契机，进一步巩固党在农村的执政基础和群众基础。强化基层党组织领导发展农村经济工作的能力，认真贯彻落实党在农村的各项方针政策，建设高素质党员干部队伍。进一步激发了党员同志干事创业的热情，调动了全体党员同志的积极性。

2016 年，达隆村分别实施"高原美丽乡村""易地搬迁""产业扶贫"项目，目前全村通电、通水、通路的基本生活需求已得到满足。通过县委县政府的扶持和全村的努力，达隆村已完善了村民活动场地、医疗室、幼儿园校等场所，使村民的健康、教育等得到了保障。为民办事服务方面：一是做好基础慰问工作。定期开展困难群众慰问走访活动，走访慰问结对帮扶的贫困户，给予资金和项目上的帮扶，时刻跟进帮扶进度，及时掌握扶贫的情况，定期向乡级扶贫工作队汇报。二是开展特色扶贫服务，通过塔秀村养殖技术，开展畜牧养殖项目，给贫困户收入大幅度提高。三是完善民生服务工程。近年因降水量上升，个别地方出现路桥冲断现象，吾强当周和工作队一道发动全村力量抢修。在推动精准扶贫方面吾强当周同志同村"两委"一起统一思想、集中精力，通过引进产业项目，发展多元养殖，分散产业开发风险，充分保证贫困户的基本收益。

三年的驻村扶贫工作，吾强当周同志克服自身的困难，把群众的利益始终放在首位，他脚踏实地，为民服务的精神在达隆村的脱贫攻坚工作中发光发亮。

砥砺奋进，决胜攻坚

——张晓君同志先进事迹

张晓君，男，33 岁，大学本科学历，海北藏族自治州门源回族自治县委党校教师，2018 年被组织选派到门源县西滩乡簸箕湾村担任扶贫工作队员，在驻村期间，他克服父母年迈多病，孩子年幼无人照看、无驻村经验等多种困难，努力适应各种工作，通过近三年时间的努力，赢得了大家的一致好评和认可，2019年先后被评为"优秀共产党员""优秀工作者"在脱贫攻坚工作考核中被西滩乡人民政府评定为优秀，这些成绩的取得，离不开他舍身忘我，舍小家顾大家的精神。

记得，刚到簸箕湾村开展扶贫工作的张晓君，由于年轻和缺少基层工作经验，受到了不少干部群众的质疑，但他从来没有因为这些困难而退缩，反而更加严格地要求自己，认真向身边的老同志和村"两委"班子学习和请教。并运用学到的知识和经验以及自己的见解和想法为贫困户排忧解难，真正做到了与群众同吃同住同劳动。他表示要确保帮扶工作不走过场、让党的扶贫政策能取得实实在在的效果。

张晓君在走访贫困户的时候，为了不麻烦贫困户，一直随身携带自己的杯子。到贫困户家中拉家常，询问情况，一坐就是一下午，他的耐心和亲切，让贫困群众感受到了温暖，从寒暄中他了解到更多的扶贫应该与"扶志"和"扶智"相结合，用自己的真情实意打动贫困户，激励他们从根本上转变保守思想，进一步激发广大贫困群众脱贫致富奔小康的内生动力。他很少待在办公室，田间地头总能看到他在给贫困户宣传脱贫政策和惠民政策。功夫不负有心人，通过他的不懈努力，如今的簸箕湾村建立了环境卫生管理公约，完善了村规民约，家家房前屋后环境美，精神风貌日新月异，群众见了他都会亲切地叫一声张老师。他还为贫困户专门制定了养殖计划，还根据贫困户的技能选择务工方向。就拿本村的贫困户杜文林来说，杜文林以前经常喝酒后在村里惹事甚至打骂群众，被全村村民反感和厌恶。当他得知该情况后，主动上门和杜文林详细交谈，反复劝导和鼓励，在他的耐心引导和劝说下，杜文林已经改掉了自己的坏习惯，变成一名守规矩的好村民。杜文林的转变让他看到了希望，也更加坚定了帮扶杜文林的信心，通过申请国家公益性岗位扶，让杜文林成了一个有正经工作的护林员。正是因为这件事，村里群众的关系更加和睦，群众对张老师更加亲切和信任，一有事就来找他商量。

今年年初新冠肺炎疫情发生后，他始终把人民群众的生命安全和身体健康放在第一位，在疫情防控面前挺身而出、敢于作为，践行初心使命，把思想和行动统一到党中央的决策部署和省州县委及乡党委的工作要求上来，第一时间返回工作岗位，迅速沉入村户，带领村"两委"和班子成员在全村进行疫情宣传、摸底排查、监测管控、值班值守，全面落实各项联防联控措施，用实际行动践行着一名党员和基层扶贫干部的初心和使命，构筑起群防群治的严密防线。由于口罩等防护物资紧缺，村里值守人员没有口罩戴，他立即将自己家中仅有的 20 只口罩拿出来捐给了劝返点值班人员，并为他们买去方便面、手套等物资。疫情面前他感到自己能力有限，于是他又及时联系联点帮扶单位开展慰问，为村里的三个疫情劝返点值班人员，购买食品、帐房等物资，解决了村里防疫的燃眉之急。

张晓君始终以"情系群众，为民办事"的信念开展工作，积极配合第一书记和村"两委"积极争取项目，为贫困群众和村里做了许多实事好事，得到大家的一致好评，通过近 3 年的努力使得簸箕湾村里的水、电、路、通信等基础设施得到显著改善，人民群众生产生活质量得到了明显提升。争取到高原美丽乡村建设项目 130 万元；一事一议项目 100 万元；综合各类建设项目资金共计 1300 多万元，不仅完善了村里的基础设施，也为下一步实施乡村振兴奠定了坚实的基础。此外，村里还成立了自己的农机服务合作社，合作社已达规模级运营和管理水平，及时有效地为本村村民农耕和丰收提供了方便的农机服务，现如今簸箕湾村的村集体经济年收益累计已经突破 20 万元。

实干诠释初心，攻坚不辱使命

——赵鹏同志先进事迹

赵鹏，男，汉族，青海省海北藏族自治州门源回族自治县人，1978 年生。2015 年 11 月受祁连县社会保险服务局选派，到祁连县央隆乡曲库村从事驻村扶贫工作，本来计划一年回原单位，可他整整干了五年。如今的曲库村已实现整村脱贫，2019 年全村 19 户 50 人建档立卡户家庭可支配收入达到 976356.86 元，人均可支配收入达到 19144.25 元。

在脱贫工作中，赵鹏严格履职尽责，为民扶贫解困，狠抓各项帮扶措施落实，为进一步提升和巩固脱贫攻坚工作起到模范带头作用，先后被评为 2016 年度全省"脱贫攻坚先进个人"，海北州人社系统"先进工作者"，全县"优秀扶贫工作队员"，2017—2018 年度央隆乡"先进工作者"、2018 年度全县"优秀扶贫干部"。

央隆乡曲库村位于祁连县西部，距县城 208 公里，共辖 4 个社 235 户 828 人，地处高原山区，自然条件恶劣，是一个由藏、回、蒙古、汉等多个民族组成的纯牧业村。

赵鹏到村后，第一件事就是熟悉掌握国家扶贫政策。同时，挨家挨户走访调研，了解村情村貌、人情风俗，根据各家各户情况制作详细表格，从贫困户草场、各种补贴、致贫原因、生产生活状况、子女上学情况、劳动力分布情况到收入情况都做了详细登记，可以说一表在手，事半功倍，确保以最快的速度融入群众。

为了让贫困户能够熟悉和掌握国家扶贫政策，赵鹏起早贪黑风雨无阻进村入户，和贫困户促膝相谈，忙到深夜是常有的事，雪天天冷地滑，他深一脚浅一脚走家串户，把党对贫困户的丝丝关爱注入贫困群众的心田。通过印制发放扶贫政策宣传材料、开展医院义诊、牛羊养殖技术推广、春节慰问等活动，截至目前，共入户帮扶400人次。

赵鹏牢牢把握"实事求是、因地制宜、分类指导、精准扶贫"的总要求，以"两不愁三保障"为总抓手开展帮扶工作。现在贫困户家里都能吃得饱，肉、蛋、牛奶等想吃随时吃，安全饮水也有了保障。每户都能享受到危房改造、易地搬迁等安全住房政策。义务教育阶段适龄儿童无因贫辍学，都能享受到免学杂费、书本费、寄宿生补贴、免费营养餐等补助政策。贫困户都能享受到健康扶贫政策，患有慢性病、大病都能享受到医疗救助，家庭医生签约服务到户，看病比以前更便捷，医疗费负担明显减轻。

赵鹏联系曲库村贫困户实际情况，将2016年产业到户资金42.88万元，入股到养殖大户用于发展畜牧业生产，贫困户连续三年实现分红，人均分到1920元。积极开展劳动技能培训，2016年2人参加烹饪培训，每人补助360元；1人参加创业培训。2017年13人参加公益性岗位技能培训，每人补助300元。2018年6人参加"雨露计划"驾驶员短期技能培训，每人补助2000元。通过转移就业先后安排湿地管护员5人、林业管护员7人、草原生态管护员8人、道路管护员11人、公益性岗位1人实现就业。运用"530"小额贴息贷款及互助资金开展生产，现已对19户贫困户发放贴息贷款47万元，用于购买生产母羊、饲草料、网围栏等，扩大生产规模，提高经济收入。将50万元村级互助资金用于畜牧业生产，参加互助协会的会员都能享受到政策，收益用于壮大互助资本，滚动发展。2019年19户50人贫困人口按照参保条件都参加了城乡居民养老保险。发挥联点单位帮扶和干部职工"结对认亲"优势，海北州原国税局投入资金10万元，祁连县社保局投入资金1万元，用于发展畜牧业生产，年终向贫困户进行分红。每年定期开展慰问、政策宣传活动，重点对贫困户进行"扶志扶智"教育，想办法拓宽贫困户脱贫门路，定期开展支部统一党日和讲党课等活动。

曲库村先后建成村级党员活动室一处（120平方米）、村级标准化医疗室一处（60平方米）、村级生态畜牧业合作社一处（60平方米）。历年实施住房项目有危旧房改造40户，实施游牧民定居工程36户（游牧民进城定居27户，乡镇集中定居9户），易地搬迁项目2户，安全住房实现全覆盖。实施的农发项目有羊棚、储草棚、牛棚、注射栏等，共计187处，总面积3.5万平方米，增强了畜牧业基础设施建设。近年来发放太阳能生活用电照明设备187套，发放风力发电机23套，基本户均1套，保障了牧民家庭生活用电。近年来已建和在建的机井40眼，修建人畜饮水管道7公里，基本解决了安全饮水问题。全村修建桥梁3座，修建村级硬化路11公里，乡村砂石路38公里，保障了牧民群众的正常出行。2014年祁连县扶贫开发局投资100万元，用于发展曲库村集体经济，主要经营白藏羊繁育项目，目前存栏1050只。2016—2019年累计收益37.5万元，2016年收益用于代缴全村村民的医疗保险；2017、2018年收益按全村每人150元进行分红。2019年收益10.5万元，52942元资金用于帮扶全村60岁以上老人、在校大学生、残疾人，剩余资金用于养殖大户资金流转。目前村集体经济发展正常，每年都有一定的收益进行分红。全村共有草场面积66.91万亩，禁牧和草畜平衡区面积66.91万亩（禁牧区面积20.38万亩，平衡区面积46.53万亩），每年共计发放禁牧补助款242.39万元，通过禁牧和草畜平衡，实现了"生态保护"和"牧民增收"的双赢。

脱贫攻坚如登山，越到最后越艰难。在赵鹏看来，既然选择了这项工作，就一定会不忘初心、牢记使命，继续面向群众、付出真情、苦干实干。他承诺，绝不辜负曲库全体村民的期望，要为完成脱贫攻坚、实现全面建成小康社会一直奋斗下去。

恪尽职守，倾注心血

——罗治云同志先进事迹

罗治云，男，汉族，大学本科学历，中共党员，1988 年 5 月出生，现任青海省公安厅交通警察总队警务技术三级主管，2018 年 3 月被省委组织部、省公安厅选派到玉树藏族自治州玉树市上拉秀乡玛龙村担任精准扶贫驻村干部。他以高度的责任感和强烈的事业心，在精准扶贫工作上兢兢业业、恪尽职守，出色地完成了各项任务，为脱贫攻坚工作做出了积极贡献。

自担任玛龙村驻村干部以来，罗治云及时转变了思想，做好家人的思想工作，正确处理工作与生活的关系。到了玛龙村以后，罗治云及时融入当地群众，为后续开展扶贫工作打下坚实基础。针对牧区工作繁杂、各种问题层出不穷的实际，他及时向乡领导和老村社干部请教，不断提高处理群众问题的能力。扶贫工作涉及领域多、政策要求严，他在做每件事或每个决定时，都能严格按照政策要求，及时与相关行业部门请示，做到万无一失，不为后续扶贫工作留下隐患。对牧民提出的难事和村里的遗留问题，都尽个人最大努力，去相关部门核查落实解决，受到了当地百姓的一致赞扬。

罗治云早已拟定好在 2018 年结婚，原本期待的婚期越来越近，却接到远赴玉树开展扶贫工作的通知。他心里明白，个人的困难与当前脱贫攻坚工作相比较实在是微不足道。为了更好地完成脱贫攻坚任务，他主动做好了两方家庭和未婚妻的思想工作，将婚期延后，在取得了他们的支持后全心全意投入到扶贫工作当中。面对困难，他无所畏惧，到任后，他积极学习上级扶贫相关政策，立即开展走村入户工作，挨家挨户走访，了解群众家庭实际情况，以便对症下药、精准施策，帮助牧民实现早日脱贫。直到 2019 年底，他才完成了婚礼，假期一结束，就又积极奔赴玉树的扶贫一线。

真扶贫、扶真贫离不开真情实感。他积极发挥协调作用，增强帮扶责任单位、帮扶责任人、驻村扶贫工作队和贫困户之间的感情，做好第一书记和贫困户之间的纽带。

从一名公安民警转变为牧区基层驻村干部，不论是工作环境还是工作对象，都发生了巨大转变。他明白，他需要快速地掌握村情才能够进入工作角色。于是他带着"翻译"深入牧民家中和牧场就成了他的日常工作。经过大量摸排工作，在仅仅几个月中就了解了在这个海拔 4300 米牧业村的基本情况。他认真做好民情日记，完成了 350 多份入户调查表，并撰写报送了 50 多篇工作信息及简报。在牧场，他与牧民一同放牧，了解牧业生产、牧业收入情况。在牧民家中，他喝着藏茶，与牧民促膝长谈。为了增进感情，他适应了吃生肉和糌粑，也为很多有风湿腿疼的老人送上了从省城带来的膏药。他的车上也放有很多糖果零食，每见到牧民家中有小孩都会给他们抓上几颗。通过一段时间的走访，他走进了牧民的心中，增进了与贫困户之间的感情，准确掌握了全村 140 户、573 人的建档立卡贫困户的基本情况，为更好地开展脱贫攻坚工作打下了良好的基础。

他时刻想着贫困户，为了改善他们的生活条件，他与第一书记和单位领导协调，筹备了大米 27900 斤、面 27900 斤、油 6580 斤进行了 7 次慰问。他关心贫困户子女的教育问题，在单位的支持下，筹集了 200 个书包、文具、围巾、彩笔等学生用品，鼓励孩子们好好学习，用知识改变命运。在 2019 年年初的雪灾时，他又为牧民送去了衣物 3200 余件、被褥 25 套、生活用煤 55 吨。这些物资解决了贫困户的一定实际困难，也承载着他和交警总队干部职工对贫困户的深厚感情。

在脱贫攻坚的种种困难面前，罗治云同志勇挑重担，一直坚守在脱贫攻坚第一线。在对贫困户重新进行信息采集时，按照"精准扶贫、不落一人"

的要求，他利用 3 个月时间对 140 户贫困户进行了实地走访，对贫困户家庭进行再识别，共动态调整自然新增、补录 127 名。在贫困户位置信息采集中，他 10 天驱车 600 多公里，挨家挨户进行位置信息定位。在国家扶贫系统信息录入工作中，他加班加点 20 余天，录入了大量数据，完成 2015 年至 2019 年的贫困户信息录入和修改工作。在 2019 年初抗雪救灾工作中，他第一时间返村，与乡村干部党员连续奋战 24 天，圆满完成了道路清雪、草料分配、物资发放、灾情统计等工作，确保了村民损失在可控可承受范围之内，雪灾期间全村未发生一起人员因灾伤亡情况。

在仅仅两年半时间中，罗治云所在的玛龙村通过了中央扶贫专项巡视组的巡查、通过了省年度脱贫攻坚绩效考核组考核，通过了省第三方脱贫验收组的检查，通过了国务院扶贫办第三方面抽验组的考核……不论是中央层面的考核还是州市日常检查，他都能认真对待、认真总结、认真整改，使玛龙村的扶贫工作在每次检查中都得到了较高评价。

虽然驻村干部只是短时间内的职务，职责却不容小觑。罗治云同志凭借一腔热血，克服工作和家庭的困难，全心全意扑在脱贫攻坚第一线，履职尽责，用真心换来工作实效，用实干赢得信任，为打赢脱贫攻坚贡献了自己的力量。

紧跟时代脚步，发挥先锋作用

——索昂卓玛同志先进事迹

索昂卓玛，女，藏族，大专学历，中共党员。她于2010年走上基层岗位，参加工作以来，一直担任玉树藏族自治州称多县拉布乡郭吾村包点干部，2015年至今又兼任扶贫和民政工作干事。多年来，她始终坚持理论学习、业务学习，不断提升服务能力，工作上任劳任怨、一丝不苟。她虽非正式在编人员，但是她的付出与其他干部相比有过之而无不及。一直以来，对待任何一项上级及单位交办的工作她都能保质完成，工作成绩优异，由于其出色的工作表现得到了上级部门、单位领导、同事们以及当地农牧民群众的一致认可和好评。2010年被评为称多县优秀党务工作者，2016年被评为精准扶贫先进个人。

索昂卓玛始终坚持以马列主义、毛泽东思想、邓小平理论和"三个代表"重要思想、科学发展观、习近平中国特色社会主义思想为指导，以政治责任感为动力，以"党性最强、作风最正、工作出色"为具体要求，积极参加上级及本单位基层组织开展的各类培训学习活动，扎实认真地投入到"两学一做"学教活动中，投入到"不忘初心、牢记使命"主题教育中，注重"学""做"相结合，坚持学习实践；再学习再实践，不断提升政治素养、理论基础和服务能力，切实从思想上、作风上、能力上、行动上加强自身建设，恪尽职守、竭诚奉献、辛勤工作，出色地完成了一项项工作任务，充分体现了共产党员的先进性。

为了更出色地完成好本职工作，她认真学习业务知识，经常翻阅专业书籍，通过学习不断理清工作思路，形成了她独有的工作方法。每做一项工作她都会全盘考虑，开展深入的调查研究，在准备充分的前提下制定工作计划和措施，逐项推进。正是因为她严谨的工作态度和务实的工作方法，她的工作效率大大提升，干事能力得到了不断增强。

索昂卓玛自 2015 年担任扶贫和民政工作干部以来，为了更好地推进各项惠民政策落地生根、发挥实效，她大部分时间都在走村串巷、入户走访中度过。她始终坚信只有深入基层才能掌握最真实的情况。自精准扶贫工作开展以来，多少个日日夜夜，她走村入户开展政策宣传，认真核对每家每户的基本信息，整理资料、录入信息、完善扶贫手册、填写各类报表、走访摸排问题，切实做到了信息精准、普查全面，为拉布乡定贫工作提供了有力的依据。她始终坚守在扶贫工作的最前沿，把群众的事情当作自己的事情亲力亲为，始终把"群众满不满意"作为衡量工作实绩的标准，为拉布乡的脱贫攻坚工作倾心付出、不遗余力。她对工作一丝不苟的态度感染着我们身边每一位干部。

2020 年是脱贫攻坚工作的收官之年，为了圆满完成脱贫任务、实现脱贫目标，她夜以继日地工作，认真开展"回头看""大排查"，梳理每一项工作环节，做到了事无巨细、反复排查，切实确保了扶贫各项政策人人熟知、个个到位，有力巩固了脱贫攻坚成效。自扶贫工作开展以来，拉布乡认真组织、积极作为，各项工作推进有序、成效明显，这些成绩的取得索昂卓玛功不可没。

作为党员，为适应新形势的需要，索昂卓玛始终走在前面、立于潮头，怀揣不畏牺牲、甘于奉献的崇高精神，时时刻刻激励和鼓舞着大家的斗志。她顾大局、识大体，一切以大局为重，心怀群众冷暖，关注弱势群体，帮助他们排忧解难。"做就要做好"是她的座右铭，看似简单、实干不易，每做一项工作，她都会主动担当，每一项举措的推行，她都第一个尝试。当别人问她为什么这么拼命时，"因为我是党员"——这是她的回答。她用实际行动诠释着共产党员的初心和使命。

索昂卓玛时刻铭记自己的职责，始终做到认真贯彻执行上级党委、政府的各项工作要求，不断探索解决问题的新思路、好点子。对于新出台的文件，认真进行研读，并与大家进行相互交流讨论，确保文件精神得到认真领会，并结合实际开展工作。当工作中遇到棘手问题难以解决时，她都会想尽一切办法寻求解决之道，既从书本中找答案，也虚心向干部群众请教，及时总结提炼经验做法，以不断提高自身驾驭复杂局面的能力水平。她总是乐观处世、认真履职，始终保持充沛的工作热情和昂扬的斗志。

近年来，在精准扶贫工作的深入开展中，很多优秀的干部在基层一线默默奉献着，以"为人民谋幸福"的坚定信念辛勤、无畏地付出着，索昂卓玛同志就是这众多优秀干部中的一员。多年来的工作经历，带领群众脱贫的每一个日日夜夜，锻造了索昂卓玛同志很高的政治觉悟和过硬的工作能力，同时也积累了丰富的基层工作经验。她始终坚持在基层默默地奉献，她的奉献我们有目共睹，她的成绩自不言说。她是基层优秀干部的代表，是我们大家学习的楷模。

不忘民忧，无悔逐梦

——科秀同志先进事迹

只有敞开心扉，才能走进牧民的心里，只有真正了解贫困群众的疾苦，才能根据他们的实际情况，采取适合他们的帮扶措施。"你离群众有多近，群众就和你有多亲。"自 2018 年 4 月被选派为果洛藏族自治州班玛县马可河乡则达村驻村工作队成员后，科秀与乡亲们结下了深厚的情谊。科秀同志以实际行动为实现中国梦，全面建成小康社会贡献着自己的力量。

科秀同志从村民最迫切需要解决的问题入手，既立足现实，又放眼未来。他深入一线，与当地群众同吃住同劳动，不怕苦、不怕累；主动与本单位及上级有关部门联系，争取技术、资金扶持与工作指导，用真情温暖了很多人的心。

要脱贫，产业发展是关键，在县扶贫局等相关单位的关心支持和有力帮助下，科秀同志牢牢抓住农牧民增收、全面脱贫总目标，团结和带领全村广大牧民群众开拓创新，通过"合作社＋集体＋贫困户"的方式。大力发展牧民群众既熟悉又相擅长的畜牧产业。积极争取扶贫资金投资 280 万元建设集中养殖基地，投资 100 万元购置犏牛，发展犏牛繁育。通过发展畜牧产业，效果落地见效。当年，38 户养殖户分到了 66500 元的分红（其中 7 户建档立卡户分红 10912 元）。

在积极发展第一产业的同时，科秀同志通过多次入户调查弄清则达村剩余劳动力情况，根据县上要求及牧民实际意愿和特长，积极发展藏服加工、文化生态园、商铺租赁。经过努力，2019 年藏服加工厂分红 167 户 83500 元，户均 500 元（其中建档立卡 49 户 24500 元）。充分抓住国家发展村集体经济有利时机，在前期的基础上，投入 40 万元购置犏牛养殖设备，2019 年收益 4 万元。投资 110 万元到县格萨尔二层民族商贸城，收益 6.15 万元。村集体经济合计收益 10.15 万元（收益分配以总利润的 70% 用于公益性事业，剩余的 30% 利润作为流动资金使用）。通过前期调查、充分了解牧民群众发展意愿，合理制定壮大第一产业规划，因地制宜在实际条件允许下发展第二、第三产业。则达村脱贫工作取得了一定成效，同时牧民群众自身致富的意愿也得到了增强。

科秀同志在脱贫攻坚工作中取得的成绩有目共睹，而不为多数人所知的是，成绩背后是他的呕心沥血，更是他的倾情付出。

虽然起初困难重重，也碰到了不少钉子，没少吃闭门羹。但他并不气馁，还是坚持进门入户，讲解相关扶贫政策、研究富民门路、与牧民一起解决生产、生活中遇到的问题并及时上报乡领导，以便对问题进行实时监测，及时解决问题。科秀拖着肢体四级残疾的身躯，做着脱贫攻坚的大业。寒来暑往，斗转星移终于得到了大家的认可。现在，牧户远远看见科秀，就会亲切地打招呼，这让他感到春天一般的温暖，也增强了他工作的热情。他的心早已和这片土地的人民融在了一起。

一次入户调查，他和同事们走进深山，忙到天黑才往回赶，恰逢大雨，他不慎滑倒导致脚骨骨折。被送进医院后，他始终惦记着村里的工作，不等脚伤痊愈就偷偷回了村里。妻子心疼地说他真是不要命了。看他这样执着，家人看在眼里，疼在心里，对他的工作由过去的反对慢慢变为理解和支持，就这样，在困难面前，他从不退缩，就凭着这股拼劲，日复一日，为贫困户早日脱贫致富努力着。这些年，他早已成了扶贫的多面手。

如今，则达村委会各种规章制度健全，发展思路明确，集体经济有了坚实的保障。一条条平整干净的水泥路面、一间间整齐的安全住房、完善的各类公益设施，俨然向人们展示了一个祥和、安康的农村新景象。位卑未敢忘民忧，青春无悔逐梦飞。科秀同志践行了自己的诺言，赢得了群众的赞誉，带领大家在奔小康的路上大步前行。

田头规划光明景，催马扬鞭日月新

——蒋毛同志先进事迹

蒋毛，中共党员，现年 31 岁。自 2016 年被派驻到果洛藏族自治州久治县智青松多镇果江村担任驻村干部开展扶贫工作以后，蒋毛同志第一时间同扶贫第一书记和乡村干部一起不畏艰辛、扎根基层，了解村民生产生活状况，为接下来开展的精准扶贫工作打下了坚实的基础。

他一直不忘初心，勇挑时代赋予他的责任，派驻到果江村后，为了掌握第一手资料，对果江村经济发展现状、道路状况与群众脱贫愿望有一个全面的了解，蒋毛同志一马当先与镇村干部共计走访牧民群众 38 次 4100 余人（次），进行了认真细致的调查。通过入户走访、牧户申请、村民大会选举、县乡村层层审核，共精准识别出 54 户 209 人建档立卡，精准识别到村到户。

在驻村的几年时间里，他的足迹遍布了果江村的每一条山沟，跨过了每一条河流。起初村干部对这个从县上派来的年轻干部并没抱太大的希望，觉得不会长期留在村上，不会为这里的村民真心实意地服务，但没想到这名从县上派来的干部对果江村老百姓脱贫工作抱有极大的热情，他以良好的工作作风，务实的工作态度赢得了镇村干部和果江村牧民群众的一致肯定。

百舸争流，奋楫者先；千帆竞发，勇进者胜。让人印象最深刻的一件事是有一年 12 月份果江村又开展了一次大面积的入户走访工作，因当时工作量较大，果江村工作组共分为 4 个分组，蒋毛同志主动请缨前往最偏远最难走的朗玛帕科沟分组，由于路途遥远且崎岖难行，再加上近期连降大雪，他们晚上只能在山沟老乡家中借宿。几年的驻村工作早就使他与果江村的老乡们打成一片，看到他的到来都满怀热情，所有的工作都在有条不紊地开展，直到第二天工作快要收尾时有个问题出现了，牧户拉毛忠不在她原来的住址，经了解得知拉毛忠已经游牧至玛尔依沟内 4 公里处。因为此次入户走访的主要任务是了解牧户近期的生产生活状态是否符合新增低保人员的条件，关系到牧户的切身利益，落下一户就是对老百姓的不负责。显然蒋毛不允许出现这种情况，无论如何必须找到，扶贫路上不落一户不落一人是他的工作准则。玛尔依沟内尚未通路，车辆无法通行，只能涉水过河，当时正值寒冬腊月，凛冽的寒风，冰冷的河水让双脚在下水的瞬间就冻得麻木了。最终一行人蹚过河后又步行了 4 公里才找到了拉毛忠。那一刻，同行的村干部对这位县城派来的干部刮目先看，他们看到了蒋毛同志在脱贫攻坚工作中决战决胜的信心，面对困难的奋不顾身，大无畏的奉献精神和坚韧不拔的品质，以及对果江村老百姓身体力行的关心。

过去村民常说："果江村真是苦，雨天一身泥，晴天一身土。"怎么办？果江村村委召开"两委"班子会议商议，大家都拿不出意见。他与第一书记多杰才让同志最后决定，没有办法，想办法，一定要把村里的路修好，就果江村通路问题已做好记录并上报相关单位报备。

绘就蓝图，正当扬帆破浪；重任在肩，更须策马加鞭。2015 年省扶贫开发局投资 315 万元，修建从果江森达沿黑河沟至智沙路黄河大桥通村砂石公路 42 公里。2016 年县扶贫局投资 800 万元修建从尼麻隆瓦尔麻沟口至朗麻森达口通村砂石公路 40 公里。2019 年县交通局投资 300 余万元，新建多哇玛至折曼贡玛 7 公里乡村公路、郎玛沟口至木西合乡交界 6 公里乡村公路、折曼沟内 5 公里乡村公路，郎玛河与合科河三岔口桥梁一座。他与多杰才让同志勠力同心攻坚克难，对该村的基础设施建设和人畜饮水与相关单位协调，在 2019 年以"一户一井、多户一井"为主，做到户户有独立或公用的机井与卫生间，全村接入国家电网 143 户，其他使用光伏电源的 126 户。

边学边干精业务，新思想引领新征程，新时代呼唤新作为。作为扶贫专干，蒋毛积极学习扶贫政策和扶贫知识，对扶贫业务要求精益求精，通过他的不懈努力，从刚开始的门外汉变成了行家里手，村内扶贫档案的制作、扶贫系统的录入、信息采集表的填写、帮扶手册的填写等等复杂烦琐的工作，只要经过他的手就变得清晰明了，他以自己精湛的业务知识经常为驻村各支力量和帮扶责任人培训扶贫知识，有时扶贫干部遇到问题也向他请教。在大家的努力下，果江村的各项扶贫工作开展得扎实有效、井然有序。

对于贫困户来说，他们的心理脆弱，尤其是对于那些因残、因病致贫的贫困户来说，他们的心理更为脆弱。为此蒋毛同志在落实各项脱贫措施的时候十分注重对这类贫困户的心理疏导，在每次走访过程中都会为他们排解忧虑，通过将党课带到贫困户中的方式，以通俗易懂的方式将党的方针和政策用通俗易懂的语言讲解给各户。

找准路子脱贫困，使命重在担当，实干铸就未来。蒋毛协同村干部，配合第一书记和乡干部，深入开展调研，召开贫困户座谈会，让贫困户自己分析致贫原因，寻找脱贫措施，制定脱贫计划，在充分尊重贫困户意愿的基础上，积极为贫困户寻找再就业的机会。在他的指导和帮助下，2020 年 68 人实现劳务输出就业，收入预计 123 万元；全村贫困户人均纯收入达 6077 元，较上年同期增长 11.9%，54 户 209 名建档立卡贫困户实现了脱贫，果江村也顺利实现了脱贫。

目前，蒋毛仍在果江村驻村工作，原本 2017 年就可以回原单位的他毅然决然地留在了扶贫第一线，与他一同留任的还有果江村第一书记多杰才让同志，几年的扶贫工作使两人与所有村民结下深厚的友谊。虽然果江村已经退出贫困村行列，但是两人还是经常一起走村入户，行走在果江村的山间地头，为了防止果江村 54 户脱贫户返贫夜以继日地工作着。

拉话家常谋善策，分清对象找穷因。田头规划光明景，催马扬鞭日月新。这几句是蒋毛同志为了扶贫工作的写照，一个无所畏惧，平凡却又不平凡的人。

勇于担当，服务人民

——向阳花同志先进事迹

向阳花，1993 年参加工作，2004 年加入中国共产党，她 27 年如一日，扎根基层、淡泊名利、心系百姓，已经成为党和人民血肉联系的纽带、百姓们的亲人。她赢得了各级组织的信任和人民群众的信赖与爱戴，也用自己的赤诚之心谱写了一首基层干部、普通党员平凡而又伟大的人生之歌。

27 年来，向阳花一直保持着饱满的工作热情和严谨的工作作风，兢兢业业、任劳任怨，深受领导和同事的好评，多次的升职机会都被她谢绝了，多次进机关工作的机会她都主动放弃了。在工作岗位多次被上级表彰，自 2011 年到果洛藏族自治州玛沁县拉加镇工作以来，连续被评为"优秀工作人员""优秀包队干部"等。

2016 年，向阳花同志按照拉加镇脱贫攻坚工作部署，进驻洋玉村，一晃已经快五年了。对于她这样已经步入中年，身体状况欠佳的女同志而言，遇到了很多困难，也克服了很多难题。她在心中明确了担当和责任，在工作生涯的最后几年里，更加树立了沉下身、抓时效、敢担当的工作作风和开展精准脱贫工作的信心。

洋玉村，位于玛沁县西北部，距县城 60 公里，下辖 2 个社，共有 314 户 1358 人。境内山大沟深、坡陡林密，虽说拥有原始森林，自然风景优美，还有"小九寨沟"之称，但岭梁阻隔，资源贫瘠，平均海拔3600米，昼夜温差大。加之交通条件落后，通信通电条件极差，生产生活饮水困难，村民生存条件异常艰苦，贫穷落后状态与优美的自然风景形成了极大的反差，脱贫攻坚任务十分艰巨。初期开展工作遇到了很多困难，特别是部分居住在深山老林里的牧民长期与外界隔绝，牧民生产生活真实状态无法掌握，给全村的扶贫决策和整体工作推进增加了阻力。面对重重困难，向阳花刚开始一筹莫展，加之大部分村民对扶贫工作态度冷淡，个别群众甚至认为扶贫干部入户摸底纯粹是在做样子，该村的扶贫工作一度陷入停滞状态。面对这一道道难题她没有气馁，不断给自己鼓劲打气，认为组织派她驻村扶贫是对她的信任，说什么也要坚持下去，她虚心向基层干部群众请教各种问题，积极学习扶贫惠农政策，主动要求村干部带她深入牧民家中，面对面、心贴心与百姓唠家常，和基层群众打成了一片，迅速进入了新的工作角色。

为尽快掌握村里基本情况，她和工作队及时入户走访调研，与村民代表和党员代表座谈，认真倾听贫困群众的意愿，看他们有什么困难，想发展什么，把贫困户的基本信息、致贫原因摸准摸实，一条条记录清楚，群众的所需所想就是努力的目标。在认真调研的基础上，谋划出了帮扶计划，分步骤、有计划地制定出帮扶方案，确保帮扶帮到点子上。为了真正了解每一个贫困户的实际收入，她挨家挨户走访贫困户，白天不在晚上找，今天不在改天找，去帮贫困户测算收入。经过锲而不舍的入户走访，终于在规定时间里完成每户的收入登记和帮扶脱贫情况表。摸清收入情况，心里才有了底，为全村脱贫摘帽打下基础。

洋玉村山大沟深，村民文化水平低。在这样一个村搞扶贫，一旦工作方法和措施走样，极有可能出现流于形式的现象，扶贫成效就会大打折扣。为了确保能够开出治贫良方，驻村队员在村部召开精准研判专题会议，逐户诊断致贫原因，逐户展开因人因地、因贫困原因、因贫困类型具体精准施策，确保做到对症下药、精准治贫。由于洋玉村地势险峻，地质特殊，道路反复修建仍被雨雪损毁，路不通其他发展就无从谈起。为了根本解决交通、通信、饮水、电力等制约全村发展的瓶颈，紧紧咬住项目安排精准、资金使用精准两大难题，她与工作组一方面如实向拉加镇委镇政府反映实际情况，争取支持，另一方面积极协调民政、扶贫、水利、电力、电信、卫生、交通等公共管理部门，通过立项申报、专项倾斜、捆绑专项扶贫资金等多种方式解决问题。为了确保扶贫措施精准到户，她结合扶贫对象的实际，分别将低保五保、医疗救助、残疾人保障、高龄养老、健康教育、生态补偿、退耕还林、技能培训等扶贫责任清单逐一落实到户，分期分批实施。确保出成效。为贫困户付真情、帮真忙，带动贫困户脱贫的目标。

在开展脱贫攻坚的工作的同时，向阳花看到村中患重病的贫困女性常年饱受病痛折磨，整个家庭还背负着大额债务，她心情十分沉重。作为一名妇女干部，她本就是广大妇女的娘家人，暗自决心一定要为她们做些什么。在第一书记的带领下，积极和县妇联、县民政局联系，争取到了一些帮扶资金和物资，看到她们欣慰的笑容，她觉得自己的努力是值得的。

扶贫还要扶志，关键是如何克服贫困妇女"等靠要"的思想。她广泛宣传相关扶贫政策，开展各种活动帮助贫困妇女们树立自强、自信的观念，鼓励她们依靠自己，勤劳致富。经过培训，村中闲散妇女已基本掌握了手工编织等一些自主创业技能。向阳花把编织产品推介到各个手工服务中心进行展销，力争帮助妇女足不出户就能实现灵活就业增收。通过她的努力，贫困妇女们现在真的感觉自己思想上得到提升，心灵上得到净化，能在脱贫的同时做一名自食其力的人。

向阳花有着丰富的基层工作经验，对基层有着深厚的感情，深知农牧民的疾苦，自从担负起脱贫攻坚工作以来，为了完成工作任务，迎接上级考核，她委屈了孩子，怠慢了父母，辛苦了爱人，也忙坏了身子。现在她又患上了心脏病、关节炎等疾病，别人都说她年龄、工龄都这么大，病还这么多，找个清闲的工作等着退休不好吗，干嘛这么辛苦。她却常说："一滴水可以折射出太阳的光辉，一粒沙同样可以凝聚成塔底的基石，我在岗一天就要严格履行自己的职责，在我有生之年能为'脱贫攻坚'这样一个伟大的工作出一份力是我的荣幸，我还要继续努力前行。"

转换角色，坚守一线

——马登盛同志先进事迹

马登盛同志是中国工商银行青海省分行现金中心经理，2018年3月受单位委派，来到果洛藏族自治州玛多县玛查理镇江多村开展驻村扶贫工作。3月的果洛草原寒风凛冽，满目荒芜，望着这片苍茫的大地，马登盛这位年近五十、皮肤黝黑、身材高大的藏族汉子双眼充满着刚毅。这片陌生的土地要比他想象中的更加严酷，但是马登盛不畏严酷的现实条件，努力克服高寒缺氧、生活条件艰苦等困难，始终坚守脱贫攻坚第一线，一以贯之地发扬

党员干部带头模范作用，时刻把牧民群众的冷暖装在心里、扛在肩上、摆在首位，积极践行以人民为中心的发展理念，全心全意将驻村扶贫工作落到实处。两年多的时间里，马登盛同志的脚印遍布在江多村的角角落落，他想群众之所想、急群众之所急，敢担当、有作为，获得了牧民群众的一致好评。

自驻村开展工作以来，马登盛深刻意识到扶贫工作要想攻坚克难取得成绩绝非易事，驻村扶贫干部没有真本事，是啃不下这块硬骨头的，在面对江多村牧民群众时，他暗下决心一定不辜负组织的信任，一定不辜负群众的期望。马登盛在每日繁忙的工作间隙仍不忘理论学习，时刻牢记驻村初心，不忘扶贫使命，全力以赴投身脱贫攻坚工作之中。

马登盛在两年多的驻村帮贫工作中始终怀着满腔热情，秉持"群众利益

无小事"的理念,努力践行初心和使命。他所在的江多村距镇所在地 116 公里,地处偏远,高寒缺氧,气候恶劣,全村 102 户、282 人,建档立卡贫困户达到 57 户、164 人,在贫困人口中特困供养老人、低保老人、重度残疾人等占较大比例,这为脱贫工作带来了较大的难度。该村村民思想保守,文盲半文盲比例较高,除日常的牧业生产外,无其他劳动技能,缺乏内生动力。面对江多村的发展现状,作为一名从事金融工作的藏族干部,他凭借自己懂藏语的特殊优势,入驻以后就与驻村第一书记一道,深入牧户走访了解情况。由于牧户居住分散,加之交通不便,他以"缺氧不缺干劲"的精神,克服高原恶劣的气候条件,逐户了解牧民群众的生产生活情况和需求,先后进村入户达 238 次。在充分掌握本村基本情况后,与村"两委"干部一道共商发展大计,因地制宜提出以发展生态效益型畜牧业为突破口,改变粗放经营和靠天养畜的旧方式,走"党支部+合作社+牧户"的新型发展模式,完成集约化规模经营的试行工作,切实提高畜牧业生产效益,相较之前的旧方式大幅降低了牧民群众的生产成本,增强了抵御各类风险的能力,同时利用省工商银行电商平台优势,牵线搭桥为玛多藏羊系列产品成功进入电商平台提供渠道,树立品牌效应大大提高了玛多藏羊系列产品的知名度,有效实现牧民群众稳定增收的既定目标。

马登盛在工作中紧紧依靠"两委"班子成员,在前任驻村工作队员的基础上,根据新的任务和要求,及时理清工作思路,针对江多村的实际情况,同村干部一道研究帮扶的具体措施。并就该村情况和存在的突出问题向派出单位领导汇报,最大限度地争取领导的关注和支持。近两年来,他积极向省工商银行筹措资金共计 30 万元,用于改善村党团活动室和办公用房的建设;协调筹措资金对江多村美丽乡村建设项目捐赠 15 万元;筹措十余万元资金代缴三年江多村 57 户建档立卡贫困户 120 余人的参合金和养老金;协调省工商银行投入 29 万元用于扶贫产业园区建设,为江多村 57 户建档立卡贫困户入股分红,每户收益 6000 余元;将原本居住在离县城 100 公里山区内的 57 户贫困户易地搬迁,搬迁后牧民群众住上了宽敞明亮的房屋,离县城近了,就医上学也方便了,水电入户改善了居住条件,搬迁后牧民群众的生活质量得到了大幅改善。

马登盛在江多村工作期间,时刻把牧民群众当作自己的亲人看待。2018

年 12 月江多村牧民依则因病卧床不起，本就不宽裕的家庭更是举步维艰，当得知这一消息后，马登盛立即联系联点领导才端，一同驱车 100 多公里赶到依则家中，马登盛带去了面、油等生活用品还将自己的 500 元现金塞到依则怀中，叮嘱依则安心治病，之后马登盛积极联系社保部门，帮助依则报销医疗费用。2019 年江多村牧民格日措突发恶疾，需及时送至西宁进行治疗，格日措家属送其至青大附院时，却因床位紧张未能及时收治，人生地不熟加上语言不通畅，这情况让格日措的家属急得团团转。格日措的家属忽然想到了驻村干部，就抱着试一试的心态给马登盛打了电话，听着电话里略带哭腔的声音，马登盛心急如焚，以最快的速度从玛多赶到了西宁，格日措的家属看到风尘仆仆赶来的马登盛时心里的石头终于放下了。最终，马登盛经过多方联系，格日措得到了及时的治疗。

马登盛同志牢记初心，始终将脱贫攻坚任务放在第一位，他不负组织和群众的信任，以扎实的工作作风在江多村这片热土上不断发光发热。他深入扶贫一线，常驻群众身边，耐心细致完成各项工作，把坚定的理想信念化为为群众办实事谋幸福的强大动力，为江多村的脱贫攻坚做出了自己的贡献。

退伍不褪色，为民谋脱贫

——多杰才让同志先进事迹

多杰才让，男，藏族，退伍军人。2018年3月由青海省交通厅委派至果洛藏族自治州甘德县下藏科乡江千村担任扶贫驻村干部。身为一名退伍军人，自担任扶贫干部以来，多杰才让同志继续发扬"退伍不褪色"的精神，坚决贯彻落实党的路线方针政策，紧紧围绕县委组织部和县扶贫局工作要求，严格执行下藏科乡党委、政府的工作安排，圆满完成了各项工作任务，为江千村的经济发展做出了应有的贡献。

在工作中，多杰才让同志充分发挥少数民族干部优势，经常深入基层、深入牧户，积极宣传精准扶贫相关政策。"作为一名退伍军人，干任何工作都要守初心、担使命，无论是在战争年代还是在和平时期，无论是在气候恶劣的高原地区，还是在人迹罕至的荒漠沙丘，必须得要有一腔热血，随时为困难挺身而出。从事扶贫工作，肩负的责任是重大的，是人生中难得的考验和磨炼。"多杰才让同志在工作中经常将父亲说的话铭记在心。

多杰才让所在的江千村位于高海拔地区，交通不便，牧民群众文化水平低，基本上都是文盲半文盲，有些人一辈子都没有走出过出生的地方，祖祖辈辈都以放牧为生，思想保守，扶贫工作开展有很大困难。自驻村工作开展以来，按照要想富先修路为主题，多杰才让积极协调各方给江千村尼干沟铺了19公里的水泥硬化路，协隆沟铺了20公里的砂石路，马赛沟和窝托龙瓦等地在原有马路基础上加宽路面，切实解决了当地牧民群众的出行难问题。因当地牧民群众文化水平低、思想落后，缺乏出门创业致富的思路和意识，每次走访入户时，他都会积极宣传党的惠民政策，进行思想教育工作。经过多次入户调查走访，牧民群众渐渐认可了他的工作，从很大程度上改变了牧民的思想观念。

2019 年 8 月，当得知贫困户赞格多旬家的大女儿赞萨普瓦吉考上了柴达木职业技术学院，由于没有出过远门，害怕把女儿送上大学时，多杰才让及时给赞格多旬一家做思想工作，告知文化对他家的重要性，最后夫妻俩终于同意送女儿上学。到目前为止，江千村在外开汽车维修店、洗车店、饭馆、商铺及买卖虫草和到外地当服务员的渐渐多了起来，广大牧民群众的生活条件也越来越好了。

2018 年 4 月，村支部书记卓玛杰给多杰才让打电话说窝托龙哇牙卡山沟里水流量比较大，对当地的群众生活造成了很大的影响，得知情况后多杰才让立即向第一书记汇报，联系村"两委"到窝托龙哇牙卡查看情况，实地查看后，抓紧与省公路局协调，解决了江千村通村公路小桥一座，项目预计投资需 44.41 万元。2019 年 4 月，家住尼干沟的小队长多旦给多杰才让打电话说尼干沟有一段路路基正在因洪水冲击，快要塌了，得知情况后多杰才让第一时间跟第一书记汇报，并联系乡政府赶往尼干沟，联系县交通局妥善解决了此事。

多杰才让根据贫困户致困原因和帮扶需求逐户制定出扶贫规划和脱贫计划，使建档立卡贫困户产业发展工作与各项扶贫政策相衔接，扶贫措施与贫困现状相对应，做到村委有规划，村民有产业，发展壮大目前的产业项目，规划完善后续产业发展方向，以实现江千村产业发展持续增收。截至目前，建设完成生态畜牧业合作社，发展了饲草基地。

他积极协助第一书记继续依托行业优势，于 2017 年 5 月，贫困户子女安排到高管局收费站一线上，将贫困户家中初中以上学历待业青年进行筛选，符合条件的通过省公路局向省高管局推荐录用，解决贫困户子女的就业问题，增加收入来源。

他认真贯彻落实习近平总书记"扎扎实实推进脱贫攻坚"的重要指示精神，深入实施"八个一批"脱贫攻坚行动计划和"十个行业"扶贫专项方案，江千村已于 2018 年实现整村脱贫。

总结这两年来的扶贫工作，多杰才让说："更加努力做好扶贫工作，发挥自己民族扶贫干部的特长，不断鞭策自己，以勤奋务实、开拓进取的工作态度，把党中央的扶贫政策宣传到每一户每一人，为青海省脱贫攻坚工作、经济建设和发展贡献自己的微薄之力。"

心系百姓忧，身行百姓事

——公保东知同志先进事迹

公保东知，男，藏族，1988年生，2018年4月受达日县人民检察院委派，到果洛藏族自治州达日县窝赛乡直却村担任驻村干部。

公保东知同志作为扶贫战线的一名基层工作者，全面贯彻落实上级攻坚行动，深入学习领会省、州、县精准扶贫精准脱贫方案，兢兢业业、尽职尽责、吃苦耐劳、任劳任怨，通过自身不断学习，扎实努力工作，窝赛乡直却村精准扶贫精准脱贫工作取得了显著成效。公保东知着重从入户摸排调查、扶贫政策宣讲入手，一手抓村一级基层党支部堡垒建设，另一手抓脱贫双帮工作，通过近三年的努力，公保东知取得的成绩窝赛乡老百姓看在眼里，乐在心里。2019年度他在达日县全县精准扶贫专项考核中，获得全乡扶贫工作专项考核"优秀驻村干部"。

驻村干部扶贫工作政策性强，有大量的业务工作，需要自身业务素质过硬，对他来说，不断学习和领会国家惠民政策，能够独当一面，才能更好地指导和谋划整村扶贫推进工作，更好地服务群众。本着"扶贫先扶志，治穷先治愚"的出发点，在公保东知驻村工作期间加大宣传引导，通过宣传标语、入户宣传、"一对一"帮教和政策培训会、村"两委"班子讲党课等活动，大力宣讲党的扶贫政策，让广大村民了解脱贫攻坚"是什么，为什么，做什么"，树立艰苦奋斗脱贫的自信。通过开展"不等不靠、艰苦奋斗""精准扶贫不是养懒人"等思想培训会，不断转变牧民群众"等靠要"的思想，积极迈出第一步，不断增强贫困群众脱贫致富的信心，坚持做到物质脱贫和精神脱贫"齐步走"，促进广大群众积极参与到脱贫攻坚工作中来。

自驻村以来，直却村每一寸土地都留下了他的足迹，通过深入调查研究，掌握了第一手资料。他对贫困户多次进行走访，对每个家庭的经济现状、房屋状况、群众脱贫愿望和扶贫开发规划认真细致地调查摸底，归纳每户贫困户存在的问题，分析问题根结，研究脱贫方案，制定出了《直却村贫困家庭脱贫规划》，科学合理地绘制了直却村脱贫攻坚蓝图，为直却村的脱贫攻坚工作打下了坚实的基础。直却村"两委"班子中仅有 2 名党员，"两委"班子不健全，党组织带头作用不强，党员队伍中老年人占比较大、懂双语的年轻党员较少。针对以上问题，公保东知同志通过走访了解、党员推荐、自我申请，于 2019 年 5 月召开党员大会确定 2 名入党积极分子，加强了村"两委"班子和党员队伍建设，培养了一支高质量的懂双语的青年党员干部队伍。在加强村两委班子建设的同时，不断推进党员队伍的规范化建设，详细了解和掌握党员的基本情况，通过走访、了解党员家庭基本情况，全面开展面对面谈心谈话，主动把握党员的思想动态，建立党员个人档案，对每个党员进行定期思想交流，促进党员在实践中学习，在学习中不断完善自我。党组织建设的加强，在脱贫攻坚中发挥了积极的表率作用。

公保东知充分发挥达日县人民检察院党支部青年委员作用，多次联系检察院党支部赴直却村党支部开展双帮工作。尤其 2020 年是决胜全面小康、决战脱贫攻坚的收官之年。在新冠心肺炎疫情防控持续向好、生产生活秩序加快恢复的阶段，坚决克服疫情困难，继续抓好脱贫攻坚结对帮扶工作，进一步巩固脱贫攻坚成效，帮助贫困户摆脱贫困，过上幸福美满好日子。及时了解他们驻村工作中存在的实际困难，全力做好帮扶的工作。

公保东知驻村工作以来，直却村每一户贫困户的生活疾苦都牵挂着他的心，大到高龄老人，小到幼儿园学生，他真正做到急群众所急，想群众所想，切实把群众的疾苦放在心上，把群众的事当成自己的事。作为一名共产党员，他访贫问苦、平易近人、真心为民，以饱满的工作热情、务实的工作作风受到直却群众的充分认可。

夯实扶贫路，做好脱贫功

—— 本太同志先进事迹

本太，男，1982 年生，中共党员 ,2009 年 12 月参加工作。自 2015 年 10 月开展精准扶贫工作以来，作为黄南藏族自治州尖扎县坎布拉镇扶贫分管领导，他深知脱贫攻坚任务十分艰巨，因此在工作过程中积极践行"立足岗位做贡献，争做合格党员"的要求，四年间"5＋2""白＋黑"夜以继日地忘我工作，以高度的责任感和使命感严格落实各类精准扶贫政策，确保全镇贫困户实现稳定脱贫。

坎布拉镇位于尖扎县西北部，由原直岗拉卡乡、坎布拉乡合并而成。全镇总人口 4527 户 11561 人，其中农村人口 2551 户、9475 人，辖 12 个行政村，贫困户 377 户，贫困人口 1331 人占全镇总数的 14%。

随着脱贫攻坚进入决胜阶段，越来越多的惠民政策涌入基层，如何让这些措施落地生根，使脱贫户稳定脱贫增收，扶贫干部任重道远。作为一名扶贫干部，他深知工作责任重大，自身一定要准确了解扶贫政策才能更好地将扶贫政策讲给百姓听。为了熟练掌握政策，他积极参加州县举办的学习培训和扶贫会议，认真做好学习笔记，私底下不断翻阅有关精准扶贫的书籍和资料，对各项政策做到了然于胸。如何让群众更好地领悟扶贫政策的精神，让扶贫政策掷地有声，宣传语言的运用显得极其重要，用通俗易懂的语言将政策讲给百姓听，才是宣传的目的。"五看六不准""八个一批""530 贷款"等政策用词，群众理解存在一定的困难，他主动将专业词汇"翻译"成群众语言，进村入户宣讲精准扶贫政策，让贫困群众了解政策、掌握精神，打通政策落实的"最后一公里"。同时，依托党建阵地，强化宣传引导，多次召开培训会，耐心教育广大党员群众如何正确认识精准扶贫，疏通群众对扶贫工作的误解和不理解，灌输扶贫不养懒汉、扶贫不是光发钱的理念，充分发挥他们的积极性和能动性，创造了"户户争脱贫"的良好氛围。

为确保全镇贫困人口如期全部顺利脱贫，他作为扶贫分管干部一直主张要根据各户实际情况，访贫因、挖穷根，因户精准施策，在帮扶规划上充分尊重贫困户意愿，不搞千篇一律。他时常协同十二个行政村的第一书记及驻村干部为每一户贫困户建立起扶贫台账，记录帮扶措施和落实情况，让群众认可、做到心中有数，让群众看到扶贫不是走过场，增强他们脱贫致富的信心和决心。同时，作为上李家村驻村工作队队员，他走家串户详细了解贫困户家庭基本情况，帮助他们分析致贫原因，指导选择产业发展项目，严格跟踪后期产业运营情况，及时解决产业发展中存在的困难，如上李家村发展养殖业的贫困户在养殖过程中发生疫情，他通过协调县兽医站相关工作人员及时到农户家中进行检疫，同时组织全镇发展养殖业的贫困户召开疫病防控指导培训会，极大地减轻了牛羊疫情，提高了贫困户产业收入。

精准扶贫，关键在于"精准"。为做到识别精准、信息数据精准，本太同志作为镇扶贫分管兼上李家村驻村干部，每天的工作量不言而喻，但他在本职工作中踏踏实实、勤勤恳恳，不论天晴下雨，坚持深入群众走访调研，了解贫困户基本情况，宣传政策。在精准扶贫国办系统基础信息录入期间，更是连续几日通宵达旦地工作，确保信息录入准确无误。精准识别"回头看"期间，他连续一个半月通宵达旦，有时候一天接打电话达百次以上。建立微信管理群，每日下发工作要求，时时走村入户走访、解答问题。

本太认真履行职责，踏实做好本职工作。当出现难解的问题时，他会马上联系县扶贫局求解，并向其他乡镇的干部虚心求教，取长补短，共同进步。工作中本太充分发挥上下衔接的桥梁纽带作用，紧盯贫困户住房、上学、就医、技能培训、增收致富等方面发展需求及最迫切需要解决的问题，及时向镇党委、政府和帮扶单位反馈相关情况，协助解决贫困户需求和困难。充分利用各类资源，上下沟通、多方联系，为贫困村寻找发展机遇、破解发展难题。

自工作以来，本太一直保持着高度的责任心。舍小家顾大家，母亲生病住院也没有告诉本太，就是为了让他安心工作。有一次省级扶贫验收时，他突发胰腺炎，疼得根本直不起腰，但为了不影响验收工作，仍然坚持到两个村陪同验收，直到下午全部验收完毕，才到医院治疗。

本太是镇上的扶贫分管领导也是驻村干部，村里的老百姓亲切地称呼他为"小本"，贫困户出现困难他总是及时到户解决，视贫困户视他如亲人。

四年来的每一个"百日攻坚战"，本太从不抱怨，总是以积极乐观的心态化解矛盾，调节紧张的工作气氛。在这条脱贫攻坚路上的1000多个日夜，他在思想上、工作上都日渐成熟，收获了很多，学会了沟通协调，看着电脑存放的千张表格材料和下村入户的照片，本太深感自豪，他用真心换来了领导和同事们的赞许，以及村里老百姓的肯定。

解放思想，实事求是

——加羊周华同志先进事迹

加羊周华，男，藏族，1990 年生，是黄南藏族自治州同仁市隆务镇人民政府的一名干部，2018 年，他被选派到隆务镇措玉村担任扶贫（驻村）工作队员。他到措玉村后，很快进入了角色，把自己当作一名"村里人"，放下架子、俯下身子、情系群众、踏实干事。工作中紧紧围绕精准脱贫这一中心，牢记责任和使命，在全面摸排掌握村情的基础上，积极和其他队员、村"两委"协同作战，共抓村集体经济发展，以帮助贫困户脱贫致富为抓手，积极投身到扶贫工作当中，为帮助村民们脱贫致富而努力奔走，在措玉村各项工作中赢得了群众的认可和镇党委政府的一致好评。这两年多来，他凭着强烈的事业心和工作责任感，怀着对贫困群众的一片赤诚，兢兢业业、默默奉献，在 2019 年底被评为县级"优秀扶贫工作队员"。

措玉村是一个纯藏族的小山村，村人口有 72 户 334 人，贫困人口 19 户 75 人（动态调整后），是个观念较为落后，小农经济意识强，市场意识淡薄，"等靠要"思想较为严重的贫困村。加羊周华同志到任后，克服困难，走访老党员、致富能手和贫困户，深入了解党员群众的意见建议，钻研学习关于脱贫攻坚工作的相关政策和文件，查阅扶贫工作队工作档案，掌握工作开展情况。除此之外，他还虚心向前任工作队员学习请教，交流工作心得、分析问题所在，认真揣摩做好扶贫工作队员的经验和技巧，为日后顺利开展扶贫工作提供了知识储备。在措玉村群众的倾诉中深深感到自己肩上的重任，他暗下决心，定要竭尽全力帮助贫困群众摆脱困境。

针对措玉村贫困状况，他时刻学习省、州、县扶贫政策及有关文件，熟悉扶贫精神，他深知只有用足用好党和政府的各项惠民政策，才能使措玉村贫困现状得到改观，也为实现全村长期稳定脱贫提供可靠保障。为此，他利用空闲时间，学习习近平新时代中国特色社会主义思想、乡村振兴战略，在日常工作中结合入户走访，宣传关于脱贫攻坚各项方针政策、决策部署、工作措施等，不断提高村民对党的政策的知晓度，让他们对今后生活充满信心。在鼓励贫困劳动力就近择业的同时联系当地企业，鼓励年轻人到当地餐饮及服务行业务工，通过不断地宣传教育和扎实的工作，解决了全村 20 名群众的就业难题，促进了家庭经济收入，有效激发了贫困群众摆脱贫困的内生动力。他还经常深入产业发展户家中，督促产业发展状况，指导产业户科学规范开展生产经营活动，同时让产业户与村委会签订《产业发展承诺书》，既确保了产业良性发展，又确保扶贫资金安全。在日常工作中他每月都会走访低保兜底户，了解他们的生活状况，询问他们遇到的突出困难，并积极向有关行业部门寻求解决办法。通过积极努力，全村 14 户产业发展户产业有了明显起色，年收入最高达到 6 万余元，最低达到 8000 余元。

结合村集体经济现状，积极为全村发展下苦功，通过努力，在 2018 年底，村集体产业商铺成功对外出租，实现收益 4 万元；乡村旅游扶贫项目成功向当地企业承包，签订为期 20 年的协议，实现了 7 万元收益；山泉水开发项目实现分红 4.5 万元，全村当年收益共计 15.5 万元，2019 年初，向全村分红，使措玉村既实现群众增收，又实现村集体经济"破零"。2019 年底，在全体工作人员的积极努力下，得到了武警黄南支队的大力帮扶，特别是为藏家乐旅游扶贫项目出资，这对措玉村未来发展树立了很大的信心。通过种种努力，措玉村群众和企业实现合作共赢，开拓了脱贫攻坚新路子，拓宽了贫困人口群众的收入来源。

加羊周华同志在平时的工作中，认真履行职责，他始终与镇党委政府保持一致，服从镇党委政府的工作安排。在办公室他是一名干部，在进村入户过程中他是一位村民，他大到解决全村经济发展，小到解决贫困户家中发生琐碎事情，事无巨细，能自己解决的自己解决，自己解决不了的他第一时间向领导汇报，积极争取帮助为村民排忧解难。同时，加强宣传生态环境保护相关知识，提升村民的环保意识，在他的努力和公益性岗位人员的大力支持下，2018年，措玉村被县委县政府评为环境卫生先进集体。

驻村两年多以来，加羊周华风雨无阻地用脚步丈量着民情，用真心服务换取着民心。在他良好的工作作风，务实的工作态度的带动和感染下，措玉村正在向富强、民主、团结、和谐、文明、友爱的新时代发展。

不辱使命，踏实驻村

——多杰才旦同志先进事迹

多杰才旦，男，藏族，中共党员，本科学历，青海同仁人，2007年10月参加工作，2007年10月至2013年11月曾在泽库县公安局担任协警员；2013年11月至2015年4月担任黄南藏族自治州泽库县西卜沙乡农牧业技术服务站干部；2015年4月至2017年9月担任泽库县泽曲镇农牧业技术服务站干部；2017年9月至今担任泽库县西卜沙乡农牧业技术服务站干部。2017年由于在精准扶贫工作表现突出，通过乡党委会议，任命为泽库县西卜沙乡精准扶贫办公室主任，全力推进全乡精准脱贫工作任务。

自精准扶贫工作开展以来，多杰才旦积极与乡党委联系，在村"两委"干部的带领下，他很快便进入角色，投入工作，深入牧户家进行调查摸底，采取走访、查看资料、召开座谈会等形式，迅速掌握了团结村基本情况。团结村位于泽库县西卜沙乡西南部，平均海拔3700米，距县城25公里，是全县贫困村之一，发展滞后。多杰才旦进驻团结村以来，认真细致地进村入户开展调查，曾多次与村"两委"干部召开座谈会，组织村"两委"成员每月召开一次工作会议，研究精准扶贫、产业发展、交通建设、人畜饮水等工作。另外还多次深入贫困户家中与群众倾心交谈，从中了解分析贫困户致贫原因，做到边调查研究，边宣传精准扶贫政策，边思考帮扶措施，产业发展，做到帮扶对象精准化，为全乡整体脱贫摸清底子。

几年来，多杰才旦身兼数职，始终为群众解忧，为团结村求发展。他首先熟悉掌握扶贫相关政策，根据各家各户情况制作详细表格，从贫困户补贴、致贫原因、生产生活状况、子女上学情况、劳力分布情况到收入情况都做了详细登记，可以说一表在手，事半功倍。他通过不断走访、不断总结思考，为乡党委、政府建言献策，为上级决策部署提供了依据和参考，为西卜沙乡基础设施建设、产业扶贫工作的全面开展和顺利推动打下了坚实的基础。2016年团结村到户产业资金138.24万元，2017年底自然增加27人，增加到户资金17.28万元，总额为155.52万元；根据群众意愿，已将全部到户产业资金投资到泽库县商业步行街建设项目。村集体经济不断壮大。通过召开村民大会并征求群众意见后，根据贫困群众意愿，实施项目地点位于黄南州同仁县鑫成国际广场，项目总投资60万元，财政扶贫资金60万元。购买商铺共3间，通过驻村扶贫工作组帮扶和产业项目扶贫的实施，使团结村的牧民特别是建档立卡贫困户稳步增收。面对繁重的工作任务，他丝毫没有退缩，而是冷静思考，想定对策，沉重应对。发扬不怕苦、不怕累的本色，变压力为动力，一心扎在工作上，经常是"5+2""白＋黑"。工作几乎达到了忘我的程度，是同事皆知的"工作狂"，年龄已不小，却一直顾不上考虑自己的家庭问题，他总是淡定地说："2020年全面完成脱贫攻坚任务，这是习近平总书记立下的'军令状'。个人问题可以往后放放啊！"为了完成录入新识别建档立卡贫困户数据和修改国办系统错误信息的任务，好多次他在电脑前面一坐就是几天几夜，累到精神恍惚，眼睛肿得像桃子，同事都误会他，以为他发生了什么伤心事，眼睛都哭红了，主动上来关心安慰他，有一次乡领导也把他叫到办公室"做思想疏导工作"，一经了解，才知他因忙于工作而已经三天三夜没有合眼，那个拼劲，无不让在场的领导和同事为之动容。领导和同事更多的是担心他把身体累垮了，劝他多休息，但他总是苦活累活自己扛，把休息时间留给同事。这样持之以恒地努力下，团结村的扶贫工作收到了显著成效。

团结村党支部书记红伟，以前是村里有名的"放羊娃"，精准扶贫工作开展以来，通过多杰才旦耐心地教育和帮助，如今红伟带领群众一道，使全乡从传统放牧转变为标准化专业养殖，从传统生活方式到科学喂养，让红伟从一个"放羊娃"成了村里致富的"领头羊"。

经过几年的精心养殖，2019 年出栏 400 多头牛以及畜产品销售等净获利 112 余万元，每户分红 1850 元。红伟经常感慨道："如果没有党的好政策，我现在一定还在困苦中挣扎，我现在的生活都靠多杰才旦的引导。"他还说："只有共同富裕，才算是真正的富裕""只有跟党走，才能生活幸福""感谢干部，感谢多杰！"

11 年的基层工作实践，多杰才旦同志始终以一个共产党员的标准来要求自己，以务实的工作作风和认真负责的工作态度努力开创工作新局面。截至目前，全乡 252 户贫困户 1051 人已全部脱贫。正是在党的政策引领下，在像多杰才旦同志一样为人正直、作风扎实、能力突出的同志们的共同努力下，上下联动谋发展，才能够全力推动西卜沙乡精准扶贫工作扎实开展，打赢脱贫攻坚战。

乡村干部

创新工作手段，助力脱贫攻坚

——马军同志先进事迹

马军，男，回族，1973 年生，中共党员，1997 年 8 月参加工作，2016 年 7 月起担任西宁市大通县桦林乡人民政府副乡长。

自 2016 年分管脱贫攻坚工作以来，他刻苦钻研精准扶贫政策，深刻领会精神实质，并根据贫困村、贫困户的基本情况，分别制定适合全乡各村的脱贫计划，有针对性地开展精准扶贫工作；同时深入各村逐村开展调查研究，对各村情况分别进行摸排，力求掌握第一手资料，逐一找出制约发展的短板，在帮扶措施上因村因户而异，精准施策，对症下药。通过逐村摸排，全乡基本情况、经济发展、贫困状况、脱贫愿望等情况已了如指掌，对全乡 440 户、1626 名贫困人口，按不同层次、不同致贫原因进行归类，列出需求清单，制定帮扶计划和年度实施计划，指导各村开展精准扶贫工作。

为了打赢精准扶贫攻坚战，他在精准扶贫工作中充分发挥参谋作用，全力协助乡党委、乡政府落实省市县精准扶贫、精准脱贫政策，分村、分户列出具体项目需求清单，将扶贫政策落到实处。

在项目落实上保质保量。近 4 年来积极协调县交通局实施峡口等村庄道路拓宽及断头路的建设项目；顺利完成贲哇沟村等村级文化活动广场；吕顺等 14 个村级标准化规范化卫生室项目；协调联点单位争取到了 1368.75 万元在鄂博沟村修建规模化养殖场；创建了"共同投入资金，共同管理经营，共同分配收益"的农村集体经济发展模式。截至目前，3个贫困村共分红24.9万元。2015年底，全乡识别确定6个贫困村，8个非贫困村。2016年以来累计6个贫困村退出，440户、1626人实现脱贫。

马军带头积极学习中央、省、市、县精准扶贫精准脱贫政策性文件，通过及时与县扶贫局沟通交流，确保乡村干部理解掌握的政策准确无误。利用工作间隙，组织乡扶贫办人员学习中央、省市县各级扶贫政策文件和会议精神，力争不遗漏任何细节，做好知识储备，夯实理论基础。充分发挥"智囊"作用，积极建言献策，按照省、市、县精准扶贫政策方案，制定印发了《桦林乡精准扶贫精准脱贫规划（2016—2018）》《桦林乡打赢脱贫攻坚战巩固脱贫成效实施方案》《桦林乡脱贫攻坚补针点睛方案》《桦林乡脱贫攻坚作战一线工作方案》及年度工作计划等，将精准扶贫、精准脱贫的工作目标和具体任务，分配到全乡各村。确立了以乡党政主要领导负全责，各村扶贫第一书记为第一责任人的责任体系，进一步明确了工作任务，落实了工作责任，有效地解决了乡村两级扶贫干部的疑惑，提高了工作效率和工作质量，使全乡精准扶贫精准脱贫工作得以良好开展。由于马军的敬业奉献、扎实工作，桦林乡各村基础设施建设、"双帮"、贫困人口动态调整、贫困人口技能培训、劳动力转移、问题整改、集体经济项目的落实等工作成效显著，得到乡村干部和群众的肯定。

自分管全乡扶贫工作4年以来，马军一心做好本职工作，常常废寝忘食、夜以继日扑在工作上。朋友说他疯、同事嫌他傻，他知道精准扶贫工作大于天，心里的委屈只有自己往肚子里咽。然而正是他的"傻"和"疯"换来的是全乡扶贫工作的高效率和高质量，也换来了同事和领导们的赞许肯定，更换来了贫困户对他的认可和赞誉。在具体工作中，他悉心指导乡村两级干部填写"两册一卡"及政策宣传工作，积极争当基层一线脱贫攻坚工作的排头兵，努力做到了精准扶贫精准脱贫工作"两个百分之百"，即工作时间节点百分之百的准时，脱贫攻坚工作任务重、时间紧，县乡每项工作任务下达后，都能严把时间节点，制订工作推进时间节点进度表，并根据进展情况适时进行梳理总结，及时谋划好下一步计划，确保各项工作落实在时间节点上精确；工作任务落实百分之百的高效，严格按照工作任务要求，明晰思路、统筹谋划、有序开展，力求各项工作内容的落实做到高标准、高质量、高效率。逐户了解情况，做到心中有数、调研走访不漏一户。

建档立卡动态调整和信息采集录入工作中，马军通过认真研究操作数据采集系统来查找工作中有可能出现的问题，通过"一天两会、一培训一审核"的高强度集中指导，全乡建档立卡动态调整和信息录入工作始终走在全县前列，高质量率先完成大数据信息平台建设工作，使全乡信息平台建设精准率达到百分之百，致贫原因、帮扶措施和脱贫指标实现紧密衔接。他创建的脱贫攻坚村级电子档案（二维码扫描）工作，得到了省、市、县各级领导的好评，不仅给大家带来了方便，而且使这项工作公开透明，这也是全市首创。他还不定期组织扶贫办人员对全乡 440 户贫困户进行随机走访，了解贫困户生产生活的最新动态，为全乡脱贫普查验收工作的顺利开展打下了坚实基础。在他的不懈努力和精心指导下，桦林乡精准扶贫精准脱贫工作取得了良好的成效，既拉近了干群关系，提高了困难群众扶贫政策知晓率，又受到单位和上级领导的普遍认可。

马军作为一名党员领导干部，他始终坚信，脚踏实地去做好脱贫攻坚的每一件事，为各村和贫困户做好自己应做的工作，是对自己无悔青春的最好诠释。

转变思路，自力更生

——祁如信同志先进事迹

祁如信，现任共和镇葱湾村村委会主任。他是一个普通到不能再普通的基层党员干部，消瘦的身影搭着一身肥大的衣服，一双有点破旧的旧皮鞋，走路打着摆，一副中年农民的样子，但却难掩身上的精神劲儿。说起他，村里群众都会赞一句"这实话是个好'村长'啊！"

以前的葱湾村产业发展滞后、基础设施薄弱、村庄环境"脏乱差"。长期以来的矛盾纠纷使得村内人心涣散，集体观念淡薄，村民甚至为一袋救济面争得面红耳赤。

针对村里长期遗留的草山纠纷问题，祁如信先后召开党员会、群众会，面对面谈问题、一对一讲政策，引导他们树立依靠自己勤劳致富的理念，放弃争夺草山的想法。经过不懈努力，所有矛盾都在村里得到化解。

针对党员作用不明显、村级组织作用发挥不好等突出问题，带领村"两委"从抓党建入手，以往"软弱涣散"的党支部转变为全镇先进党支部，连续三年在全镇综合排序中名列前茅，群众迎来了一个坚强有力、充满活力的"两委"好班子，葱湾村从一个产业发展滞后、信访矛盾多发的后进村，转变成了班子坚强有力、产业发展兴旺、团结致富奔小康的先进村。

"他这个人，脑瓜子灵，是个老牌大学生。认准的事绝不三心二意，干起活来白天黑夜不休息，没法按点吃饭，结果得了萎缩性胃炎，瘦得就剩皮包骨头了，虽说当干部时间不长，却是个十足的'老黄牛'。"共和镇党委书记莫彧功说道。

从 2017 年 6 月开始，祁如信全身心投入到葱湾村的乡村建设中。那段时间，他每天起早贪黑，组织党员群众开会定方案、搞动员；带着施工队勘现场、挖地基；守着工地催进度、验质量。功夫不负有心人，葱湾村被评为 2017 年"高原美丽乡村"，村庄基础设施建设大幅改观、村容村貌得到显著改善。

村里要发展，群众要增收。发展什么，如何致富？祁如信和其他村"两委"班子成员坐在一起，讨论一个个方案、否决一个个方案。最终提出了"生态葱湾、山水共和"的发展思路，制定了"两翼齐飞"的发展计划，一方面做大露地蔬菜产业，另一方面发展乡村旅游。在他们的努力下，葱湾村组建了专业合作社，正在为该村大葱注册"葱湾"商标。全村露地蔬菜种植面积达 1200 亩，实现蔬菜产值 520 万元。通过招商引资，2017 年积极引进青海立婷旅游开发有限公司投资 300 万元开发"盘道花田"乡村旅游项目。2018 年又争取政府旅游专项发展资金 300 万元，通过"支部＋公司＋农户"模式升级乡村旅游。建设之初，祁如信挨家挨户做村民的思想工作，动员村民将撂荒的土地流转出去，鼓励村民到花田务工增加收入，帮助有条件的农户将住宅改造为民俗农家院。葱湾村"盘道花田"建设以来，本村村民务工收入达到 130 余万元，村民土地流转收益 6.5 万元，同时带动 60 余户村民从事餐饮、食品销售等经营服务。2019 年接待游客超 20 万人次，实现村集体收入 18 万元。

"仅凭扶贫工作队和村'两委'班子的思维和眼界来推动我们村的发展是远远不够的，我们需要有更多有才能的人参与其中，让这些人才成为咱们葱湾的带头人！"祁如信一直希望可以借助社会资源来助推村庄发展，一个偶然的机会，祁如信在与"搅沫沫"社区负责人闲谈时提到可以招募社会上有才干的人来葱湾当短期"村长"，为葱湾村发展献策出力。当晚他就和党支部书记一起召集村"两委"研讨"轮值村长"工作细则，随后面向社会公开招募"轮值村长"，向社会贤达、成功人士借智借力。现任"轮值村长"青海卓辰农业发展有限公司董事长刘云云与葱湾村研究实验羊肚菌露天种植项目获得成功，企业承诺包技术指导、包产品销售，为葱湾村集体经济发展增添了后劲，成为葱湾村扶贫工作的新亮点。

如今的葱湾村各项工作都已经走上了正轨，走在了前列，葱湾村扶贫励志爱心超市也以良好的运作流程和运作规范成为共和镇乃至全县励志爱心超市模范示范点。

"这个月我女儿摆满月酒，我本想大办一场酒宴。祁村长知道后，就给我反复做思想工作，让我喜事简办。我听了他的意见，没想到爱心超市还给我送了50点积分，并在公告栏上通报表彰了我！"葱湾村村民祁得仁开心地说。励志爱心超市将积分机制与村级事务紧密联系起来，只要是有益于改善村庄环境、改善群众生活、破除陈规陋习的，都将获得积分奖励。励志爱心超市通过"送"变"奖"的方式，以"爱心小商品"激励"自强大决心"。

励志爱心超市运行，很好地将"扶贫"与"扶志"结合起来。现在的葱湾村，好逸恶劳、封建迷信、婚丧大办等不良习气得到根本性扭转，贫困群众实现了从"要我脱贫"到"我要脱贫"的巨大转变。"人民对美好生活的向往"已经成为驱动全镇群众自力更生、勤劳致富的最强动力。持续好转的乡风民风、有效提振的精神面貌，为实施乡村振兴战略打下了坚实基础。

祁如信作为村委会主任，不仅化解了村里长期遗留的纠纷问题，还在村"两委"发展等方面献策出力，他是村里的好干部，更是脱贫攻坚的"排头兵"。

吃水不忘挖井人，致富不忘党的恩

——颜章东同志先进事迹

颜章东，海东市互助土族自治县威远镇卓扎滩村党支部书记。自2015年10月底精准扶贫工作启动以来，村党支部书记颜章东就带领该村群众积极投入到扶贫开发建设当中，圆满完成了精准脱贫各项目标，取得了实实在在的成效。

为了有针对性地做好精准扶贫工作，他经常走村串户，深入各社调查研究，进行了认真、细致的调研摸底，全村每一寸土地都留下了他的足迹，通过深入调查研究，掌握了第一手资料，进一步确立了本村扶贫开发工作思路，找出问题症节，找准致贫原因和制约本村经济发展的主要矛盾，制定出台了《卓扎滩村脱贫攻坚五年行动计划》，科学合理地确定了卓扎滩村扶贫工作的目标、规模、重点。严格按照精准识别要求，严格履行相关程序，客观公正进行评议，全面进行公示，广泛接受群众监督

在深入掌握户情实际的基础上，按照"八个一批"要求，对症下药，因户施策，扎实开展脱贫攻坚工作。一是以产业发展有效支撑脱贫。结合村情和建档立卡户实际，选定八眉猪养殖和中藏药材种植相结合的多元化产业发展模式。养殖项目实施三年多来，16户共实现养殖收入23.8万元，户均增收1.49万元；实现中药材种植收入2.3万元，户均增收0.1万元。争取国际农发项目中藏药种植项目，年底每户分红4261.61元。二是大力解决因病致贫难题。每

年提前动员建档立卡户按时缴纳新型农村合作医疗和养老保险，全村"两险"参保率每年均达到了100%，未出现因贫无力缴纳"两险"现象。2014年担任村党支部书记后，颜章东就开始为重度精神残疾人王怀斌忙前跑后。村民王怀斌身患重病，妻子多年前去世。儿子王有贝于2015年高考后就读于青海省建工建材学校，在镇党委、村"两委"和社会爱心人的帮助下，艰难凑齐学费按期报到入学。危房项目实施后，因家庭困难里面的砌墙和装修等一直没有实施，尤其是冬天，屋内屋外几乎是一个温度。为改善王怀斌家的居住条件，解决他家的实际困难，颜章东同志积极向县财政局汇报，争取资金1.5万元，找来装修工人对王怀斌家的房子进行了粉刷、吊顶和隔断装修，每天实地监督工程质量和工程进度，切实保证了工程质量，按要求完成了全部装修工作，确保了让父子俩温暖过节。同时向镇党委、县民政局汇报衔接，从两个单位争取资金为装修后的新房配置了沙发、茶几、床、窗帘、电视、烤箱，以及床单、被套、枕巾等床上用品和锅碗瓢盆等炊事用具，使得家具和日用品一应俱全，进屋后更显实用、温馨。解决王怀斌家的实际困难后，好多群众对颜章东和工作队说，多亏党的好政策和工作队的帮扶，一个病人都住上了明光闪电的大瓦房。

这一件事让群众对颜章东刮目相看，也让他在村里树立了较高的威信，群众对他的信任感也开始建立。村民王洪庆70多岁，双目失明，瘫痪在床十多年，老伴患脑梗塞一年需要住院治疗七八次，报销药费便成了这个家庭很大的困难。颜章东带领驻村工作队员第一时间到老人家里了解情况，协助老人到县医院给老人报销了医药费，并多次替老人垫支药费。

回想到以前，卓扎滩村以前的硬化路由于大车碾压导致坑洼不平，群众出行十分不便。颜章东同志2014年当选为村党支部书记后，积极向上反映，外出跑项目、筹措资金。一是积极实施村级基础设施建设工程。争取资金350多万元，实施了村内主干道铺油工程。实施了村内田间断头路打通工程，硬化田间道路4.6公里，极大地方便了村民出行。争取项目实施了农村电网扩容改造工程，用电的安全性和有效性进一步提高。二是努力壮大村集体经济。帮助开展了村集体土地流转，增加村集体收入，村级土地租赁年收入达10多万元。在全县率先探索开展了村集体经济股份制改革，成立了村集体经济股份制合作社，将110.5万元资金量化给村民入股合作社，实现了资源变资产，资产变资金，村民变股东。三是大力发展生态旅游。立足得天独厚的生态资源和区位优势，及时成立生态旅游公司，通过村民集资入股发展生态旅游。完成了景区发展整体规划编制、河道治理、鬼谷建设、水上乐园、滑雪场建设等工程，完成投资 940 万元，景区规模初步形成。

村第二届宫灯及冰雪节自开幕以来，实现门票收入 120 多万元。为全村 467 户农户每户免费发放 20 公斤食用盐，使全体村民享受到了生态旅游发展的红利。吸收 9 名建档立卡家庭成员从事景区保洁、保安等工作，较好解决了他们的就业和增收难题。四是开办村幸福院。2016 年，从上级单位争取资金 37 万元，并积极向镇党委、政府汇报衔接，投资近 50 万元，实施了村幸福院老年人休息室装修、凉亭建设、食堂餐厅装修和锅炉安装等工程，幸福院于 2017 年 1 月 1 日正式开院运行，成为全村 65 周岁以上的 90 多名老人院颐养天年的幸福之地。

颜章东从一件件小事入手，不断树立起了自己的良好形象，赢得了贫困户和广大群众的信任和认可，也让卓扎滩村的扶贫工作打开了局面。

搬得出，稳得住

——范承东同志先进事迹

范承东，现任海东市民和回族土族自治县北山乡党委书记。北山乡党委、政府按照民和县委县政府"八个一批"的精准扶贫工作要求，对北山乡实施整乡易地扶贫搬迁，彻底解决全乡群众多年来行路难、吃水难、上学难、就医难、务工难等问题，斩断穷根，开启美好新生活。

易地搬迁战役打响后，范承东同志带领班子成员营造了声势浩大的浓厚搬迁氛围。范承东带领班子成员常常工作到深夜，对全乡 337 户建档立卡贫困户逐一核查户籍底册，劝导贫困户不等不靠不要，用勤劳实现致富梦想。很多老百姓对易地搬迁有很大顾虑，特别是年龄稍大的老人，他们有着深厚的故土难离情绪，舍不得离开祖祖辈辈生活过的家乡，他们担心搬到城里后生活没有保障。范承东带领班子成员利用一个月深入村民院落，召开村民大会，挨家挨户走访了解，给老百姓宣讲政策、对比算账、规划产业、展望未来……慢慢转变老百姓对易地搬迁工作的种种顾虑，接受并积极参与到易地搬迁中。

范承东按照县政府转发的《民和县北山乡七村整体易地扶贫搬迁方案》要求，积极组织人员开展前期摸底调查，严格按照审批程序精准识别易地扶贫搬迁对象。

他坚持优先搬迁建档立卡贫困户，协调安置五保户，再安置非建档立卡户。

搬迁之前，为让无人照料的五保户尽快安顿下来，范承东带领班子成员多次协调县民政局和川口镇医养中心，解决吃、住、看病等一系列问题。多次与县扶贫局、房产局领导协商交流讨论贫困户的搬迁问题，搬迁资金、安置房源、物业服务一个个问题在他反复来回的协调中迎刃而解。

德兴村建档立卡贫困户张连顺常年卧病在床，随身携带氧气袋。两个孩子还年幼，家务活、农活全靠妻子一人支撑，居住多年的房屋也破旧不堪。听了易地搬迁的消息，张连顺一家人都很苦恼，范承东积极联系协调驻德兴村工作组解决了装修房子的费用。住新房，范承东协调张连顺的妻子在安置小区物业公司当起了小区"保洁员"，还被聘为村上的护林员，一家人的生计也算有了着落。海拔低了，心情好了，张连顺的病也好了很多，慢慢能够下床，偶尔来到小区中心小广场晒晒太阳，聊聊家常，红润的脸庞洋溢着幸福的微笑。

司老四也交了1万元自筹款就分到了1套约70平方米的房子，搬迁到了史纳安置区。但居家过日子成了司老四一家人的"头疼病"。范承东是司老四家的帮扶责任人，他和司老四一起商议，帮他们找谋生的出路。司老四的女儿司玲梅曾经在西宁学习了三年的糕点加工，范承东鼓励司老四在小区门口开个蛋糕店。司老四为没有铺面，也没有启动资金而发愁。范承东耐心地解释道："乡党委、政府为了帮助广大贫困户早日脱贫，协调县房产局在安置区街面给全乡7个村廉租提供21间铺面，有经营意愿和经验的贫困户可以向村上申请铺面，还可以申请'530'贷款。"不久后，"玲梅蛋糕店"正式开业了。

搬得出，还要稳得住，搬迁群众的后续产业是易地搬迁工作的重中之重。为此，范承东辗转奔波于大小企业、县直单位、专业合作社，为搬迁群众谋求稳定的后续产业和就业岗位。经协调北山乡8个种植专业合作社及部分种植大户，集中流转土地4000多亩，增加了搬迁群众的收入。协调县房产部门，在安置区为贫困户廉租提供商铺21间，并联系信用社为他们发放"530"扶贫贷款，鼓励扶持自主创业。组织举办招聘会2期，促使200余人与用工单位签订了意向协议。联系单位为搬迁贫困户解决了就业岗位358个，实现了每户安置一个就业岗位的前期目标，保障了搬迁群众后续生活。

范承东同志在脱贫攻坚进程中，时刻体现着一名共产党员的先进本色。相信不久的将来，在范承东同志的带领下，一个美丽、和谐、繁荣的新北山就林立在湟水河畔。

勇于担当奉献，全力打好攻坚战

——韩伟同志先进事迹

韩伟，2015年12月任海东市化隆县扎巴镇党委书记。他扎根农村4年在脱贫攻坚战线上以坚强的党性和务实的工作作风认真履行着一个共产党人的神圣使命。韩伟认真贯彻省、市关于脱贫攻坚工作的一系列安排部署，不断强化帮扶意识、健全工作机制、拓宽帮扶思路、落实帮扶项目、解决脱贫攻坚中的实际困难，为扎巴镇的脱贫攻坚工作做出了积极贡献。

扎巴镇共有38个行政村、6027户、26903人，有汉、回、藏等民族聚居。由于该镇地处浅脑山地带，耕地面积中90%是浅脑山，广种薄收、靠天吃饭，农业抵御自然灾害能力差，发展潜力小。加之，农民受教育程度低，适应市场能力差，发展劳务经济后劲不足，贫困面比较大。2015年12月刚上任镇党委书记，韩伟同志就立志改变该镇群众的生产生活条件。全面启动精准扶贫工作以后，韩伟同志更加明确了自己作为党委书记的重要职责，明确把抓好脱贫攻坚工作作为压倒一切的政治任务来推动落实。他认真钻研精准扶贫政策，深刻领会精神实质，根据贫困村贫困户的基本情况，分别制定适合各村的发展规划，有针对性地开展精准扶贫工作。他深入到贫困村、贫困户家中，召开贫困户座谈交流会，广泛宣讲脱贫政策，全面了解建卡贫困户的家庭情况和致贫原因，逐一细化帮扶措施，量身定制脱贫计划，引导贫困户落实脱贫措施。他层层压紧压实责任，牵头与各村签订目标责任书，将目标任务细化到分管领导、细化到村、细化到责任人、细化到贫困户，列出清单，倒排工期，挂图作战。

在贫困户识别、复核工作中，因为时间紧、任务重，韩伟带头深入各村社农户家中查看房屋、核实收入，把关评议，足迹遍布了全镇38个村，通过比对，原下达的3843个贫困人口中有不符合政策的对象，及时召开群众会公开评议，经过公示群众无异议，清退了不符合政策的对象。

作为镇党委书记，韩伟心里时刻装着群众，尤其是贫困群众。他常说要让最困难的群众优先享受党和政府的温暖。2016年6月的一天，在查看西滩村时，他了解到该村安夫个，老两口常年生病，家中经济来源全靠女儿外出打工，因家庭经济拮据，无力加盖新房，现居住地比较危险。听到这个消息，他立即到安夫个家中看望，鼓励安夫个要保持信心，乐观生活。回到镇上，立即组织镇领导研究如何解决安夫个现实问题，通过商讨、研判，决定将安夫个纳入至代建房对象范围内，并要求西滩村"两委"班子，对安夫个重点照顾。在他的帮助下，安夫个顺利的盖好了新房。韩伟常说，要干好脱贫攻坚扶贫工作，不能让一户贫困户掉队。在扎巴镇，他走访了大部分贫困户，与贫困户拉家常、问原因、鼓斗志、明方向。针对每户贫困户的不同致贫原因，他要求乡镇干部扶贫先扶志，量身定制每户的发展措施，盯紧市场引导群众发展产业。他尽所能的帮助贫困群众，也赢得了群众的好评。

面对扎巴镇基础条件薄弱的现状，韩伟带领党委一班人抢抓扶贫机遇，把项目建设作为促进群众脱贫致富的有力抓手。近几年来，扎巴镇完成了东拉卡、洛乎藏村的新型农村社区搬迁工作，完成了知海买、四哈宁、南滩、曲先昂、挖隆沟等村的美丽乡村建设工作。完成全镇村道建设，完成全镇的安全饮水工程，群众生产生活条件有了极大改善，全镇群众行路难、饮水难等问题得到解决，全面提升了扎巴的交通通行能力，有力地推动了扎巴又好又快的发展。并按照县委、县政府的安排部署，完成了843户、3453人的脱贫任务。

韩伟始终围绕贫困户和贫困村"双七标准"及减贫目标，明措施，确保精准脱贫不离心、不偏向。"授人以鱼不如授之以渔"。他转变"抓扶贫就是给资金"的观念，瞄准致贫根源，更加注重源头治贫，坚持走"造血式""开发式"扶贫的路子，扎实抓好小微园区建设，实现了"输血"与"造血"相结合，从根源上解决长远生计和持续发展。在充分征求贫困户意见的基础上，他创新探索建立了"公司＋农民工＋小车间"，在双格达村和本康沟村等村建成2个生产车间，车间工人中有70余名精准扶贫对象和其他非建档立卡户共同劳动，妥善处理了建档立卡户脱贫、非建档立卡户增收的问题，实现了留守妇女在家门口就能挣钱脱贫的任务。建立了"易地搬迁＋新型农村社区"的扶贫模式，完成了东拉卡、洛乎藏两村55户建档立卡户的扶贫易地搬迁工作。结合村集体破零项目，探索出了"实体经济＋光伏"项目，并已通过县人民政府评审委员会评审。并在全镇播种全膜马铃薯6000亩，发放塑料薄膜3000卷，发放马铃薯种子250吨，实施退耕还林4356亩，动员参加拉面经济"带薪在岗实训"项目151人，种植油用牡丹350亩，韩国辣椒海椒200亩，订单蔬菜300亩，肉牛养殖200余头。

在脱贫攻坚主战场上，韩伟勇于担当、身先士卒、攻坚破难，体现了共产党人的家国情怀，取得了阶段工作实绩，赢得了群众的高度认可。

发挥党员先锋作用，争做群众贴心人

——周统寿同志先进事迹

周统寿是 2014 年 11 月被选举为海西蒙古族藏族自治州德令哈市柯鲁柯镇安康村党支部书记的。上任以来，他迅速进入角色，怀着对群众的一片诚心、爱心和热心，埋头苦干、默默奉献，使群众的生产生活条件得到了极大的改善。特别是自 2015 年精准扶贫工作正式启动以来，他始终心系贫困户，把他们的难题当成自己的难题来解决，千方百计帮助他们增收脱贫。在村上，提起村支部书记周统寿，群众都会竖起大拇指，称他是群众的贴心人。

安康村村民主要是 1993 年从海东地区调庄到海西州德令哈农场一大队务农，2003 年农场改制后成立了柯鲁柯镇安康村，平均每户村民分得 4 亩耕地。由于地处柴达木盆地腹地，常年降水量较低、多风沙、昼夜温差较大，群众主要收入来源为种植小麦、青稞、油菜等，缺乏有效的致富良策。还有一少部分群众因病、因灾、因残等原因生活水平较低。面对这一情况，周统寿看在眼里、急在心里。

面对村民生产生活中的矛盾问题，面对村庄环境脏乱差的现状，想到村内基础设施落后的境况，周统寿彻夜难眠、茶饭不思。为了不辜负组织的信任和村民的期望，他迅速理清思路，扑下身子抓落实。面对每项工作任务他坚持精心谋划、全力参与、全程关注，在村庄环境治理、村风民风提升、产业培育发展、基础设施改善等方面积极争跑项目支持、大力争取群众配合、全力提升群众满意度，在党员群众中获得良好口碑。

俗话说："火车跑得快，全靠车头带。"同样，脱贫攻坚的成效如何，周统寿认为关键还是取决于村"两委"班子作用发挥的强不强、好不好，党员能不能在脱贫攻坚的第一线充分发挥先锋模范和引领作用。自脱贫攻坚战打响以来，他首先从村党支部建设抓起，同帮扶单位德令哈市财政局党支部共建党组织，定期召开联席会议，研究解决脱贫攻坚工作。严格落实"三会一课"制度，落实"主题党日"活动，建立党员包片包户、无职党员设岗定责、党员星级评定等制度，用制度保障脱贫攻坚战的胜利。对于脱贫攻坚上的重大事项，周统寿都严格执行民主集中制原则、"四议两公开"等制度，使村民做到心中有数、心存信任、行动支持。

同时，周统寿一直很重视发挥党员的先锋引领作用，常态化制度化推进"两学一做"，组织党员学习习近平总书记名言警句，习近平新时代中国特色社会主义思想，国家的大政方针和党的惠农富农强农政策和海西州"1+8+10+3"扶贫政策体系，学习脱贫攻坚的最新知识，不断提高党员的思想觉悟和引领致富的水平。按照无职党员设岗定责，每户党员和贫困群众建立帮扶机制，让广大党员成为带领群众发展致富的中坚力量，为脱贫攻坚战役的胜利奠定了坚实的基础。

改变不可能一蹴而就，不是开开会，喊喊口号就可以解决的。拔掉穷根，必须找对发展门路，精准发力，才能使脱贫致富奔小康真正落到实处。在扶贫帮困的路子上，周统寿认为"授人以鱼不如授人以渔"。村民代存忠，家中3口人，女儿在湖南上大学，妻子身患疾病，家中基本没有经济收入，两年下来他家负债累累。针对这个情况，周统寿积极为代存忠争取"530"贷款5万元，帮助他种植了15亩藜麦，年底收入2万元。还为代存忠争取了林业管护员岗位，进一步增加了家庭收入。另外，帮助村民李生朋通过运输业、张成福通过劳务输出、王兰芳通过养殖业都走上了脱贫致富的路子。

如何进一步拓宽脱贫增收途径？周统寿无时无刻不在牵挂着，思前想后，还有一些家庭因各方面的客观原因依靠自身"造血"脱贫是有难度，党支部才是他们的坚强后盾，立足本村实际在村集体产业发展上做文章才是出路。

周统寿通过"党支部＋企业＋村民"大力发展藜麦种植产业，2018 年村集体收入 18.2 万元。同时，带动贫困户积极参与到村集体产业中，户均增收 4500 元。

"春种一粒粟，秋收万颗子"，目前，安康村村内道路已实现全面硬化，安全饮用水均已通达到户，村内具备三项动力电条件，卫生室医疗设备、药品均已配齐，为 169 户群众改建卫生厕所，绿化群众房前屋后共 120 亩。持续加强乡风文明建设，修订完善村规民约，累计评选五星级文明户 42 户，好婆婆好媳妇 4 户，党员示范户 4 户。2017 年年底，全村 7 户、25 人均脱贫。

为了贫困家庭的脱贫致富，周统寿带领村"两委"一班人精诚团结、勤勉务实、吃苦耐劳，付出了艰辛努力，安康村脱贫攻坚工作取得了阶段性成效，赢得了全体村民的信任和拥护，得到上级党委高度评价。虽然发展的道路是坎坷的，肩负的重任是艰巨的，但周统寿干劲还是很足。他说："为了安康村群众能过上更好的日子，不论碰到什么困难，只要我们心中装着群众，像总书记说的那样'撸起袖子加油干'，相信大家的日子就会越来越好，奔小康目标的实现指日可待。"

奋发进取，勇于奉献

——麦日根同志先进事迹

麦日根，2016 年至今担任海西州格尔木市郭勒木德镇副镇长。麦日根同志履新之际，正是脱贫攻坚正酣之时，他任职的郭勒木德镇，属于城乡结合乡镇，耕地面积少，人口密集，人员流动性大，群众经济收入单一，多数年轻人外出打工，贫困程度较深，脱贫攻坚任务占全市的98%，是全市脱贫攻坚任务最重的乡镇。关键时刻看担当，面对繁重的脱贫攻坚工作，他奋发进取，开拓创新，勇于奉献，想在前、干在前，充分起到了模范带头作用，为全镇的脱贫攻坚工作做出了积极的贡献。

为了准确把握全镇情况，有针对性地做好脱贫攻坚工作，2016 年至 2020 年，他遍访了全镇 229 户建档立卡贫困户，走遍各行政村的角角落落，通过深入调查研究，掌握了一手资料，他对全镇基本情况，经济发展现状，群众脱贫愿望和扶贫开发规划有了深刻认识，并分年度制定了郭勒木德镇 2016 年至 2020 年的"脱贫攻坚工作计划"，促使全镇产业由"弱"变"强"，群众增收渠道由"窄"变"宽"。基础设施不断完善，乡村面貌焕然一新，2018 年顺利通过国家第三方评估验收，实现了全镇脱贫。

让郭勒木德镇真正实现彻底脱贫，全镇农牧民群众过上好日子是麦日根最大的心愿。他始终盯紧"两不愁三保障"重点任务，认真落实中央、省州市的各类惠民扶贫政策，推进全镇水、电、路、房等基础设施改造，补齐脱贫短板。积极争取资金 2129.56 万元，实施了 9 个贫困村基础设施补短板项目和村级"一事一议"项目；申请国开行金融扶贫贷款 1.8 亿元，落实基础设施项目 18 个，涉及各村村级道路硬化、环境卫生整治、村庄庭院美化、供排水管网建设、农村文化设施建设等；争取行业部门资金 3436 万元，实施贫困村道路、水渠、文化等基础设施建设，其中建设渠道全长 214.9 千米，确保灌溉更加方便、稳定；实施完成了 138 户贫困户院墙大门改造、448 户危房改造及安居工程，补助资金达 1775.5 万元；实施 9 个贫困村村内电网电路升级改造项目，建设相应电力设施，为贫困群众脱贫致富提供了安全、可靠、充足、经济的电力供应；实施安全饮水铺设管道项目，自来水入户 98%，安全饮水达到 100%。

"脱贫，必须要发展产业，产业扶贫是脱贫攻坚的根本之策，也是稳定脱贫的长久之计"，这句话是麦日根常挂在嘴边的。为此，他坚持立足全镇实际，大力调整产业结构，积极探索"党支部 + 合作社 + 贫困户"的产业扶贫模式，争取州级互助资金 450 万元投入 9 个贫困村建立的互助协会，为农户发放贷款，增强贫困户内生动力；争取产业到户资金 349 万元，用于有劳动力的贫困户自主发展产业，每人 6400 元；争取贫困村产业发展资金 1564.6 万元、非贫困村产业发展资金 1208.85 万元和州级绩效考核奖励资金 150 万元投入企业、合作社或养殖大户，增加收入，壮大村集体经济，全镇实现村集体经济收入442.61 万元。

在脱贫攻坚工作中，郭勒木德镇东村村民杨增宏被列为扶贫边缘户。杨增宏的父亲杨维兴开车，母亲种地，杨增宏是一名专业电焊工，妹妹上学，一家人的生活在村里还算是富裕。2012 年，年仅 22 岁的杨增宏突然被查出了尿毒症，这个幸福的家庭顿时陷入困境。7 年来，住院、透析等大量的医药费花光了家里所有积蓄，就连原本计划盖房子的钱都用于治疗，还欠下了巨额外债，后续的治疗费用对这个家庭来说更是一笔不可估量的数目。"孩子得了这个病，就是个无底洞，对于我们这样的家庭，我们怎么承担得起，每周三次的透析都要花去近 2000 块钱，手上没钱连房子都收拾不起来，以后的生活可怎么过！"母亲牛成邦哭诉道。通过麦日根和东村第一书记王保卫联系人武部、统战部和浙江商会三家联点帮扶单位召开扶贫工作推进会，商定由三家单位共出资 3 万元，给杨增宏家用于铺地砖、安装门窗。2020 年 9 月份，杨增宏和父母一起搬进了新房子，房屋宽敞、舒适，虽没有添置豪华的家具，但是经过母亲的精心收拾，一家人终于有了一个温馨的家。同时，村里为他们申报了低保户，可以享受更大力度的医疗报销、关爱基金、民政救助等，解决了一部分医疗费用，还能得到东村联点帮扶单位的帮助。脱贫攻坚不忘边缘户，小康路上不掉队，保障每个群众住有所居，病有所医，老有所养。

一分耕耘一分收获。如今的郭勒木德镇，伴随着一条条扶贫政策得落实，带动了全镇经济的发展，提高了农牧民群众的收入，切达到了"两不愁、三保障"标准。难怪郭勒木德镇的老百姓都说扶贫使郭勒木德镇的经济发展走上了"快车道"，而麦日根同志更是"快车道"上的"领路人"。

一腔热血断穷根，两肩如铁摘穷帽

—— 多科同志先进事迹

多科，海南藏族自治州贵德县常牧镇党委书记。作为镇党委书记的多科始终冲锋在脱贫攻坚的一线，哪里问题突出，哪里就有他的身影；哪里矛盾尖锐，哪里就有他的脚步。蹲在村社干部家屋檐下拉家常，坐在贫困户家炕头上讲政策，黝黑的脸庞掩饰不住他对全镇各族群众赤诚的情感和真诚的服务状态，在大抓镇域经济发展中谱写了脱贫攻坚的动人乐章。

2018/5/30 18:10

2015 年，作为下派到切扎村的第一书记，多科起初感到忐忑与不安，但并没有因为当地恶劣的自然环境和生活条件而退缩，反而暗下决心要迎难而上、扎实苦干，尽早打开工作局面。经过一段时间的思考、调研、走访，他逐渐掌握了工作节奏，找到了扶贫突破口，建立完善了"两线合一"贫困对象数据档案，确定了精准扶贫对象 53 户，共计 203 人。积极争取各类资金 114 万元，实施了切扎村 1200 平方米高标准畜棚建设。发动群众成立专业合作社，合作社入股社员多达 80 户，其中贫困户 53 户、203 人，成立了村内第一个家庭牧场——德勒家庭牧场，并在贵德县常牧小区门口开设了牧场产品直销店，带动贫困户生产销售畜产品并在年底进行分红。经过一系列的努力，大大拓宽了群众的增收渠道，增加了贫困户收入，最终也赢得了全村群众的信赖与支持。多科深知，一个人的力量是有限的，只有团结的集体才能迸发出无穷的生命力，他着眼增强基础组织的凝聚力和战斗力，做好整顿和调整工作，把加强村级党组织和其他群团组织建设作为夯实工作基础的重中之重，认真组织党员群众分析村情，深入了解党员的心理动态，查找出村"两委"班子、其他群团组织存在活力不足，思想不够解放、发展思路不清、任务落实不到位等实际问题，开始对症下药。村规民约得到补充和完善，村"两委"的公信力得到了有效提升。群众逐渐从围着多科转变成围着村"两委"转，扶贫工作实现了群策群力。

由于工作踏实勤恳，群众认可度高，2017年底多科被提拔为贵德县一区寺管会主任、常牧镇党委书记。身份变了、角色变了，唯一不变的是为民服务的本色。

多科认为，扶贫就是要实实在在地解决问题。上任后多科主动融入新环境，虚心拜群众为师、拜干部为师，深入分析常牧镇存在的主要问题和根源，他认为发展才是硬道理，对于常牧镇而言，精准扶贫是当下的中心工作，经过一段时间的琢磨，多科带领镇党委班子多方筹措资金，将原先的镇寄宿制小学旧楼打造成了精准扶贫指挥中心，实现了扶贫阵地的标准化、规范化。有了良好的办公场所，剩下的就是抓落实、补短板了。为此，多科深入全镇各村详细了解存在的问题，实地到贫困户家中查看自来水通不通，生产生活用电有没有。不知道多少次饿着肚子回家、多少次摸着黑赶路，在泥土沾满裤脚的日子里，多科硬是一口气走访完了25个行政村，全面掌握了各村脱贫攻坚进展情况。心中有数，手上就有招。多科组织观摩学习兄弟乡镇扶贫好经验、好做法；立足镇情积极为易地搬迁户发展产业、增加就业；举办扶贫驻村工作队趣味运动会帮助驻村干部释压、交心；成立精准扶贫自查验收组督干、纠错；举办脱贫攻坚擂台赛讲政策、说思路，一套组合拳打下去全镇的精准扶贫工作步伐明显加快，扶贫干部精神振奋干劲十足，贫困群众内生动力得到了有效激发。

其次，稳定的大环境是脱贫的前提。要想实现富，必须首先确保稳，由于历史和现实原因，常牧镇与毗邻各县乡镇界线长、争议区多，尤其在夏季，牛羊越界放牧、虫草越界采挖等事件时有发生，严重影响着边界的和谐稳定。多科自担任常牧镇党委书记以来，在沿袭先前与毗邻乡镇主要负责人召开联席会议碰头协商的做法基础上，将参会人员扩大到毗邻两个村的村"两委"

干部，让涉及的村面对面协商、沟通，从村、镇两个层面加强了风险防控，建立了两道保护网。与此同时，充分发挥党员作用，每年夏季在虫草采挖的边界地区成立临时党支部进行巡山守护，有力维护了地区的和谐稳定。每次虫草采挖、转场放牧之前，多科都会带头第一个给群众做工作，耐心细致地对村干部、党员、贫困户、群众分别进行思想教育，引导他们遵纪守法、把主要精力放在发展生产上，年年如此，次次如此，他的执着与坚持让很多人的思想发生了转变，群众不再像以前一样越界产生事端，而是积极遵守规定，努力发展生产，改善生活。

在多科看来，没有全域扶贫，就无法实现整体脱贫。寺院作为特殊的场所，多科高度重视对僧侣的生活情况，积极引导僧侣开展"高僧大德与党同行服务社会"主题活动和"宗教用品规范化"活动。坚持简办民间信仰活动，依法依规讲授宗教教义、教规；规范使用宗教用品，以实际行动维护社会稳定，推动社会发展。他注重倾听僧侣的诉求与心声，创新性的同青海民族大学政治与公共管理学院开展合作，邀请专家教授组成调研组对地区各寺院进行调研把脉，了解寺院在社会化过程中出现的问题与解决之道，为寺院管理工作的开展提供了思路。衔接帮助都秀寺办开了藏药厂，对外经营。对小僧侣辍学在寺的问题态度坚决，积极同统战部、教育局等部门沟通衔接，对各寺院义务教育阶段的僧侣重新劝返入校，在专门的班级学习生活，保障了适龄僧侣的受教育权，也实现了寺院发展与服务社会的有机结合。

无论是推进精准扶贫，还是开展其他工作，多科始终对自己严格要求，处处身先垂范，以实际行动赢得了全镇各族群众和党员干部的认可，也在各项工作的推进中，让发展是第一要务的思想牢牢扎根在农牧区群众的心中。

转变角色，扎根基层

——张雷同志先进事迹

张雷，2016 年 9 月由海南藏族自治州贵南县公安局调任沙沟乡人武部任部长一职，分管扶贫、民政、武装等工作，并担任沙沟乡居乎拉村第一书记。从公安民警到乡镇干部，工作性质有着天壤之别，什么都要从头积累，他深感扶贫工作责任之重大，便通过学习各类扶贫领域的文件，如《扶贫知识 100 问》等逐步搞清楚了建什么档立什么卡？什么是互助资金？什么是两后生？什么是雨露计划？学用结合，迅速进入工作状态。他在工作中时刻提醒自己对待扶贫工作要戒骄戒躁，时刻保持敬畏之心，以如履薄冰的心态来面对，对工作极其负责的态度让他连续三年被评为县级精准扶贫"优秀乡镇干部"。

他刚接手沙沟乡扶贫工作的时候，乡长告诉他四个贫困村的建档立卡户产业发展资金快到账的消息后，他就默默告诉自己，要从产业发展入手干出一番成绩来。入户调查，真正了解贫困户的需求，明白他们想干什么能干什么，调动贫困户的脱贫积极性；政策引导，在不触及禁牧、禁渔等政策的前提下开展产业扶贫；计算成本及收益，通过观摩学习向真正懂的人去请教，杜绝闭门造车，使计算更加准确；产业监管，采取必要的监管措施，从乡到村两级监管，三户联保，每周一查，每月一验，确保实现可持续发展。

好事多磨，意想不到的事随时会发生。沙沟乡东吾羊、东让、拉扎、郭列四村的产业发展项目为生猪养殖，养殖的并非传统土猪而是品种猪（三元猪），计划 11 月份引进并由贫困户分散养殖，引进的仔猪由甘肃傲农集团旗下的湟源县大华天荣生猪养殖场提供，见面后该厂厂长毫不避讳地说："品种猪不同于传统土猪，在饲料、防疫上有很高的要求，可以说是娇生惯养，且母猪的发情肉眼无法分辨，非专业人士根本无法配种成功，这种猪如果让贫困户散养注定以失败告终"。这个情况对于他来说可谓是晴天霹雳，从计划、调查、入户、计算、监管等一系列环节的前期准备工作都相当于白干了。他返回沙沟乡后再次和厂长沟通并联系甘肃傲农公司负责人，经过反复推敲论证，最终敲定了"公司＋养殖户＋合作社"的新型模式，引入傲农公司在贵南县沙沟乡查纳村落户办厂，采取贫困户入股分红形式发展养殖业，降低贫困户养殖风险，实现贫困户稳定增收，并为来年的非贫困村的贫困户脱贫打下基础。

在分管沙沟乡扶贫工作期间，不断地学习；在各类检查督查中，不断地提高；在完成时间紧、标准高的扶贫任务中，不断地进步；在面对群众开展工作中，不断地成长。张雷扎实的工作作风和担当意识，得到上级领导和群众的一致好评。

在担任居乎拉村第一书记期间，张雷将每一户贫困户的家庭位置、基本信息、脱贫指标，通过笔记本上一张手工绘制的草图全部体现，紧紧围绕"贫困人口退出六项"和"两不愁三保障"开展工作，逐户核对，缺什么补什么。经过走访调查，他发现村民思想保守也是致贫的一个重要原因，个别贫困户"等靠要"思想依旧较为严重。扶贫先扶志，他强烈地感觉到，抓好思想扶贫才是脱贫攻坚的首要任务。为此，他一方面召开党员、群众代表座谈会，广泛宣传中、省、市、县关于精准扶贫的方针政策；另一方面，大力开展"脱贫不等不靠""精准扶贫不养懒人"等思想培训，以此增强贫困群众脱贫致富的信心和决心。

在工作中，他发现居乎拉村基层党建工作较为薄弱，村"两委"没有思路，"火车要想跑得快，全靠车头带"，面对这种情况，他组织村"两委"成员、老党员代表共同探讨如何抓好党建，手把手教村支部书记开展党建工作，组织党员定期开展"三会一课"和主题党日活动，把村"两委"和党员调动起来，充分发挥他们的聪明才智和首创精神，党建引领，促脱贫攻坚。顺利完成了全村贫困人口的脱贫退出和后续巩固提升。

"脱贫致富终究要靠贫困群众用自己的辛勤劳动来实现，没有比人更高的山，没有比脚更长的路，要重视发挥广大基层干部群众的首创精神，让他们的心热起来，行动起来，靠辛勤劳动改变贫困的面貌"。在工作当中，张雷经常引用习近平总书记的这段话，并把它牢记心间。他坚信：只要心热起来、行动起来，充分发挥聪明才智，调动群众的积极性，没有跨不过的山也没有蹚不过的河，全心全意为人民服务，就一定能打赢脱贫攻坚战。

脱贫服务群众，发展为民谋福

——牛生有同志先进事迹

牛生有，现为海北藏族自治州海晏县金滩乡东达村党支部书记。2010 年开始当选为东达村党支部组织委员，负责组织工作。从那时起让家乡变得美丽，群众过上好日子，就成为他的梦想。2014 年 11月，他当选为东达村党支部书记。自担任村支部书记以来，他始终严格要求自己，处处以党员的标准对照、检查、规范自己的行为。他深知村支部书记是一村的"领头雁"，支部强不强，关键看支书；村庄富不富，关键看支部。尤其是在精准扶贫工作中，他带领村党支部一班人和党员坚持不懈地为贫困户做计划、谋发展、促增收、转观念。在驻村扶贫工作队的大力支持和帮助下，2017 年，昔日闻名全县的贫困村彻底摘掉了贫困的帽子，改变了"东达东达，不是冻就是打"的贫困局面，走上了致富奔小康的道路。

为打赢脱贫攻坚战，牛生有认为要以抓好支部的核心力量为关键，发挥好全体党员的作用，才能正确地引导群众走上富裕、幸福的道路。为此他在村支部探索建立以"党员好事坏事计分制"为抓手，规范每名党员的行为，让每名党员用做好事、做实事，在群众中树立威信，让群众信得过党员，并实行党员承诺制，让村庄的每一个角落都能出现党员的身影，党员按自己实际能力承诺一两件自己能办的事，年初有承诺，年终有兑现。积极发挥党员养殖大户的作用，让这些有经验、有经济头脑的人引导带动帮助贫困户，对贫困户以用人用工、技术指导、奖励分红等形式进行帮扶，他对贫困群众要求，只要你出去务工或跟人掌握学习一门技术，根据情况进行金额不等的分红，但对庸、懒、散、等、靠、要不予分红，培育贫困户内生动力。

作为支部书记，要发挥"火车头"作用的同时，首先要从强化村委班子的执行能力入手，不断提升为民办事能力，为推进各项工作坚奠定坚实基础，牛生有是这么认为的，也是这么做的。牛生有同志经常对"两委"成员说："我们是村里的主心骨，我们的一言一行都关系群众，每天有很多眼睛看着我们，所以我们首先要严格要求自己，要做到廉洁自律，堂堂正正做人，清清白白做事，尤其在扶贫工作中不能有丝毫的马虎"。他要求班子成员要常学习，多掌握有关政策，多了解新鲜事物，要比群众多懂政策，多了解新鲜事物，多掌握知识，如有群众掌握、了解的事情我们不知道，那还怎么领导群众？所以他平时把学习当成自己最大的作业，不断提升政治和带领群众致富的能力水平。

牛生有同志在强化"两委"班子建设的同时，有效地转变村子产业结构，在县乡政府的支持领导下，成立了村集体经济——海晏东达富民特色种植养殖专业合作社。吸收10户贫困户长期在合作社务工，年收入每户均达1.2万元。引导贫困户参与养殖，户均收入8000元，全村有规模的养殖户达到67家。托管全村3890亩土地实现集约化经营，2019年户均每亩分红230元。贫困户满足了"两不愁三保障"，人均收入达到10000多元。

为全力推进精准扶贫工作扎实开展，东达村党支部组建了以包村领导、驻村干部，村委会班子成员为主体的工作队，分别按照"单位到村、干部到户、责任到人、措施到位"的要求，牛生有带领村支部各工作组算好时间账、经济账，制定了详细的村计划、户计划、人计划，以及实施方案和帮扶措施，对全村20户64人贫困户稳中把脉，对症下药，开展一对一、点对点，实施一户一分解、一户一措施的帮扶，把培育村集体经济产业作为精准扶贫之策，采取引进社会力量，能人带动帮扶，帮助群众拓宽致富门路，引导农民自身发展，以入股分红的方式，让贫困户感到幸福感。

牛生有同志在带领村支部抓经济建设的同时，时刻不放松对村干部的思想教育，把党员干部队伍建设始终作为一件大事认真抓好。他要求村干部要坚持理想信念，树立宗旨意识，要明白为什么当干部、为谁当干部的问题。在村委会上，他经常说："我们共产党人的宗旨是全心全意为人民服务，一切工作的出发点和落脚点都是为人民谋利益，这个问题什么时候都不能忘记，要想自己富，别当村干部，当干部就不能怕吃亏，怕吃亏就不能当干部。"他是这样说的，也是这样做的，"支书"给干部带好了头，村干部干劲十足，处处以身作则，把群众的事情当作大事来做，好事让给群众。群众的信心更足了，村支部的凝聚力、号召力、战斗力更强了。

牛生有同志在狠抓党组织建设、乡村振兴、脱贫攻坚等工作的同时，带领村"两委"班子，强化村子精神文明建设，不断丰富群众的精神文化活动，经常利用远程教育、广播、标语、漫画等手段对全村干部群众进行道德教育。为了让村民每天生活都愉悦充实，村里投资兴建了老年活动中心、村幼儿园、文化大院，订阅各种报纸杂志，在生活脱贫的同时，让群众的脑袋也"富"起来。

可以说，牛生有同志在脱贫工作中始终坚持群众利益无小事，想问题、办事情、做决策，时时刻刻把群众利益放在首位，作为村支书，他是政策落实者和执行者。

千方百计谋发展，切实为民办实事

——阿保同志先进事迹

阿保，1992年进入村"两委"班子，2004年任玉树藏族自治州囊谦县吉曲乡山荣村党支部书记。多年来，他被授予"先进个人""优秀共产党员""优秀党务工作者"等荣誉称号。他不仅是一位好党员，更是一位带头致富的好支书。山荣村位于乡政府西北方向16公里处，属纯牧业村，现有325户、1706人。该村地处偏远山区，自然条件恶劣，基础设施落后，严重制约了该村的发展，群众主要收入来源仅靠养殖，他深刻地认识到，脱贫要找准路子，发展特色产业。为有针对性地做好脱贫攻坚工作，他经常走村串户，深入调查研究，进行认真细致的调研摸底，村里每一寸土地都留下了他的足迹，通过深入调查研究，掌握了第一手资料，他对本村基本情况、经济发展现状、道路状况、群众脱贫愿望和扶贫开发规划等有了更深刻的认识。进一步确立了本村扶贫开发工作思路，找出问题症节，找准致贫原因和制约经济发展的主要矛盾。并提出解决措施和方案，全面改善本村的生产、生活条件，为山荣村脱贫致富奔小康创造良好的条件。

"权力是人民赋予的，所以，我们必须把权力用在为民办好事、办实事上，只有这样才能对得起人民，对得起党"，他经常对身边的党员干部这样说。他经常教育村"两委"班子成员，要办好村里的事情，关键在于充分发挥党员干部的模范带头作用，必须从自己做起，村里不但要建章建制强化管理，还要抓村干部、骨干的学习能力、领导能力、致富能力，同时在重大问题上集体讨论，增加透明度；他积极培养和发展新党员，为村党组织输送新鲜血液，不断壮大村党组织队伍，建立了一支充满生机活力的干部队伍。

2018年，他通过村党支部多次会议研究，通过召开村级民主评议大会成立山荣村合作社，鼓励农牧民大规模养殖；为增加农牧民收入，2018年他组织村干部及致富能手贷款100万元在吉曲乡214国道边修建液化气站和加油站，2019年为全村每户牧户增收1235元；为扩大合作社再生产，2018年在扶贫产业园区争取到了藏服饰加工和藏黑陶制作厂地，期间培养了24名学徒工，此外，他申请实施易地搬迁项目。2018年为改善人居居住环境，贫困户早日脱贫致富，阿保多方奔走为村里83户贫困户申请实施了易地搬迁项目，现贫困户已全部入住，每家每户都供上自来水，通上了生活用电，通户道路也硬化了，村民掩饰不住对这位村民的"领头雁"的感激之情。自扶贫工作开展以来，他排除万难，在上级部门的关心和支持下，依靠产业发展优势，走村入户，通过村民座谈、召开村支部会议、村民民主评议大会等形式，最终确定山荣村到户产业项目为西宁力盟步行街购买商铺，人均受益512元。最后，协助申请"530"小额信贷。2018年至2019年协助贫困户申请小额信贷资金310万元。为切实改善通村道路设施，多方协调解决山荣村铺设沙石路23公里。

他一方面白天入户搜集村集体和村民的困难诉求，晚上组织召集村"两委"班子成员研究，集思广益提出一揽子解决问题的方案；另一方面因地制宜、分类施策，积极落实乡党委政府安排的"十个一批""六个精准""一村一策""一户一册"等政策措施；他积极争取乡政府的大力支持，先后组织制定了《吉曲乡山荣村整村脱贫工作方案》《吉曲乡山荣村"一户一册"脱贫帮扶工作方案》等；他积极协同驻村"第一书记"及驻村工作队成员全面落实精准扶贫一系列工作措施。充分发挥山荣村优势，把基础工作做实、重点工作做细、长效性工作做好；他细化完善精准识别、精准施策工作措施，认真核实全村贫困户人员情况，做到村不漏户、户不漏人，摸清家底，掌握贫困程度和致贫原因，确保上报数据准确无误；他精准确定结对帮扶认亲名单，按照乡党委政府的安排部署，组织落实37名乡村党员干部与全村82户贫困户结对帮扶，彰显社会扶贫责任。

他带领大多数群众致富的同时，心中始终没有忘记那些弱势群体，对待五保户、孤老户、妇幼户、特困户等更是百般关心，惦记他们的日常生活、身体健康、生产和收入情况，他带头帮扶困难户，充分调动全村有活动能力的党员，定期到帮扶对象家走访，解决生产和生活中的实际困难。逢年过节，他都带着党和政府的温暖上门慰问，并送去生活必需品。

担任村支书以来，阿保以不忘初心的执着，深入联系群众，亲力亲为，始终把群众放在最高位置，切实帮助和解决群众在生产生活中的实际困难，不管是动员群众建房还是开展农村新型合作医疗、社会养老保险、低保五保等惠民政策宣传，都尽力将每一件事做到最好，以继续前进的步伐，紧紧围绕脱贫攻坚任务，以帮助群众增收致富为目标，严格落实精准扶贫各项要求，村面貌焕然一新，获得了群众的广泛认可，在平凡的岗位上作出了不平凡的成绩。

情系百姓，实干兴业

——仁青多杰同志先进事迹

仁青多杰，现为玉树藏族自治州曲麻莱县巴干乡麻秀村党支部书记，曲麻莱县县级人大代表、县级党代表，荣获玉树州2019年度"抗雪救灾先进个人"，连续2年荣获县级"优秀共产党员"等。所在班子曾获"灾后重建先进集体"，州、县级"先进党支部""2019年州级抗雪救灾先进集体"等荣誉称号。

作为村支部书记、班子带头人，仁青多杰同志却近乎是个文盲，他是康巴汉子，大字不识一个，却有着自己的一套"歪理论"，只要是对群众有用的、有利于村上办事的，不管是人和事，就是他学习和推崇的目标。自国家脱贫攻坚战役打响之后，麻秀村因海拔、地理、气候及人均收入偏低等因素被划入省定贫困村，全村牧户收入均低于国定贫困线。牧民群众过不好日子，享受不到现代化社会红利；地处偏远的麻秀各社仍处于无路、无水、无电的三无地区，住房、医疗、教育更是得不到充足的保障；牧民过着逐水草而居、靠天吃饭的光景，这一系列问题始终是他心中的梗，同时也是制约麻秀村脱贫致富的短板和发展的瓶颈所在。而一切的梗结所在就他而言，就是吃了没文化的亏，他自己没文化、现有班子成员没文化、所辖牧民没文化，没文化就看不到发展的契机、找不准致富的路子、跟不上时代的脚步甚至于会被淹没在发展的浪潮中。故而，在往后的班子学习中，仁青多杰总是第一个带头学习，督促和监督班子成员抄写笔记、大胆在学习会上发言。经过几年的不断学习，他蹩脚的普通话出现在州县各个行业部门和业务部门，拿着文件要项目成了他的强项。

在践行绿水青山就是金山银山的发展理念上，仁青多杰一直是走在前列的，在保护生态、坚持可持续发展方面，他始终相信两者相辅相成、缺一不可，而他一直也是这样做的。

2016年初，"德曲源国家湿地公园"正式挂牌麻秀村，这个曾是"上年措部落"最为肥壮牲畜产出之地、夏日寺的夏季草场，现在成了"德曲源国家湿地公园"的核心保护区，站在高处放眼望去，大小湖泊水泽星罗棋布、点点帐篷譬如浮云点缀其中、大小成群的牛羊悠然自得，这正是湿地公园的真实写照，也是麻秀村"两委"班子多年来的不懈努力的成果。回顾几年前，生活在草原上的诸多牧户性情大胆开朗，在草原上纵情歌舞，同时各类生活垃圾也是肆意丢弃。这些仁青多杰看在眼里，为说服群众保护环境、树立生态发展的理念，麻秀村"两委"全体成员以身作则，点滴做起，潜移默化地感教和影响这身边的人。同时在大小会议、各类活动中，仁青多杰就像一个啰唆的家庭主妇教育不听话的孩子一样天天讲垃圾不要乱扔之类的话。久而久之，麻秀的环境焕然一新，村容村貌整洁卫生，一片欣欣向荣之景。

村集体经济是推动和发展牧民群众实现脱贫增收的有效助推器，在如何解决发展集体经济、增加村级收入问题上，仁青多杰作为支部书记，通过和村"两委"的同志们几年来的不断努力，逐步走出了适应自身发展的经济之路，实现了"零"的突破。以往的麻秀村是省定贫困村，全村牧民纯收入不到2000元，因为没有可持续收入，仅仅依靠牛羊无法产生收益，面对此类问题，麻秀村"两委"一直以来如鲠在喉。自全国上下打响脱贫攻坚的战斗以来，麻秀村紧紧依靠政策，千方百计想出路。2014年，依靠州帮扶单位帮扶资金50万元，打响了麻秀村脱贫第一枪；2015年，麻秀村加油站正式投产运行，同年实现经济效益15万元左右；2017年，麻秀村运输公司正式运营，拥有从玉树州至曲麻莱县、曲麻莱县至格尔木市两条运输线路及中型客车两辆，实现年效益15万元；2018年，麻秀村宾馆在县乡两级的大力支持下正式投产，同年底产生效益10余万。现如今，麻秀村加油站、麻秀村客运公司、麻秀村宾馆正如雨后春笋、蓬勃厚发。

　　仁青多杰同志在工作中坚持脱愚先于脱贫，他相信麻秀村的发展永远不会止于当前，"乡村振兴战略"的列车正满载这希望和机遇朝着麻秀驶来，相信在不久的将来，这个昔日的贫困村将会以崭新的面貌和惊人的生命力呈现于世人眼前。

站好每班岗，做好每件事

——伊西措毛同志先进事迹

伊西措毛，2011 年在玉树藏族自治州称多县歇武镇人民政府先后从事医保、民政、牲畜保险、下赛巴村包点等工作。自 2013 年 4 月任歇武镇人民政府扶贫干事以来，她在平凡的工作岗位上，不断追求进步，敢于创新，忠于职守，勤奋工作，始终做到了诚恳做人，踏实做事，在全镇精准扶贫开发工作中做出了自己应有的贡献，深受领导和同事们的好评。

在重视政治理论学习的同时，她不断学习扶贫政策知识，提高自己的业务水平，接受扶贫业务培训，随时掌握扶贫新动态，新政策。为了按时完成贫困户信息进行录入核实工作，她加班加点认真研究扶贫管理系统，在最短的时里理清了软件中各项指标的逻辑关系，高质量、高效率地完成了上级交代的任务。同时，为了拿准吃透扶贫政策，做好脱贫工作，她多少个夜晚挑灯夜战，多少个节假日在入户走访，面对大家提出的各种拿捏不准的政策问题，始终保持一颗平常心，不厌其烦地向大家解释。在学习的过程中，她总是保持着一种谦虚务实的心态，不断充实自己，不断地提高自己。

在工作中，她爱岗敬业、认真踏实、责任心强、干一行爱一行，能够较好地完成领导交办的各项工作任务。多少个日夜，她在一盒盒的整理完善的扶贫档案；多少个烈日，她走在走访贫困户的路上。每天，她不是在填报各种信息系统、整理档案，就是在贫困户家里宣传政策、了解情况，不是为干部们答疑解惑，就是在不断钻研政策知识，看到她的时候，总是感觉她在不停地跑来跑去地忙碌着，见不到她闲暇片刻。面对这些紧张复杂的扶贫任务，她始终没有一句怨言，始终以一种乐观的态度，对工作踏实认真，积极主动，出色地完成了领导交办的各项工作任务，为歇武镇的扶贫工作交上了一份满意的答卷。

作为一名基层公益性岗位的干部，她始终高标准严格要求自己，能够认真遵守单位的各项规章制度，在工作和生活中，坚持做到不利于团结的话不说，不利于工作的话不说，不利于党和国家形象、威信、利益的话不说。在工作和生活中，真诚对待每一名同志，广泛团结，热情帮助，凡是许诺的事情，哪怕再苦再累都要兑现，凡是属于自己应该做的工作，力争尽善尽美。她性子急，雷厉风行，只要接到有关精准扶贫的上级来文，第一时间报送领导，并在第一时间落实工作任务。进一步规范低保管理工作。认真贯彻落实上级民政部门有关文件精神，严格按文件有关申请、审核、审批的规定，把好低保对象进出关。对符合低保条件的困难群众按程序及时纳入低保范围；对低保户主死亡和家庭生活好转的低保对象及时取消；对不符合低保条件的困难群众做好解释工作。

伊西措毛有着一股积极昂扬的精气神，能够扎扎实实做工作。通过在村子里，在群众家中，了解、感受一线扶贫的基本情况和发展变化，她丰富了自己的阅历、磨炼了自己的意志、提高了自己的本领、增进了与群众的感情。她用自己扎扎实实的行动，阐述了一个扶贫工作者在脱贫攻坚中应该彰显出的青春风采。

守初心担使命，做群众贴心人

——尼玛扎西同志先进事迹

尼玛扎西，现任玉树藏族自治州杂多县萨呼腾镇党委副书记。"脱贫攻坚是靠广大干部群众齐心协力赶出来的，宁愿吃苦受累不做历史罪人"这是分管精准扶贫的尼玛扎西经常给同志们说的一句话。务实的工作作风得到了领导及周围同志们的充分肯定，多次被州、县评为"优秀党员""先进个人""劳动模范"。

由于在牧区群众接受教育程度较低，包村工作比较辛苦，参加工作后，尼玛扎西同志从包村工作做起，长期与牧民群众接触，结下了深厚的感情，深知牧民的疾苦。自脱贫攻坚开展以来，为了建档立卡贫困户识别的准确、有效，他坚持同扶贫驻村干部一道在四村轮流驻村三个多月，全面摸排，准确登记，确保了镇域贫困人口甄别和建档立卡工作的质量和实效。

2016年9月，他被组织提拔任命为萨呼腾镇党委组织委员，因丰富的群众工作经验和坚实的群众工作基础，由他分管精准扶贫工作。从此以后，家开始成了只供睡觉的"旅店"，无烟、无酒、无聚会，"白加黑""五加二"的工作模式正式驻扎到他的生活中。用他自己的话说："目前趁还没结婚，现在多干一点打好基础，以后轻松一点"。他用休息时间刻苦钻研精准扶贫政策，深入学习领会省、市、县精准扶贫精准脱贫方案政策，换来了扶贫工作的高效率和高质量，更换来了贫困户对他的高度认可。不管是在全镇的扶贫工作推进会还是自己开展双帮认亲活动时，"扶贫扶志、治贫治愚"是尼玛扎西同志印在心里的一句话。在一年的时间里，尼玛扎西同志组织召开大小会议30余场次，现场培训20余次，入户走访座谈50余次，让贫困户树立起"自己家园自己建"的思想意识，进一步消除群众"等靠要"的消极脱贫思想，坚持做到物质脱贫和精神脱贫"齐步走"。在他的双帮户中，代青林州一度有厌学情绪，那段时间他平均每周末都要去代青林州家中，在防止其辍学的同时，鼓励其发奋读书，让他坚信贫困是暂时的，只要念好书，学好知识，掌握本领，可以用自己的智慧为家乡和家庭作贡献。他还引导牧民群众树立正确的理财观念，摒弃盲目投资、过度消费等错误的理财方式；教育贫困户注重家庭卫生、家风家教，在他看来这都是脱贫攻坚的职责范围。他兢兢业业，尽职尽责，吃苦耐劳，任劳任怨的精神，于 2017 年荣获了"州级脱贫攻坚优秀驻村干部"荣誉称号。在建档立卡和大数据信息采集录入工作中，为了让识别结果和信息更加准确，尼玛扎西同志通过认真研究操作数据采集系统来查找工作中有可能出现的问题，通过高强度集中指导和一对一辅导相结合，全镇在建档立卡扶贫开发信息录入工作中始终走在全县前列，高质量率先完成扶贫开发信息系统工作，使全镇信息平台建设精准指数达到 90% 以上，致贫原因、帮扶措施和脱贫指标实现紧密衔接。

自脱贫攻坚工作开展以来，尼玛扎西同志经历了 3 次职务调整。职务变化，未曾改变他的初心，为了不辜负党和人民对他的信任，2019 年 1 月中旬，杂多县普降暴雪，致使大雪封山，道路被阻，受灾面积覆盖整个建档立卡贫困户。尼玛扎西同抗灾救灾突击队，牧民党员、民兵连续奋战 50 余天，成功打通 17 个垭口。2 月 8 日下午 5 点，尼玛扎西正在调拨牲畜饲料，刚坐下吃饭，就听到对讲机里一名边缘贫困户的求救声，他立即放下碗筷，带上镇卫生院工作人员，前往边缘贫困户南色家中。南色一家居住在交通极其不便的山沟里，从沟口到牧户家整整 10 公里，由于装载机没有暖气，为了保持挡风玻璃的清晰，尼玛扎西选择一路开着车门前线，右边是孜曲河，左边悬崖峭壁，前方是大雪中模糊又狭窄的路线，暴雪狂打在尼玛扎西同志的脸上，他的左半边身体早已冻僵，当遇到积雪严重路段，还要下车一边垫土，一边铲雪，历经 9 个小时终于在第二天凌晨 2 点到达贫困户家中，南色眼中泛着泪水说道："我们一家人第一时间想到的就是尼玛扎西同志，坚信您一定会来救我们，祈祷你们早些到来，你们一路这样开着车门，得有多冷啊！"尼玛扎西笑着回答道："咱们皮糙肉厚，问题不大的。"2020 年 1 月 23 日，正值春节休假期，由于国内发生疫情需要尽快返岗，隔天就赶回了杂多县，第一时间前往贫困户家中了解情况，担心贫困户因居家隔离期间断水断粮，他主动担负起来部分兜底户的日常开销，每天给他们买菜送米，前后共垫付 5000 元左右。他说："只要不因灾返贫，这点钱我还是有的。"

记得有一次他去县城新城区送文件途中，来了一通需要加盖政府公章的电话，通过一番询问得知是一名贫困户因申请临时救助需开具相关证明，尼玛扎西同志谦和地向电话那头的牧民说："你把相关资料拿上，到我办公室等着，我一会儿就回来，顺便把个人申请也给写上。"他知道牧民群众普遍文化知识不高，对他们来说写一份简单的申请都会耽误时间，所以他习惯了做这些小事，也愿意做这些小事，尼玛扎西同志说："只有脚踏实地去做好脱贫攻坚的每一件事，为贫困户做好自己应做的工作，才是对自己多年乡镇扶贫工作坚守的最好诠释，才是自己人生旅途中最美的风景。"

2016 年，全镇实现脱贫摘帽，顺利通过了 2019 年省级脱贫验收和 2020 年第三方评估验收。在脱贫攻坚道路上有着成千上万个像尼玛扎西同志一样默默付出、顶天立地的优秀共产党员，他们的故事将永远谱写在脱贫攻坚这一伟大的历史篇章中。

科学谋划助帮扶，真心真情获好评

——西列同志先进事迹

2017 年 6 月，西列同志被任命为果洛藏族自治州玛多县花石峡镇加果村联点领导，开展帮扶工作。他认真学习和宣传党的十九大精神及惠农政策，建立健全帮扶工作台账，积极入户走访了解村情民意，协调帮扶单位及帮扶责任人制定帮扶计划、认真履行帮扶职责。同时，不断加强村"两委"班子建设，带强党员队伍、夯实党建根基、筑牢战斗堡垒，积极开展组织生活，深入群众开展党建工作，不断坚定群众脱贫信心。

"没有调查就没有发言权"，为了能全面掌握扎地村产业发展情况及贫困户主要致贫原因，制定切实可行的帮扶计划，他和驻村干部、第一书记扎下根来，驻村开展帮扶工作。首先开展座谈会，初步了解村情民意。然后逐一走访建档立卡贫困户 63 户，500 余人次，全面细致了解贫困户主要收入来源和致贫原因。通过不断实地走访、与牧民群众面对面谈心交流，根据实际情况制定并完善了驻村帮扶工作队帮扶计划，不仅提出了切实可行的帮扶措施，能确保顺利开展且落地见效；全面完成了 63 户建档立卡贫困户"一户一策"计划，取得良好工作成效，为尽快实现整村脱贫营造了良好开局。

工作开展以来，他能明确工作目标，勇担帮扶责任，扎根基层，奋战在扶贫第一线，推动帮扶工作落地见效。一是健全工作队制度。以身作则，严格遵守工作纪律，扎实驻村开展工作，积极撰写《驻村工作台账》《工作日志》《民情日记》，制定《考勤和请销假制度》并严格落实。二是落实联点主体责任。加强"两委"班子和党员队伍建设，规范"三会一课"组织生活，大力推进"两学一做"学习教育，按计划及时召集全村党员开展"主题党日"专题学习会，深入贯彻学习宣传党的十九大精神，推进支部标准化建设。三是积极协调工作开展。积极联系帮扶单位县委办开展帮扶工作，积极协调帮扶责任人到村入户完善贫困户脱贫帮扶计划，做到"一村一策、一户一方"，登门拜访相关单位主要领导，商议今后帮扶工作如何有效开展。四是推进帮扶措施落地见效。组织贫困户参加装载机技能、烹饪技能培训30余人；五是积极发展生态畜牧业专业合作社，为了找到一条适合加果村合作社发展的路子，他亲自去甘德县岗龙乡、江千乡学习先进经验。学习回来的他跑遍了加果村每一片草山，每一户牧民，向他们宣传入股合作社的好处，国家对合作社发展的支持政策，他通过不懈的努力换来了加果村合作社牧民入股100%。在"支部＋合作社＋牧户＋企业"模式的发展下，短短两年加果村合作社通过了省级、州级的审核，被确定为州级示范点。2019年，加果村更呷生态畜牧业专业合作社社营利46.56万元，分红31.243万元，户均1610元，人均561.9元。

牧民群众对联点领导期望值很高，看到群众那期待的眼神，作为加果村联点工作人员，他下定决心要多为群众办实事、解民忧。首先从关系群众生产生活的小事琐事做起，尽心竭力为群众办实事、做好事，解难事。驻村开展工作以来，他坚持天天入村，坚持逐户走访了解真实情况，真心实意为群众排忧解难，真干实干帮贫困户脱贫致富。2018年冬季发生雪灾后，冬季草场的牧民急需专场，但由于道路被积雪封闭，牧民的帐篷等个人生活用品无法及时搬出。得知这个情况后，西列心急如焚，他第一时间去县民政局申请救济物资，亲自把物资送到每一户牧民家中，期间他又挨家挨户详细了解了牧户家中的生活物资、药品、牲畜饲草料等物资，被困在草场的牧民拿到物资后抓住他的手不停地道谢。在易地搬迁区房屋分配后，加果村有几户高龄老人家中的台阶较高，不方便老人的出行。得知这一消息后，西列跑到施工工地，死缠烂打，硬是带着建筑工人重新把几户老人家中的台阶维修了一遍。去贫困老党员家里慰问、去给帐篷失火的牧户送生活物资、去牧户家协调矛盾纠纷、去牧区给家中牲畜生病的牧户送畜疫药品……像这样的事在西列身上还有很多很多，加果村没有一户牧民不认识这个"西书记"的。随着工作的逐步推进，他事事为牧民群众着想，逐渐和群众打成一片，得到了群众的认可，现在大家见到他都会亲切地叫一声"西书记"。

用脚步丈量艰辛扶贫路，用真心温暖牧区百姓家。四年来，西列时刻想着扶贫工作。在理思路、想办法上，思维敏捷，大胆创新；在工作落实上，尽职尽责，一丝不苟；他上县跑项目，下村搞调研，总是一马当先，精益求精，亲自把关审核村级发展方案，亲自督促实施，为加果村扶贫开发工作提出了新思路，保证扶贫取得成效。他精准施策抓落实，强基固本促脱贫，不断加强村"两委"班子建设，带强党员队伍，夯实党建根基，筑牢战斗堡垒；他不断推进"两学一做"学习教育常态会制度化开展，落实"三会一课"制度；他经常深入牧区、走账串户积极宣讲党的各类惠民政策。

一路征程一路歌，西列依靠智慧和辛勤的汗水，对基层人民的关爱和对事业孜孜不倦的追求精神，取得了一个又一个骄人的成绩，他正用自己的实际行动展示了一名共产党员不畏艰辛、顽强拼搏的风采和对党、对人民的赤诚之心，在加果村发展道路上谱写了一曲精彩的筑路乐章。

扎根基层勇担当，甘于奉献谱华章

——公保南加同志先进事迹

公保南加，现任果洛藏族自治州玛沁县委常委、县统战部部长、大武镇党委书记。自兼任大武镇党委书记以来，他勇担脱贫重任、扎根基层、主动作为、真抓实干，使大武镇脱贫攻坚工作取得了显著成绩，并荣获了"2019年度目标责任书考核优秀乡镇""2019年度目标责任考核创新工作奖"等多个奖项。

公保南加把脱贫攻坚的政治责任扛在肩上，按照"五级书记抓扶贫"要求，率先在玛沁县组建了乡镇一级的脱贫攻坚指挥部，作为第一指挥长，他亲自谋划、亲自部署、亲自推动、亲自督查、亲自抓落实，确保脱贫攻坚各项政策在基层落地生根。期间，他多次通过召集党委会、党政联席会、干部大会等多种方式，及时传达学习习近平总书记关于扶贫工作的重要论述及中央和省、州、县关于脱贫攻坚的决策部署，增强了全镇干部职工的向心力，坚定了全镇上下打赢脱贫攻坚的信心。

"基层是最大的课堂，群众是最好的老师"，他经常轻车简出，深入各村调研、摸底工作，掌握第一手资料，了解村"两委"、党员、群众代表意见。同时，结合脱贫攻坚工作的要求和各村实际情况，他帮助各村制定了年工作规划，明确工作目标，理清发展思路，并用历时七个月的时间，遍访了大武镇吾麻、尼玛龙、永宝、查仓、血麻五个村230户贫困户，他时时处处想着人民群众，一心为公、尽力为民办事的实际行动赢得了全村群众的高度赞誉。

"打赢脱贫攻坚战，核心在党，关键在人"。他始终坚信要打赢、打好、打响脱贫攻坚这场硬仗，必须坚持党建引领，只有把基层党组织打造成带领群众脱贫致富的坚强堡垒，才能把党员团结起来、把群众组织起来、把稳定脱贫奔小康各项任务落到实处。夯实责任，筑牢脱贫攻坚"桥头堡"。在他的带领下，大武镇完善了镇党委班子成员联村工作制度，努力把基层党组织建设成为脱贫攻坚的坚强战斗堡垒，增强脱贫攻坚工作合力。组织各村两委班子、致富带头人赴玛多县花石峡镇措柔村、甘德县岗龙乡、下大武白藏羊养殖基地、雪山乡乳制品公司实地观摩学习村集体破零和生态畜牧业发展工作中的先进经验和做法，拓宽发展思路，激活干部干事创业内驱动力。他注重发挥党员的示范带动作用，深入开展无职党员设岗定责、"党员脱贫示范户"等活动，让党员的示范引领作用充分发挥出来，凝聚脱贫致富的强大动力。创新组织，激发脱贫攻坚"源活力"。他全面部署落实"双联共建"活动，使大武镇各村党支部和县机关支部建立了"双联"关系，合力破解老百姓生产生活难题，全面改善了老百姓生活条件和环境，赢得了老百姓的信任和支持。

公保南加同志常年奔波在项目建设现场、易地搬迁小区、各村远牧点，用勤勉尽责干事创业的实绩谱写了脱贫攻坚的新华章。

找准路子，依托特色优势，发展扶贫产业。他带领村干部、驻村工作队，深入开展调研，召开贫困户座谈会，在充分尊重贫困户意愿的基础上，科学确立了发展生态畜牧业特色产业为主的脱贫致富的路子。在了解到各村在发展壮大村集体经济和生态畜牧业合作社进程中遇到的瓶颈问题时，他通过对接相关部门进行现场办公，解决了各村合作社水、电、路、厂房、畜棚、合作社建设用地等问题。目前，大武镇累计整合资金 800 万元在吾麻、永宝、尼玛龙、查仓、血麻五个建设白藏羊养殖、奶牛肉牛养殖、种植饲草等生态畜牧业合作社，使贫困群众"钱袋子"鼓起来了。同时，通过对接格桑花、金草原、雪域珍宝、云中牧场等龙头企业，建立"贫困户＋企业＋合作社"的利益联结的合作模式，让贫困户实现稳定脱贫。

求真务实，急群众之所急，为群众办实事。他始终把加快基础设施建设作为脱贫攻坚的重中之重，结合美丽乡村建设，根据各村需求，围绕"两不愁三保障"，强力推进水、电、路、房、通信等基础设施建设，各村面貌发生翻天覆地的巨变，贫困群众实现了走安全路、喝干净水、上卫生厕、住安全房的愿望。他亲自对接协调邮储银行开展"一对一"金融服务，鼓励贫困户发展产业，累计申请"530"扶贫金融贷款57户，发放贷款129.6万元，有效解决了贫困户自主创业、牧业生产方面的资金周转困难问题。他狠抓贫困学生资助、控辍保学、改善办学条件等重点工作，切实保障贫困家庭孩子不因贫辍学、失学。

智志双扶，提振干部精神，激发内生动力。"扶贫先扶志、治贫先治心"。为打赢脱贫攻坚战，他始终把抓"精神扶贫"作为突破口，坚持扶贫与扶志、扶智相结合，通过宣传教育、评选表彰等多种方式，教育引导群众发扬自力更生、艰苦奋斗精神，群众脱贫致富奔小康的内生动力进一步激发。在他的领导下，在各村成立文艺队，定期组织开展"颂党情、感党恩、民族团结一家亲""脱贫·圆梦·感恩"等主题的锅庄舞、篮球赛等形式多样的文体活动，有效地提振了干部群众精神面貌。他主张各村要通过开展"五星级文明户""最美家庭""卫生流动红旗"等评选评优活动，大力弘扬勤劳致富、劳动光荣、勤俭持家、孝亲敬老等传统美德，培育文明生活方式，推动移风易俗，文明理念深入人心，让脱贫路上新时代的乡风文明倾情相伴，家风民风相得益彰。

公保南加同志以自强不息的奋斗精神和爱岗敬业的工作热情，奉献于基层，服务于群众，在他的带领下全镇230户782名建档立卡贫困户实现了稳定脱贫，达到了"两不愁，三保障"标准，大武人民的获得感、幸福感和安全感有了明显提升。

念群众冷暖安危，为群众解难排忧

——马萍同志先进事迹

马萍，2018 年 3 月在马克唐镇人民政府担任扶贫干事一职，马萍同志在自己的扶贫岗位上心系贫困户，始终将扶贫开发工作放在首位，努力践行习总书记"六个精准""八个一批"精准扶贫精准脱贫新思想。

马萍深知作为负责全镇精准扶贫具体工作的专干，必须要吃透政策、熟悉业务，因此高度重视自身能力建设，将党的基本理论和路线、方针、政策率先学通学懂。坚持向"书本"学，每一项精准扶贫精准脱贫政策文件精神，坚持先学一步、先懂一步；坚持向"老同志"学，能够虚心学习老同志做群众工作的方法和经验，使得在开展工作中更能深入群众，全面、准确掌握相关信息；坚持向"群众"学，积极深入农户，了解他们致贫原因，掌握所思所盼，量体裁衣定措施，真正达到因户施策，实现精准脱贫。通过认真学习和深入调研，准确掌握了精准扶贫精准脱贫政策精神。2018 年 7 月，马萍同志初入职场，点灯熬夜自学扶贫知识，起初只是想干好扶贫工作，但自强不息的她主动报名参加县委宣传部举办的"脱贫攻坚"知识竞赛，代表马克唐镇荣获小组二等奖；同时她结合自身工作经历，主动报名参加了县委宣传部举办的"回首四十年 扬帆新时代"主题演讲比赛，以《不忘初心牢记使命，携手助力精准扶贫》为内容，演讲了 90 后回族女孩开展扶贫工作的经历、困难，以及克服困难的勇气；2019年9月，她以一名基层扶贫工作人员的角度在"庆祝中华人民共和国成立70周年青海解放70周年"演讲比赛中，讲述中华人民共和国的伟大历程和脱贫攻坚取得的巨大成绩。

马萍认真贯彻落实习总书记"六个精准""八个一批"精准扶贫精准脱贫新思想，努力提供更多更好地帮扶计划，促进扶贫政策宣传进村入户、家喻户晓。加强统计扶贫数据质量。此项工作是一项业务性强、工作量大的苦差事，马萍从不含糊每一个数据，为领导的决策提供可靠依据。通过开展基础信息排查、入户走访核查、贫困户人口信息采集等进一步提高基础信息统计意识，加强基础信息统计建设，规范统计工作日常管理。在工作中，她待人真诚、勤劳朴实、时刻为贫困户着想，结合实际创造性地抓好落实。积极学习现代管理知识，不断更新、完善自我，力求使自己高质量完成领导干部的工作要求。在贫困户眼中、在领导眼中树立了良好的扶贫专干形象。每周五马萍同志自发组织公益性岗位人员开展周五环境卫生整治活动，身为6年党龄的党员干部，她带头清理卫生死角，身材娇弱的她不怕脏一心带头示范引领。

自参加工作以来，马萍一直保持着良好的职业道德、严谨的工作态度及高度的责任心。基层的群众多为藏族群众，刚参加工作时她语言不通，但因十分重视贫困户的每一次上访，所以在工作之余自学藏语。马萍同志始终保持从自己做起，从点滴做起，视每一位贫困户如亲人的工作态度，赢得了贫困户的理解、支持与尊重，减少了贫困户上访时的纠纷发生。每次入户走访，马萍从来不把自己当成客人，而是以村为家，以贫困户为亲人，从而成为精准扶贫、精准脱贫的排头兵。各项工作做前、做实、做细，并且探索出很多的方法都可供其他村借鉴。她协助扶贫驻村工作队帮助贫困户利用到户资金入股到解放村扎白多孔砖厂，为使贫困户年底得到更多分红，她与镇领导一同前往扎白多孔砖厂、久先蔬菜专业合作社、先巴山羊养殖合作社、尖扎县伊清牛羊肉铺共同商议合同，经多次与合作社负责人协商，与贫困户沟通同意后签订了合同，切实做到了为民谋福利，解难事、办实事。

娘毛村支部书记公保杰说："马萍同志是一位能吃苦的好女孩，一心只为群众着想，在协助娘毛村整理扶贫档案资料时，细心的她总是能将资料整理得最完善，虽然语言交流中存在困难，但积极乐观的她总是面带笑容，耐心的讲解扶贫政策。"

如什其村"第一书记"旦正加布说："第一次看见马萍同志时心想，一位90后的大学毕业生能懂什么，但是通过一段时间的共处，才发现马萍同志不仅对扶贫政策了解得清楚，对14个行政村贫困户的情况都了解得很清楚。随着脱贫攻坚工作的步步推进，她不仅知道贫困户的家庭成员、生活状况、生产情况，更是清楚贫困户思想状态、家庭困难、就业状况、诉求愿望，协助扶贫驻村工作队帮助了解惠民政策、解决实际困难，帮助增收致富、协调矛盾纠纷、培树新风，确实是一名优秀的扶贫干事。"

马萍始终牵挂群众，惦记着群众的冷暖安危，用心用情为群众办实事、解难事，用自己的"辛勤指数"换来群众的"幸福指数"。在扶贫工作岗位一年半的时光里，她比别人付出了更多的艰辛和努力。但她始终把工作当事业干，乐在其中。现在的马克唐镇262户1030名群众已顺利实现脱贫。

扶贫开发贵精准，真抓实干有担当

——夏吾扎西同志先进事迹

夏吾扎西，2017 年根据组织任命，赴黄南藏族自治州泽库县和日镇人民政府担任副镇长一职，主管全镇扶贫工作。

和日镇地处高海拔地区，距县政府所在地 75 公里。海拔 3500 米。辖 11 个行政村，集聚地都为牧民，主要收入为传统养殖业，增收渠道单一，水电路基础设施落后，就业就学困难。全镇共有 6 个贫困村，建档立卡贫困户 876 户 3558 人，脱贫任务重，难度大，贫困程度深。初来乍到，面对新环境、新角色、新工作，夏吾扎西利用三个月的时间，遍访了全镇 11 个村 876 户贫困户；从致贫原因、脱贫措施，再到村委会的现状，对和日镇贫困现状进行了认真细致的调研和甄别核查，全面掌握了贫困底数、摸清了贫困现状，让和日镇的脱贫攻坚工作实现了从粗到精的转变，为全镇精准落实脱贫政策奠定了坚实基础。

由于牧区"两委"班子文化素质不高，村"两委"担心扶贫资金"打水漂"，因此很多产业村里都拿不定主意，很多产业和村集体经济项目迟迟没有落地。针对这些问题，夏吾扎西经常利用周末的时间，前往周边县市调研优秀产业；在深入调研，广泛征求意见的基础上，他又利用工作之余认真学习产业扶贫政策和项目知识，汲取先进经验和亮点做法，从起初的"一窍不通"到全镇的产业指导员，他积极指导帮助各村，为其量身制定产业发展规划和思路，并提出了"强班子、夯基础，调结构、兴产业"的工作思路，为和日镇的发展明确了方向。三年来，在上级部门和领导的关怀下，在夏吾扎西和同志们的努力下，11个村的11个扶贫产业和村集体经济发展得如火如荼，贫困户每年分红率增长到如今项目资金的10%；由夏吾扎西亲自参与指导的"和日黑帐篷文化旅游产业"更是成为全镇乃至全县产业发展的典型，产业发展已然成为和日镇脱贫致富路上的重要手段。

"吃苦耐劳、勤勤恳恳、甘于奉献，挑得起重担、扛得起责任。"这是同志们对夏吾扎西的评价。他始终坚持将党的事业和群众的利益放在第一，充分发扬共产党人吃苦耐劳的奋斗精神和勤奋务实的工作作风，对群众的事视如己出，想群众之所想，急群众之所急，千方百计释民惑、解民难、排民忧，坚持为群众办实事、办好事，为贫困群众谋幸福。三年来，夏吾扎西的足迹踏遍了和日镇的每一个角落，在易地搬迁施工现场与工人同吃住，在牧户家中与牧户亲切地聊家常，从工地到乡间随处可见他忙碌的身影。镇上条件有限，无法安排车辆供全镇干部下乡，他已习惯将私家车当公车使用，家里东拼西凑买来的车子不到两年就修了4次。

"既然回不了家，就把工作做到家。"夏吾扎西经常这样安慰和鼓励身边那些与他并肩战斗的同事。基层工作烦琐，大多牧民没有周末观念，因此"五加二、白加黑"已成为基层工作常态。特别是夏吾扎西作为扶贫主管，白天跑现场，晚上赶材料，还要完成其他部门交办事项，经常需要熬夜或利用周末时间加班，甚至连续几个月回不了家。最长的一次是连续20多天完成高强度作业，夏吾扎西由于过度劳累晕倒在工作岗位，在住院治疗7天后，他放心不下还未完成的工作，不顾家人和医生的建议，毅然坚持返岗。镇上的每个村，甚至每个贫困户的基本情况、住址所在、致贫原因、帮扶措施、帮扶联系人等信息他都了如指掌。在夏吾扎西的辛勤付出和全镇干部的共同努力下，和日镇在2019年底如期完成了6个贫困村退出和876户3558名贫困人口脱贫的傲人成绩。

作为一名基层党员干部，夏吾扎西始终做到"心中有党、心中有民、心中有责、心中有戒"，自觉践行一名合格党员的精神追求，将责任扛在肩上，把使命记在心里。他始终以高标准严格要求自己，牢固树立"四个意识"，扎扎实实开展工作，履职尽责，把上级交代的每一项工作任务，加班加点、日夜奋战，按时间节点高质高效地完成，为全镇的脱贫攻坚工作奉献了自己的微薄之力。只要接到有关精准扶贫的工作，永远都是第一时间和领导沟通研究，自夏吾扎西上任以来，和日镇的精准扶贫工作一直走在全县前列。与他接触最多的便是乡镇扶贫工作站的干部们和贫困群众，还有在一线奋斗的驻村工作队，大家都喜欢和他交流。不管是和日镇的群众还是同事，大家都喜欢叫他一声"夏镇"，他的贴心，赢得了贫困户的尊重和赞扬，他的敬业和干劲获得了领导的同事的认可和肯定，由于工作表现突出，2018年年底他被评为全县"先进个人"和"年度考核优秀"。

面对这份使命和责任担当，夏吾扎西自始至终以一股积极昂扬的精气神，和一颗对党忠诚的赤子之心，把使命放在心上，把责任扛在肩上，扎根在草原深处、在基层一线、在群众家中，甘为扶贫工作挥洒着青春的热血，带领一方群众走乡脱贫致富的康庄大道。他总是说："站在这个岗位上就要不辱使命，方不负青春。"他用自己扎扎实实的行动，阐述了一个扶贫工作者在脱贫攻坚中应该彰显出的青春风采。

扶贫工作者

担当显品质，落实是能力

——蔡成海同志先进事迹

蔡成海，西宁市湟源县扶贫开发局副局长。自 2013 年 11 月到湟源县扶贫局以来，他倾心为民、默默奉献，坚守为民情怀、用足用活政策，竭尽全力办好民生实事，在实践中探索富民强村的有效途径，推动湟源脱贫攻坚事业进入新阶段，精准扶贫工作取得扎实成效。

蔡成海同志上任以来，几乎走遍了全县的每一个村庄。走家串户、深入调查，主动听取贫困群众的需求，积极主动商讨脱贫办法，研究脱贫对策。他和扶贫开发局的同事们全面摸清全县贫困乡、村人口的分布和贫困状况，分析致贫原因，发现湟源县贫困人口制贫因素复杂多样且交织叠加，主要致贫因素中，因病致贫、因残致贫占比达到 78%。为了有针对性地制定脱贫计划，他积极协调全县各有关单位，组织力量、集中人、财、物，形成脱贫合力。充分发挥乡村能人辐射带动作用，积极探索能人带动贫困户脱贫致富的路子，以"能人＋贫困户"模式，促成了致富能人与贫困户结成帮扶对子，并积极推动组织劳务输出、折股分红等方式带动贫困户走上了脱贫致富的"快车道"，树立了一批能人带产业、以产业助脱贫的先进典型，形成了能人创实业、带动群众创家业的精准扶贫新格局。

一分耕耘，一分收获。几年来，蔡成海同志由一名不懂扶贫的门外汉成长为一位业务精通的扶贫行家，多次受到县委县政府主要领导的表扬，这些在他抛洒了心血和汗水的热土上得到的印证。他着眼于提高质量效益、立足于增加农民收入，借国际农发基金之力，投资 9713.7 万元实施农业、水利等 5 大类 9 个子项目，8 个乡镇、81 个行政村、8731 户农户受益，直接助推 441 户贫困户增收脱贫。国际农发基金总裁吉尔伯特·洪博实地考察时，对湟源县此项工作给予了高度评价。

通过"财政资金撬动、金融保障推动、产业发展带动"的金融扶贫方式，有效发挥互助资金作用，蔡成海成立了互助资金协会，从借款程序、违约处罚、使用范围、风险防控等各方面全过程进行监督管理，有效发挥了互助资金推动产业发展的作用，促使发放互助借款 637 万元、累计贷款 1.4 亿元。同时，在他的协调下，全面推动落实了金融扶贫"530"贷款政策，共为符合条件的 2257 户建档立卡贫困户发放"530"小额贷款 7892.7 万元，有效破解了贫困户贷款难、小额信贷门槛高的问题，对符合条件的农户贷款实行应贴尽贴，累计贴息 241 万元；此外，依托县级"金穗服务惠万家"和西宁市信用担保集团公司平台，以"金融机构＋担保平台＋龙头企业＋农民合作社"模式，为 128 户农户、38 家涉农经济主体分别担保贷款 6764 万元、7178 万元，兑现贴息 128 笔 400 万元。其次，实施"雨露计划"实现贫困劳动力就业转移 3130 人，补助贫困家庭大学生和"两后生"1127 人。

为了打赢湟源县的脱贫攻坚战役，为了贫困群众早日脱贫，蔡成海委屈了孩子、辛苦了妻子、忙坏了身子。自上任以来，家务事基本上全部交给了妻子。他的女儿还小，但他却不能给予更多的关心爱护，但是为了工作他没办法，他不能抛下全县的贫困群众。

蔡成海的辛勤工作也得到了回报，湟源县贫困面貌得到了有效改善。2019 年 3 月 26 日至 29 日，由第三方进行了摘帽评估，2019 年 5 月 15 日，省人民政府公告湟源等 12 县（市）退出贫困县序列。

蔡成海在脱贫攻坚工作中走村入户情牵群众，为群众千方百计铺就致富路。他夙夜匪懈一心为了人民群众，谱写了脱贫新篇章。

夙夜在公担重任，宵衣旰食筑小康

——谢存良同志先进事迹

谢存良，自 2014 年 10 月到西宁市湟中县扶贫开发局办公室参加工作以来，始终坚持学习贯彻执行党和国家路线方针政策，积极履行党员职责，不断创新工作思路和工作方式方法，全面提高扶贫工作信息统计水平和质量，为全县脱贫攻坚工作顺利推进提供坚实数据基础。

贫困人口的识别是精准扶贫工作的难点，为促进脱贫攻坚"账账相符、账实相符"，实现普遍问题统筹解决、到户问题精准施策，谢存良同志在建档立卡基本信息和大数据信息采集录入工作中，通过认真研究操作数据采集系统来查找工作中有可能出现的问题，通过"一培训一审核"的方式，集中指导各乡镇在建档立卡和大数据信息录入工作中走在了全省前列，高质量完成大数据信息平台建设工作，让精准扶贫工作在大数据的助力下精准发力，发挥长效作用，为识别精准、措施精准、脱贫精准提供可靠数据保障。

为进一步做好数据管理，强化贫困数据在脱贫攻坚中的精准度，按照省市县安排，在动态管理数据系统权限开放时，及时组织各乡镇扶贫干事开展数据清洗及动态管理，在工作中他坚持谨慎严谨态度，认真开展动态管理工作，2016 年全县扶贫对象的漏录人口、多录、纳入五保等共净核减 889 人，识别准确率达 97.2%，标注预脱贫 10434 人。经过动态调整后，全县贫困户 30940 人，其中 2016 年脱贫 10339 人，脱贫标注误差率仅为 0.9%。2016 年底，审计署赴我县开展扶贫资金项目专项审计，因时间紧、工作任务艰巨，但他不辞辛苦从车辆、房产、个人纳税等方面整理上报审计组所需资料合计，9 项共 67 本，使审计后的全县大数据平台误差率仅为 0.2%，远远低于国家 4% 的要求。

为如期完成脱贫攻坚目标任务提供有力支撑，谢存良积极与民政局衔接，比对建档立卡贫困对象和农村低保人口的重合情况；对低保人员不在扶贫系统、未脱贫低保兜底人员不在民政低保系统、未脱贫非低保兜底人员不在扶贫系统及姓名不一致等结果，联合民政局进村入户核查核实；积极与残联、社保、教育、住建等部门衔接，比对建档立卡贫困户与残疾人对象、大病医疗对象、义务教育阶段学生、危旧房改造对象的重合等情况，及时反馈比对结果，避免出现错评、漏评、错退等现象，全面提升贫困人口识别精准度。

培养懂扶贫、会帮扶的扶贫干事队伍，是做好新时期脱贫攻坚工作的重要举措，必须抓紧抓好，抓出成效。谢存良同志通过组织开展培训会、入乡授课、进村指导等方式，对乡镇扶贫干事、村干部从甄别扶贫对象、识别程序、退出程序、收入监测计算等方面培训指导，分析研究扶贫工作中的矛盾、问题，培养扶贫干事善于运用政策经验指导工作，提高扶贫干事政策理论水平，提高扶贫干事的实际工作能力。

为了全面巩固脱贫成果，防止"边脱贫、边返贫"现象发生，改善群众生活条件，防范贫困人口新增风险，根据县委主要领导要求，积极借鉴外地精准防贫工作先进经验做法，谢存良带领社会保障科同事草拟《湟中县防贫基金暂行管理办法》（以下简称《办法》），2019 年 6 月《办法》的出台为深入贯彻落实中央和省市关于坚决打赢脱贫攻坚战的决策部署，积极消除贫困存量，主动控制贫困增量，探索建立了防贫长效机制。根据《湟中县脱贫攻坚交叉检查工作办法》，前后拟定《湟中县脱贫攻坚决战决胜期工作落实情况核查方案》《湟中县贫困退出交叉核查工作方案》，为贫困村退出和贫困户脱贫进行了全面、客观、公正的核查评估，确保贫困户退出如期完成，贫困县如期摘帽。

谢存良同志聚焦精准扶贫，扎实推进贫困数据动态管理，强化数据对比，加强业务培训，高质量开展脱贫攻坚工作，为脱贫巩固出实招，使这项工作有着明显的成效。

扎实做好本职工作，添砖加瓦助脱贫

——李振明同志先进事迹

2016 年 12 月，在海东市民和回族土族自治县脱贫攻坚关键时期，李振明迎难而上，再次回到曾经奋斗过数十载的扶贫开发局，出任县扶贫开发局局长，此时他已五十多岁，精力已大不如以前。从贫困山村走出来，又在农村工作了大半辈子的他深知农村发展的现状和贫困地区贫困群众摆脱贫困的热切期盼，他就像一列开足了马力的列车，连续四年不停奔波在脱贫攻坚一线，走乡串户察民情、解民忧、纾民困，足迹遍布全县 312 个村子，努力让贫困群众过上心中向往的美好生活，为全县实现脱贫摘帽作出了应有的贡献。

为彻底解决群众出行难、就医难、上学难、娶妻难、增收难、吃水难、住房难等"七难"和"一方水土养不活一方人"的难题，县委、县政府采取购买产权或租售并举的方式安置，实现了贫困群众"挪穷窝、拔穷根"，走出了一条"政府引导、精准脱贫，攻坚拔寨、整乡搬迁"的易地扶贫搬迁新模式，使北山乡在脱贫路上迈出了坚实的一步，成为全省易地搬迁的典范。

从大山深处走出来的他深知"一方水土养活不了一方人"的自然条件，是群众脱贫致富路上最大的"绊脚石"，为此他始终将易地搬迁作为脱贫攻坚的标志性工程来抓。为确保县委县政府的部署落到实处，作为县扶贫部门负责人，他一马当先作表率，积极履行主力军职责，大力推进易地扶贫搬迁工作。在调查研究的基础上，切实发挥好易地扶贫搬迁组织协调和参谋作用，将县委县政府的决策部署细化成切实可行的实施方案，带头组织落实，有力地推进了易地扶贫搬迁项目建设，全县14个乡镇、78个村、4010户、15408人喜迁新居，入住率达100%。

为实现"搬得出、稳得住、有产业、能致富"的目标。他积极探索实施"乡村旅游＋特色产业""就业培训＋公益岗位""资产收益＋物业经济""土地流转＋劳务输出"等扶持方式，推动搬迁户就业创业增加收入，尽快实现稳定脱贫。特别是北山乡整乡搬迁中，通过劳务输出、技能培训、土地流转、铺面租赁等举措，充分调动各方面力量，千方百计解决北山乡搬迁群众生产生活困难。截至目前，易地搬迁安置1316户建档立卡户中，已设置公益性岗位305个，有劳动力的搬迁建档立卡户1218户，劳动力2826人，已就业2629人。

李振明作为一名"老扶贫"，他知道脱贫攻坚进行到现在，有知识、有本事、有能力的群众都脱贫了，剩下的贫困群众基本上都是缺技能、缺资金、缺思路。他苦苦思索着剩下的这些最贫困群众的脱贫之道，积极向上级请示汇报，与同事们沟通讨论，立足民和实际，按照"宜农则农、宜牧则牧、宜林则林、宜商则商、宜游则游"的产业选择原则，在充分尊重贫困户自主选择产业权利的基础上，结合贫困村资源和贫困户意愿及自身发展能力、产业需求，引导贫困户发展产业或实施资产收益。

一是围绕产业精准到户到人的目标，投资2.27亿元，依托中药材、特色养殖、交通运输等特色产业，扶持贫困人口9517户42058人；二是借助40万亩全膜玉米优势，发展养殖大户1517家，建成家庭牧场5829户，户均年增收6000元以上；三是葡萄种植扶贫产业和农副产品深加工等6大扶贫产业项目，带动1514户贫困户年均增收2000元以上，贫困户"造血"功能不断增强，促农增收的产业基础不断夯实；四是北山洺钦和服装、官亭中药材加工等8个扶贫车间建成投产，带贫益贫机制持续完善；五是43.4兆瓦光伏项目成功并网发电，125个贫困村年收益30万元以上；六是187个非贫困村集体经济持续壮大，实现收益560.4万元；七是立足本地优势旅游资源，累计投资扶贫资金1200万元，打造了古鄯镇七里花海、西沟南垣油用牡丹、西沟复兴村、隆治乡桥头村等一批民俗风情、产业发展和旅游休闲融为一体的旅游扶贫项目，带贫益贫效益明显。

实现贫困县脱贫摘帽目标后，全县脱贫工作重点转向了如何巩固好来之不易的脱贫成果，如何做好巩固，这是摆在他面前的又一张考卷。

李振明作为扶贫部门负责人，他勤学善思，带动研究新课题，积极借鉴学习外省优秀经验，立足本地实际、着眼未来发展，率先在全省开展防贫保险试点。瞄准低收入非贫困户和非高标准脱贫户两类临贫易贫重点人群，抓住因学、因病、因灾等致贫返贫关键因素，按每人每年80元保费标准为全县12.5万的农村人口购买防贫保险，从源头上筑起了发生贫困的"拦水坝"。截至目前，已发放防贫保险金发放防贫保险金508.9万元。

使命扶贫数十载，为民初心志不移。作为一名贫困县扶贫开发局局长，李振明把全部汗水都洒向了脱贫攻坚事业，把全部爱心都给了贫困群众，牢记为人民服务的初心和使命，他依然挺立在脱贫攻坚一线，用自己的实际行动，为民和县的脱贫攻坚事业努力奋斗！

谋划扶贫攻略，冲锋脱贫前线

——石建军同志先进事迹

石建军，现任海东市扶贫开发局党组成员、副局长，为海东市第二届政协委员。2017 年，他被海东市推荐为第三届"最美青海人"候选人；2018 年 3 月，海东市委、市政府对其授予"海东市优秀扶贫干部"荣誉称号；2018 年 6 月，青海省委省政府授予"全省脱贫攻坚奖"，被评为全省脱贫攻坚先进个人。同年，他被海东市推荐为第七届全国道德模范海东市候选人。

"学用结合，才能服务好群众！"这是党员石建军说得最多的一句话，也是他工作突出的制胜"法宝"。参与精准扶贫工作五年来，在市扶贫开发局领导班子成员中，他分管工作最多。在下乡督查工作之余，他深入田间地头、贫困户家中，通过走亲戚、拉家常的形式开展调研，发现工作中的问题，分析工作中的难点，思考工作的思路对策，不断在工作实践中强化学习，提高自己的"实战"能力。

一分耕耘一分收获。五年来，以他主笔起草的全市性脱贫攻坚政策、制度、调研文章和文件不下 70 件。2019 年他在深入调研基础上撰写的《关于持续开展海东反贫困斗争的几点思考》的调研文章，被国务院扶贫开发领导小组办公室 2019 年第 11 期《扶贫开发》杂志及省、市委政策研究室《调查研究》刊物采用；《把握脱贫攻坚新形势，决战脱贫攻坚收官战》等理论文章被《青海日报》等报纸采用。由于业务娴熟，近年来他应邀到市委党校中青年干部培训班和各县区乡村干部培训班授课 30 余场次，得到了广大基层干部职工和群众的好评。

2017 年，正当全市如火如荼推进精准扶贫的时候，化隆县工作出现滞后情况。为了解决问题，石建军用 3 天时间暗访了化隆县多个偏远山村后，向市政府分管领导汇报了暗访情况后，陪同市政府分管领导调研，并写了一封长信，向化隆县委县政府详细说明情况，提出了中肯的建议。实践证明，自那以后化隆县立即整改，精准扶贫开始加速推进。他在循化县文都乡拉代村调研指导工作时发现：几乎全市偏远山区的藏族村每家每户都没有正式的厕所，人畜混杂的"跑圈"现象特别突出。为改变现状，他先后多次向市、县、乡反应并积极推动，海东部分偏远村社无厕所的问题逐步得到了解决。海东的这一改变，与年底习近平总书记提出的"厕所革命"相辅相成、相得益彰，得到了党和政府及人民群众的极大认可。

五年里，他深入调研、谋划精准扶贫工作，为海东市全面落实脱贫攻坚"双组长"制等"四项制度"，建立组织领导等"五大工作机制"，创新实施"拉面"扶贫等七种扶贫模式和特色产业扶贫等具有海东特色的脱贫攻坚"十大工程"做出了突出贡献。他发挥文字功底深厚的优势，在班子成员的共同努力下，推动形成了以海东市脱贫攻坚方案为总纲，海东市精准扶贫体制机制走在了全省前列，精准扶贫大数据平台率先发挥作用。

石建军深知，产业发展是精准扶贫的重头戏。在深入研究国家产业扶贫政策的基础上，他尝试提出了"农畜结合、草畜联动"的发展思路，规划"到户产业发展项目＋金融扶贫"模式，扶持贫困户大力发展家庭牧场、特殊作物种植，助推贫困户稳定脱贫和长期增收；大力发展"一村一品"产业，实现错品种致富；发展乡村旅游，实现农村整体发展。目前，全市已扶持6307户贫困户建成家庭牧场，户均增收3万元；创建"一村一品"特色产业村180多个；50个村实施了旅游扶贫项目，打造出了民和古鄯七里花海、互助东和油嘴湾花海、平安石碑农家乐等一批在全省叫得响、立得住的乡村旅游扶贫示范村，为贫困地区以乡村旅游扶贫实现乡村振兴目标探索了路子。

五年来，他不论刮风下雨、酷暑严寒，深入到890个贫困村及边缘贫困村调研、督导脱贫攻坚工作，到贫困户家中访贫问寒、检查扶贫政策落实情况，走访的村庄占全市总量的一半以上。在他的世界里，从来没有节假日的概念，就连每年的体检卡，都因他无时间而过期作废了。虽然的家中老母亲年逾八十，两个孩子年纪尚小，但他无暇顾及太多，"5+2""白加黑"是他一贯的工作模式。

2015年，石建军在互助县东和乡黑庄村下村调研，看到一名因贫即将辍学的孩子后，当即决定资助这个孩子上学，不仅极大地缓解了这个家庭的困难，还让村民们看到了扶贫干部的决心，让他们树起了脱贫致富的决心。五年来，他遇到鳏寡孤独及重度病残人员，他总是自掏腰包送上慰问金，用自己的方式送去自己对贫困群众的关心和关爱，用自己扎实的工作作风和无私的爱心传递着正能量，感动着身边的人。最美海东人，他当之无愧。

牢记使命终不悔，扶贫攻坚岂能辞。生命如歌，或抑扬顿挫，或婉转悠扬，石建军努力拼搏体现了新时代共产党员使命追求，也诠释了一名扶贫干部的价值追求。

心系群众，精准脱贫

——钢夫同志先进事迹

　　钢夫同志长期奋战在扶贫开发工作一线，特别是任海西蒙古族藏族自治州扶贫开发领导小组办公室主任、扶贫开发局局长以来，他带领全州扶贫系统干部尽锐出战，探索出了一条具有海西特色的脱贫攻坚新路子。他于2016年、2017年被评为全省优秀扶贫系统工作者，2019年被评为"十三五"期间易地扶贫搬迁工作先进个人。

　　2016年以来，钢夫同志的足迹遍布全州32.58万平方公里，遍访了119个贫

困村和其他所有行政村，走访了2000余户困难户和边缘户，为了准确掌握各地贫困现状，他到最偏僻、最落后、最艰苦，海拔高达4000多米的格尔木市唐古拉山镇沱沱河、天峻县木里镇等地深入村、户调查研究、掌握实情，与基层干部和老百姓打成一片，全面掌握了民情、村情、县情，为因人施策开展精准帮扶和因地制宜开展产业扶贫提供了依据，成为基层干部开展脱贫攻坚工作的"参谋员、指导员"和老百姓的"贴心人"。在下乡的路途中，每当看到沟沟坎坎、泥泞的道路和破旧的房屋，他都会一一实地查看，与群众促膝交谈，了解相关情况，并积极与相关部门协调对接，争取资金、落实项目。2016年以来落实行业扶贫资金104.1213亿元，实施4166户农村危房改造项目，全面完成1362户易地扶贫搬迁任务；解决了15万人饮水安全问题，大力建

设农业供电线路、通村公路，农牧区基础设施条件得到极大改善。

在常年入户走访中，钢夫同志发现有的贫困户身患重病，长期卧床，有的突遭变故，生活没有着落……与他们的交流、沟通和调研中，深感身上责任重大，他为此四处寻找"良方"。通过不断探索，在建档立卡贫困户享受"六减、四优先、十覆盖"及基本医保和住院医疗补充保险基础上，钢夫同志凭着一腔热情，连续四年积极协调落实州级财政专项扶贫资金 700 万元，在全省首创脱贫商业保险，贫困群众报销比例平均达到 90% 以上。在创新推出"脱贫保"商业保险的基础上，为防止脱贫群众返贫和收入略高于建档立卡贫困户的群众因病因灾等原因致贫，钢夫同志认真钻研探索，于 2018 年主动协调落实资金 200 万元，在全省开创"防贫保"商业保险，为全州边缘群众因病致贫、返贫筑牢了防线，打出了一套"精准扶贫 + 精准脱贫 + 精准防贫"的三位一体"组合拳"。截至目前，"防贫保"报付比例达到 89%。为防止城镇贫困人口因病、因学、因重大疾病、因意外致贫返贫，2020 年海西州将率先开展城镇贫困人口"防贫保"商业保险，统筹推进城乡共同富裕，同步小康，稳定实现城镇贫困群众"两不愁三保障"。

2016 年以来，钢夫同志深知扶志扶智工作的重要性，把激发群众内生动力作为致富奔小康的有效手段，采取强化思想教育、借贷扶持、培训就业、示范引领等一系列创新举措。他主动协调筛选 8 名驻村第一书记、驻村干部和脱贫致富先进典型家庭代表，组建了海西州脱贫攻坚先进典型事迹宣讲报告团，2018 年、2019 年赴 5 个市县 30 个乡镇开展了巡回宣讲累计 50 场，受众近万人。他还积极组织协调各市县采取培训会、评议会、现场会等方式，向群众传递先进思想，宣传扶贫政策，讲授科学技术，让群众掌握技巧，干有效果。他深知技能培训是扶智工作的重要途径，2016 年以来，积极协调落实资金 471.7 万元，对 2391 名贫困劳动力实施了汽车驾驶、酒店管理、民族刺绣等方面的技能培训，转移就业率达到 80% 以上；积极协调林草、人社等部门，落实草原生态管护、护林、保洁等岗位 6091 个，与中国就业网签订战略合作协议，打通就业扶贫"零距离"，深入推进就业扶贫。同时，组织各市县扶贫部门与团州委联合开展"青春创业扶贫行动"，协调落实注入风险防控资金 1779.5 万元，贴息资金 160 万元，贷款 3156 万元，扶持 103 名大学生创业就业，为全州志智双扶工作的有序推进做出了有益探索。

钢夫同志是千千万万扶贫干部中的一员，他在平凡的岗位上践行着共产党员的光荣使命，履行着对困难群众的庄严承诺，他脚踏实地、努力探索，敢为人先、勇于创新，带领全州扶贫系统干部高唱扶贫之歌，高举小康旗帜，用实际行动在柴达木盆地为农牧民群众脱贫致富奔小康闯出了一条康庄大道。

深入群众暖民心，脱贫增收谋福祉

——尹君同志先进事迹

自脱贫攻坚战役打响以来，海西蒙古族藏族自治州乌兰县扶贫开发工作领导小组办公室主任、县农牧和扶贫开发局党组书记、局长尹君，用平凡书写奉献，用担当诠释忠诚，用行动践行初心。他深深地扎根于乌兰这片热土上，把党的嘱托、群众的期盼、化作无穷的动力和满腔的热情，洒下滴滴汗水，奉献全部心血。

脱贫攻坚战不是轻轻松松一冲锋就能打赢的，从决定性成就到全面胜利，面临的困难和挑战依然艰巨，决不能松劲懈怠。尹君以高度的责任感和强烈的事业心，团结带领一班人马全身心投入到脱贫攻坚工作中去，紧紧围绕习近平总书记提出的"扎扎实实保障和改善民生"的重大要求，全面贯彻落实党中央、国务院和省州县脱贫攻坚决策部署，坚持精准扶贫精准脱贫基本方略，聚焦"两不愁三保障"，精锐出战，攻坚克难，脱贫攻坚取得决定性成就。他的辛劳付出得到了丰厚的回报，2018 年 9 月，青海省人民政府批复并发布公告，批准 2017 年度计划摘帽的乌兰县退出贫困县。他先后荣获 2017 年度全省扶贫系统优秀工作者；2017 年度全省脱贫攻坚宣传工作先进个人；2018 年度优秀公务员；2019 年度全省脱贫攻坚宣传工作先进个人；2021 年 2 月全国脱贫攻坚先进个人等荣誉称号。

古人云："以身教者从，以言教者讼。"尹君接过组织和全县 4 万人民群众的嘱托，在工作中，总是身先士卒。为了掌握好第一手资料，他跑遍了全县的每一个村庄。每到一处，走家串户进行深入细致的调查，精准摸排实情，认真听取乡村干部和农牧民群众的反映和要求，共同分析研究脱贫对策。同时，沉到一线指导精准识别工作，严格按照"五看法"和精准识别各项指标要求，最终认定全县 15 个建档立卡贫困村、405 户 1113 名建档立卡贫困人口，识别精准率达到 99% 以上，农牧民群众满意度达到 98%。通过深入的调查研究，他对全县的贫困现状、经济发展现状、致贫原因、群众脱贫愿望及贫困户的需求都有了更好更深刻的认识。他高度重视关心特殊困难弱势群体的生活，让他们共享脱贫攻坚带来的发展成果。在柯柯镇东村因病卧床的张朝恩老人家，尹君和包村干部带着生活用品前来探望老人，"他们隔三岔五就来看我，每次还带东西来"。老人边说边从枕头下面拿出与扶贫产业园签订的协议和上面发的低保证，说："在家待着，每月能领到 230 元救助金，年底还能享受到扶贫产业园收益分红 1000 元和医疗救助等政策，党的政策好，党的干部更没说头，真是太感谢政府和扶贫干部了！"

习近平总书记强调，党员干部要到脱贫攻坚的一线、到带领群众脱贫致富的火热实践中历练，经受考验，磨炼党性，增进群众感情，增强做好工作的本领。在他扎实的工作作风感染和带动下，全县扶贫系统上下形成了"动真情、动真格，真扶贫、扶真贫，真抓实干、埋头苦干"的工作作风。在他的带领下大力实施了产业扶贫、易地扶贫搬迁、乡村旅游扶贫、贫困村集体产业以及贫困户资产收益等精准扶贫项目和基础设施建设。目前，所有行政村均通有沥青（硬化）或砂石道路，道路通畅率达 100%；集中供水点饮水水质标准均符合国家《安全饮用水标准》要求；实现全县行政村标准化卫生室全覆盖；生产生活用电接通率达 100%；村级综合办公服务中心覆盖率达100%；九年义务教育巩固率达 94.2%；社会兜底保障覆盖率 100%；城乡居民基本医疗保险参保率和城乡居民基本养老保险参保率均达 99%。通过扶贫车间、公益性岗位等多途径拓宽贫困群众增收渠道，实现由劳动能力搬迁家庭至少有 1 人稳定就业，劳动就业率达 100%，产业培育合格率达 100%，劳动力就业配置率 100%，60 户建档立卡通过到户产业发展资金实现年均增收 700元。同时依托种养殖业、农家乐、家庭宾馆等产业，实现稳定就业、稳定增收。

作为一名基层的扶贫干部，尹君脚踏实地，凭借着多年基层扶贫工作的经验，因地制宜，探索出了一条符合乌兰县实际的扶贫思路。依托闻名的茶卡盐湖等景区，及时转变思路，加快产业转型，同乡镇、村"两委"和驻村工作队积极探索加快乡村旅游业发展的新举措，充分发挥茶卡盐湖旅游业带动作用。他引导茶卡镇贫困户发展家庭住宿、餐饮业，贫困户年均增收5万元以上；在茶卡盐湖景区出入口设立商业摊位租赁给周边农牧民，群众年均增收3万元以上；投入资金10万元在景区购买可移动式商铺10顶，免费租赁给贫困户，年均增收5万元以上；新增茶卡镇区、景区环卫岗位111个，安置贫困户及农牧民就业，年工资收入在3万元以上。将分配给全县产业发展资金、省州县财政资金、企业帮扶资金入股县内效益较好的企业，年底按入股金额分红，累计收益689.18万元，贫困户人均增收6429元，村均收益18.14万元。2019年，巴音村共开设30家家庭宾馆和农家乐，客房达328间，床位756个，餐桌120张，座位732个；为满足游客需求，客房全部按照星级宾馆标准建设。全村有120余人次先后参加了宾馆服务、餐饮等相关技能培训，全村旅游接待能力和服务水平全面提高。今年有20户村民将自己的家庭宾馆出租，年租金在8万元到12万元之间，再次解放了劳动力，部分村民购置了挖掘机、载重汽车和出租车，使原本投入家庭宾馆经营的劳动力可以从事其他的产业，进一步拓宽了村民的增收致富渠道。

金杯、银杯，不如老百姓的口碑！五年来的扶贫工作，使乌兰县的很多老百姓给予尹君极大的赞誉。作为我省众多扶贫干部中的普通一员，尹君情系农村，情系农民，上为政府分忧，下为百姓解愁，让党放心，让群众满意，默默奉献着自己的青春和人生。扶贫的路很长，是基层干部无数个日夜的不眠不休。扶贫的路又很短，是从百姓的门槛走进他们的心坎。他始终牢记着全心全意为人民服务的宗旨，甘当扶贫路上的铺路石，甘当人民群众的孺子牛，用实际行动践行一个共产党员的初心使命。

为扶贫贡献智慧，让群众得到实惠

——更太加同志先进事迹

由于特殊的自然、地理、历史等因素影响，海南藏族自治州集西部地区、民族地区、欠发达地区、艰苦边远地区和贫困地区于一身，农牧区贫困面广、贫困程度深、贫困人口多、返贫率高、群众自我发展能力弱等一系列突出问题是最基本的州情特点，也是全面建成小康社会的最大瓶颈。面对这些挑战，更太加始终坚持把"消除贫困、改善民生、创新机制、精准扶贫"作为开展工作的总要求，扑下身子钻业务、解民忧、帮

民富，助推海南州贫困群众走上一条稳定脱贫、共同致富之路。

根据海南州委州政府提出的"四年集中攻坚、一年巩固提升"的思路，通过四年集中攻坚，到2019年，确保在现有标准下的贫困人口全部脱贫，贫困村全部退出，贫困县全部"摘帽"的工作目标。作为州级业务科室的负责人，更太加积极响应中央和省州委的号召，始终无怨无悔，任劳任怨，把所有工作当作领导对自己的信任、考验和锻炼，尽职尽责，拼搏进取，努力使各项工作争先创优。他经常深入贫困村进行认真、细致的调研摸底，通过深入调查研究，掌握第一手资料，对基本情况、经济发展现状、群众脱贫愿望和脱贫攻坚规划等有了很深刻的认识，通过查阅各类扶贫攻坚资料，学习借鉴涉藏地区及农牧结合区扶贫开发工作经验，积极探索符合海南实际的扶贫攻坚

模式。

功夫不负有心人，在短短半年时间里，更太加高质量地起草完成了《海南州"十三五"脱贫攻坚规划》《发展产业脱贫攻坚行动计划》《资产收益脱贫攻坚行动计划》《海南州深度贫困地区三年脱贫攻坚行动计划》等一系列配套政策文件，为海南州开展脱贫攻坚工作描绘出了一幅"蓝图"。

脱贫攻坚贵在精准，重在精准，成败之举在于精准。如何将习近平总书记关于扶贫工作的重要论述，特别是"六个精准"要求落实到脱贫攻坚一线，切实改变过去"大水漫灌"的思维模式、工作方式，真正做到扶真贫、真扶贫、真脱贫。更太加理清思路，将工作重点放在了探索创新和建章立制上，起草了《海南州精准扶贫信息数据共享比对制度》，建立了扶贫与教育、人社、民政、住建等行业部门工作衔接与数据共享长效机制，并坚持每月 25 号召开数据对接共享会议，对数据共享比对后的问题进行统一分析，实行动态管理，科学合理地及时进行调整，实现政策、项目、资金等精准"滴灌"到贫困户。

为充分拓展产业扶贫发展新路子，有效带动贫困群众增收致富，在深入调研，外出学习考察的基础上，多次组织召开方案编制对接工作会议，编制了《海南州精准扶贫绿色产业发展（电子商务）试验示范园建设实施方案》，于 2018 年 7 月开始负责实施海南州精准扶贫绿色产业发展（电子商务）试验示范园建设项目。通过打造电商扶贫产业平台，辐射带动全州 426 个行政村（其中，建档立卡贫困村 173 个、建档立卡贫困人口 5.3 万）。产业园自运营以来，已入驻企业 53 家，园区现有员工 390 名（其中建档立卡贫困户 63 名），月平均工资达 3500 元；园区各企业间接带动就业 1500 户（其中建档立卡户 600 户）。通过以"网红"直播带货，苏宁、京东、有赞商城、扶贫 832 平台、园区企业销售为推手，线上线下销售总额达 3000 余万元。同时，为深入实施消费扶贫，助力打赢脱贫攻坚战，成功举办"海南州首届网络年货节，消费扶贫——把爱带回家"活动，共销售大礼包 1500（余）件，销售额达 70（余）万元，充分营造了"人人参与消费扶贫、人人支持消费扶贫"的良好氛围。实现了"电商扶贫 + 消费扶贫 + 产业扶贫 + 就业扶贫"新模式。

在办公室里，每天有着干不完的工作，每个人都在默默地奉献，更太加只是其中的普通一员，他看似性格内向，可对于工作却是毫不含糊，他是同事口中的"工作狂"，加班熬夜是常态；对于同事，他在业务上指导、生活中关心，是大家眼中的"好大哥"；但对于家中的父母妻儿，他却满怀愧疚，因为他把时间都用在了工作上，奉献给了自己热爱的扶贫事业。

更太加同志作为一名扶贫工作者，在扶贫战线奋斗 13 年，初心不改，奋斗不止，在履职尽责的路上，更太加深刻地体会到精准扶贫精准脱贫不仅仅是一项工作，更是一种责任、一种情怀、一种担当，只有真正把贫困群众装在心里，把贫困群众当亲人、把扶贫工作当家事，用心用情用力做好本职工作，才能打赢脱贫攻坚这场硬战。

一身责任，一身担当

——拉华才让同志先进事迹

拉华才让，自2005年6月参加工作以来，先后任海南藏族自治州兴海县温泉乡人武部部长、曲什安镇人民政府副镇长等职务，现任兴海县扶贫开发局副局长。工作期间，先后被评为曲什安镇2008、2009、2010年度"优秀包村干部"，2018年被评为全州"优秀扶贫工作者"。

基层13年的工作历练，锻炼了拉华才让丰富的基层工作经验，他形成了果敢坚毅的做事风格和务实为民的公仆情怀。每到一个地方，他把自己深深地植根于群众之中，倾心为群众办事，与基层群众建立了深厚的感情。2016年，正当脱贫攻坚行动在兴海县各乡镇如火如荼地进行之时，按照组织的安排，拉华才让同志调任曲什安镇人民政府任副镇长，主管扶贫、民政等工作。上任伊始，曲什安镇扶贫工作千头万绪。为了尽快熟悉工作，他带上行李走进村里，全身心地投入到扶贫工作一线。白天与驻村工作队、第一书记和村"两委"班子成员挨家挨户开展入户调查，晚上他与大家一村一村拿对策，一户一户拿思路。整整1个多月时间，全镇153户贫困户他几乎逐户进行了走访，通过开展大量扎实有效的走访调查，全面摸清了全镇扶贫工作现状，形成了曲什安镇扶贫工作的整体思路和框架。在全面理清工作思路的基础上，健全完善了全镇扶贫工作台账，搜集整理形成镇、村、贫困户三级档案资料，建成曲什安镇脱贫攻坚作战室挂图作战，形成全县扶贫工作曲什安模式，并在其他乡镇推广。

为了彻底改变大米滩村贫困面貌，为全镇脱贫树立典型示范，拉华才让带领扶贫工作人员驻村蹲点开展工作。为了使群众增加收入，他带领村"两委"积极动员群众调整产业结构，增加经济作物种植面积；多方搜集用工信息，鼓励村内剩余劳力外出务工，特别是在春季虫草采挖季节到南部三乡采挖虫草，增加群众的收入；对部分有经商意识和技能的村民通过政策帮扶积极帮助他们到曲什安镇集镇水井巷市场经商做个体，带动了群众的增收致富。同时，他带领第一书记和村"两委"积极向有关部门争取基础设施建设项目，在他的积极争取下先后完成大米滩村美丽乡村建设、大米滩村党员活动室、大米滩村标准卫生室、大米滩村老年食堂、大米滩村自来水厂及大米滩村道路硬化和村庄亮化等项目。在拉华才让和村"两委"班子的带领下，一件件难题迎刃而解，一件件实事落地生根，大米滩村的面貌发生了翻天覆地的变化，村民的生活质量得到大幅提升，群众交口称赞。2017 年，曲什安镇大米滩村金黄谷粮油股份有限公司和兴海县裕民种植合作社相继成立，全村 29 户（96人）贫困户全部加入合作社，形成了大米滩村"支部＋公司＋合作社＋农户"富民新模式，成为全县扶贫工作的一个新亮点。通过开展大量扎实有效的工作，2017 年大米滩村顺利通过国家及省、州级扶贫验收，顺利实现脱贫目标。

因工作成绩突出，2018 年拉华才让同志被调任为兴海县扶贫开发局副局长。为了尽快提高全县各级扶贫干部的业务能力，建设一支高素质的扶贫队伍，他逐乡组织开展扶贫工作业务知识讲座，邀请专家集中开展业务知识集中培训，并指导各乡镇规范扶贫工作档案建设。针对各乡镇以往扶贫工作各类表册填写不规范的实际，他积极向上级业务部门学习求教，一项一项研究填写方法，使全县精准扶贫工作表册填写有了统一的标准，极大提升了全县扶贫档案工作的质量。

拉华才让在兴海县南部三乡检查扶贫工作时发现，很多群众对扶贫工作和扶贫政策不了解，一些贫困群众"等、靠、要"的思想比较严重，扶贫宣传工作非常薄弱。为此，在平时忙碌的工作之余，他会抽出时间自己买一些生活用品到贫困户家中拉家常了解情况，一些他用藏语说不清楚的扶贫政策，他积极向乡镇干部和县民语办翻译人员请教，用最准确、通俗的老百姓能听懂的方式把政策送到贫困群众家中，这已经成了他工作上的一种习惯。

2018 年，兴海县夏季的雨水格外多。一次，拉华才让同县扶贫局干部到兴海县温泉乡赛什塘村下乡，当车行至九道沟时突遇强降水。这是一条修建在百米高的大山半山腰上的险峻的道路，道路狭窄泥泞，崎岖坎坷。刚拐过一道险弯，就听到一声响，大家看到几块盆碗大的石块夹杂着泥沙砸落到路上。看到这惊险的一幕，车上的同事长长地嘘了一口气，不禁感叹自己的幸运。虽然经历了这次历险，但是那以后拉华才让一如既往多次来往于这条路上。同事们劝他这样的路尽量少跑点，但是他却说："越是交通不便偏远闭塞的地区，群众更加需要我们的帮助，扶贫工作更加需要加强。"为了提高群众对扶贫政策的知晓率，帮助困难群众在精神上战胜贫困，县、乡、村集中组织开展各个层面的"扶志班"，教育和鼓励贫困群众感恩奋进、勤劳致富，并通过县广播电视台对脱贫攻坚中涌现的感人事迹进行报道，对脱贫光荣户进行表彰奖励，有效提振了贫困群众脱贫致富的信心。

自 2017 年以来，县扶贫局先后实施易地搬迁、危房改造、扶贫产业园、乡村旅游富民项目、产业到户资金、村集体经济、光伏扶贫等项目。一个个美丽乡村和移民新村拔地而起、一项项惠民政策惠及广大百姓、一件件实事落地生根，农牧区面貌和群众生产生活发生了翻天覆地的巨大变化，广大农牧民群众深切地感受到了全社会对民族地区的无尽关怀和温暖。

扶贫路上，拉华才让同志始终怀着一颗平凡而朴实的心，默默耕耘、默默坚守、默默奉献，为扶贫工作倾注着自己的心血。一身责任，一身担当，他把自己全身心地融入扶贫这项崇高的使命当中，与贫困群众一起，携手走向全面建成小康社会的康庄大道。

废寝忘食，奉献基层

——索南太同志先进事迹

　　索南太同志，2014 年任海北藏族自治州刚察县扶贫开发局局长至今。

　　自脱贫攻坚工作开展以来，索南太同志在扶贫战线工作六年，时时刻刻为改善贫困群众的生产生活问题而心力交瘁，为改变全县贫困旧貌而呕心沥血，为增加农牧民收入而费尽心思。一年 365 天，他几乎全年扑在工作上，大多时间走窜在乡村和群众家中，足迹遍布 31 个行政村，对于全县各乡镇的贫困现状及以应对措施，他心里有本"明白账"。

　　作为一名基层扶贫干部，索南太常常废寝忘食、夜以继日的扑在工作上。他用实际行动诠释着一名共产党员、人民公仆应有的职责和担当。对于他对工作的态度，朋友们都说他疯、同事们嫌他傻，但他知道扶贫工作大于天，心里的委屈只有自己往肚子里咽。然而正是他的"疯"和"傻"换来全县扶贫工作的高效率和高质量。春风化雨暖民心，点点滴滴都是情，该同志满腔热忱地为民用心想事、用心谋事、用心干事的事迹赢得了群众的好评，他多次被评为"优秀共产党员""脱贫攻坚先进个人"等荣誉称号。面对组织的信任、群众的赞赏，他却坦然地说："组织把我安排到这个位置上，我仅仅是履行了自己的工作职责，但我所做的工作与组织和群众的期望与要求还有很大差距，我唯有把成绩转化为工作的动力，进一步做好各项工作，以更加优异的成绩来回报组织的培养和群众的信任，这样才对得起养育我的这片山山水水"。

刚察县是环湖地区纯牧业县，全县脱贫任务繁重而又艰巨，许多人望而却步，但该同志却为能亲身参与这样重要的历史时期而深感自豪。他出生在农牧区、成长在农牧区，并有着长期的基层工作经验，对农牧区有着深厚的感情，深知农牧民疾苦。为改变家乡贫穷落后的面貌，他冒风雨、翻雪山、与贫困群众谈心、同吃住只为掌握真实的一手的资料，以便"对症下药"。他时常告诫身边的同志，在工作中不能只靠学历高、能力强，关键还要看心，只要有一颗为人民服务的心、解决问题的心、真抓实干的心，什么困难都不会压倒我们。在他的带领下，通过两年集中攻坚，2016 年实现 5 个贫困村退出，513 户、1718 人脱贫，并通过了省际交叉考核验收；2017 年对照建档立卡贫困人口和贫困村退出、贫困县摘帽标准，经州县自查、省扶贫开发领导小组核查，全县实现 7 个贫困村退出，809 户、2331 人脱贫，圆满完成了 12 个贫困村退出，1322 户、4049 名贫困人脱贫任务，顺利通过了贫困退出国家第三方评估验收，并于 2018 年 9 月 29 日省人民政府下达了关于同意平安市等 7 县（市、区）退出贫困县的批复，全县综合贫困发生率、错退率、漏评率、群众认可度分别达到百分之 0.02；0.11；0 和 97.41，经测算全县建档立卡贫困户人均可支配收入达 10283.48 元，大幅超出扶贫标准线，县、乡、村、户脱贫标准全面达标。

如今的刚察大地上，坑坑洼洼的泥泞路变成了平坦通达的水泥路，破旧不堪的土坯房变成了繁花掩映的住房，一幕幕跃动着希望的画面，描绘出这个贫瘠山乡在扶贫开发浪潮中发生的变化。这一切，无不倾注着他的心血和奉献！为了农牧民早日脱贫致富，他怠慢了父母，辛苦了妻子，委屈了孩子，也忙坏了身体。繁忙的工作，使他无法答应带年迈的母亲去旅游；工作任务重，家务事基本上全部移交给了妻子，妻子累倒生病，他也只能电话问候；他不能给予孩子应有的父爱，孩子的学习他顾不上辅导，孩子的生活他无法关心，他整日早出晚归，有时孩子连他的面都见不到。但在他的言传身教下，扶贫开发局的同志们都以苦为乐，团结进取，认真开展各项工作任务。面对成绩，他总是谦虚地说："这些成绩和荣誉是大家共同取得的，是全局干部职工、全县奋战在脱贫攻坚一线的干部和人民群众对党和国家扶贫工作大力支持的结果，成绩和荣誉只能代表过去，扶贫工作还任重而道远，要实现小康社会，还需要我们坚持党的宗旨，继续开拓进取，真抓实干，奋发工作，勇于担当，努力开拓县扶贫工作新局面。"

他始终自觉遵守党员领导干部廉洁自律的有关要求，时刻牢记权力是把双刃剑。他始终牢记全心全意为人民服务的宗旨，把为人民服务作为各项工作的重心，他不断要求自己要自重、自省、自警、自励，要慎权、慎独、慎欲、慎情。管住自己的手、不该拿的不拿；管住自己的腿，不该去的地方不去；他坚持在自律面前，要求别人做到的自己首先做到，要求别人不做的自己坚决不做，防微杜渐。

索南太同志废寝忘食，奉献基层的工作态度影响和鼓舞着身边的同时，他说工作压力大的时候，想想那些曾经修建的道路、温暖的住房、成群的牛羊、百姓的笑颜就什么都值了。这是索南太作为一名共产党员的真情流露，也是刚察大地一名人民公仆的心声。

用心用情扶贫，只为群众脱贫

—— 谢宁同志先进事迹

谢宁，现任海北藏族自治州祁连县民政和扶贫开发局副局长。

"最希望贫困群众能过上好日子，真正实现脱贫"。这是谢宁同志自 2016 年 3 月调任祁连县扶贫局以来，作为"扶贫人"的最大心愿。三年来，他是这么想的也是这么干的，他时时刻刻想着脱贫攻坚工作，在思想上，他认真践行习近平总书记精准扶贫精准脱贫战略思想，贯彻落实党中央国务院和省委省政府脱贫攻坚决策部署；在理思路想办法上，他思维敏捷，大胆创新；在工作落实上，他尽职尽责，一丝不苟，不断强化帮扶意识、健全工作机制、拓宽帮扶思路、落实帮扶项目、有效地增加了贫困户收入，有力地改善了贫困户生产生活条件，用实际行动谱写了一名基层扶贫干部情系困难群众的动人篇章。

祁连县"三年集中攻坚完成任务，两年巩固提升回头收尾"的目标已经确定，脱贫工作攻坚拔寨的号角已经吹响，他明白脱贫攻坚时间紧、任务重，更清楚"刀不磨要生锈，人不学要落后"的道理。他先后两次被抽调入省际动态调整交叉检查和青海省赴吉林省交叉考核 2017 年脱贫攻坚成效验收组，2017 年 7 月，他随青海省际动态调整交叉检查组赴湖南省进行交叉检查，他善于"取经"，及时把该省在脱贫攻坚工作中的创新做法和典型经验"带回老家"，进行宣传、借鉴学习。说一千道一万，他的一言一行，一举一动，充分说明了他对扶贫工作的赤诚和热爱，同时也彰显了他对祁连人民早日脱贫的迫切心情。

贫困户识别工作是脱贫攻坚工作成败的主要环节和关键因素，为全面了解掌握贫困户动态管理，确保贫困户识别精准，谢宁同志多次参加省州培训，并将所学内容对各乡镇扶贫干事进行详细讲解，四年多来，他组织各乡镇先后开展了数轮精准识别"回头看"和动态调整工作。在工作中，他时常强调："我们基层扶贫干部是直接与贫困户打交道的，我们是最了解贫困户的一线干部，谁符合贫困条件，谁不符合，我们都要详细识别核查，贫困户一定要认真加以甄别，将不符合贫困户条件的坚决剔除清理，只要识别精准了，就对症下药，靶向治疗，才能将脱贫工作理顺、做实，这是我们的责任，也是我们对扶贫工作的一种高度负责"。对各类减增人员在数据平台中进行跟踪更新，并进行了补录和删减，为全面深入开展脱贫攻坚打下了坚实的基础。

"稳定实现扶贫对象不愁吃、不愁穿，保障其义务教育、基本医疗和住房"是国家在"十三五"期间确定的脱贫攻坚目标。谢宁同志心里清楚脱贫最起码要实现贫困群众的温饱问题和住房问题，让贫困群众住有所居是作为基层扶贫干部最起码帮助解决的问题。他本着对工作认真负责的态度，带着贫困户是否有安全住房、居住的危旧改造房建筑面积是否超标等问题，带头对各乡镇危旧房改造情况进行了入户摸底核实，确保了符合条件的贫困群众均享受国家政策，期间，共核查危旧房改造贫困户250余户。"没有实践，就没有发言权，入户调查研究是开展扶贫工作的前提和保障，只要是自己亲自实践调查了，我也掌握贫困户实情了，工作就好开展了"，谈起此次调查核实工作，他信心满满地回答。

常言道"人穷志短、马瘦毛长"，对于贫困户来说，他们的心理脆弱，尤其是对于那些因残、因病、缺劳力致贫的贫困户来说，他们的心理更为脆弱，有些甚至于接近崩溃的边缘。为此谢宁同志在落实各项脱贫措施的时候十分注重对这类贫苦户的心理疏导，采取"智力扶贫"。他说，只有充分激发贫困群众的内生动力和内在潜力，摒弃"等、靠、要"等思想，精神富有了才能创造富裕的物质生活。在持续推进扶贫工作中，谢宁同志也深刻认识到"授人以鱼不如授人以渔"这个道理，扶贫工作更重要的是扶志扶智，扶贫先扶志，治穷先治愚。为此，针对贫困户存在的"等靠要"、守土安贫和悲观失望等思想观念，他深入群众多次开展了"解放思想，艰苦创业""思想脱贫"等谈心谈话交流活动，与群众面对面地谈心，分析贫困原因，寻找致富门路，宣讲新观念、新思路，有针对性地解决思想观念上的问题，积极发挥大户示范带头作用，推广致富经验，使贫困户开阔视野，增强自立意识和脱贫信心，激活了他们的内生动力。

在档案管理制作方面，他积极创新，细化指标，扎实推进全县建档立卡贫困户精准扶贫建档立卡档案标准化建设，2018 年 3 月初他统一制作了贫困户脱贫档案和明白卡，切实做到识别纳入有依据、动态调整有凭据、脱贫退出有证据，为脱贫核验、扶贫考核及第三方评估提供了有力支撑依据。

爱为百姓所动，心为百姓所累。扎根基层、牢记使命、心系群众、一心为民，这是我们众多扶贫干部共有的优秀品质，在谢宁身上还有一颗热忱的心和耿直的性格。他用自己的行动践行着自己的承诺，用一颗赤诚之心，战斗在扶贫工作的第一线，关爱着身边每一个需要帮助的人，一心投入到扶贫事业中，与祁连县的贫困群众携手共同绘制美丽的蓝图。

探索建设新模式，调查研究助扶贫

——索昂达吉同志先进事迹

索昂达吉，于 2017 年借调至玉树藏族自治州杂多县扶贫开发局数据中心工作，在县统计局期间先后荣获四个省级先进个人，1 个县级先进个人；在县扶贫局期间，荣获 2 次县级先进个人。扶贫工作开展以来，索昂达吉在工作之余同县扶贫工作队和乡村干部一起同吃同住，入户走访座谈，访贫问苦，为贫困群众工作做了许多实事好事，得到群众的一致好评。

索昂达吉自 2017 年借调至县扶贫开发局数据中心以来，时刻牢记肩负着脱贫攻坚工作的重托，认真学习并全力做好扶贫局数据整理工作，他团结所有整理数据成员，树立团队意识，发挥团队作用，积极谋划推进前期数据筛选工作高质量发展。紧紧围绕"两不愁三保障"基本要求，在建立工作机制、引领产业脱贫、强化责任担当等方面做了大量细致卓有成效的工作，从 2018 年（12 期问题数据）十几万条问题数据清零，努力、认真、负责从全省末尾攀到全省的中上游。2019 年的通过新型规则杂多县问题数据一、二、三级指标几万条整改过程中继续努力并提前完成各项工作，从全省中上游到如今全省前列，认真梳理清繁杂的问题数据，杂多县扶贫数据库初步取得成效，为推动扶贫工作任务发挥了极大作用。

在杂多县脱贫攻坚指挥部期间，他与其他同志一起积极参与扶贫网格化建设，使杂多县形成了党建示范引领、项目建设带动、富民产业支撑的工作机制，在此基础上进行分类划片、网格化作战，推行"三大片区、8 大网格（乡）、31 个中网格（村）、110 个小网格（社）"的精准扶贫攻坚模式。大、中、小三级网格采取"五联五包"的工作形式，形成县乡两级 986 名干部与建档立卡户建立"双帮"机制。

索昂达吉同志从精查精准扶贫问题户入手，与同事们一道，从 2017 年开始深入调研杂多县各乡镇、社区等，访民情、听民意、解民忧。通过查阅资料、实地察看、基层座谈等方式方法，较为全面地掌握了各村的基本状况以及当地群众对发展经济、脱贫致富、建设新牧区的愿望和诉求，并对基层党建、教育、精准扶贫、生态畜牧业、矛盾纠纷调处等工作进行了深入调研，并通过面对面拉家常进一步拉近了距离，增进了亲情，为下一步力所能及地帮助帮扶户解决生产生活中的实际困难摸清了底数，为杂多县精准扶贫数据信息工作提供了坚实的基础。

昂达吉同志在落实各项脱贫措施的时候十分注重对贫困户的心理疏导，采取精神扶贫。为此他同驻村工作队一起，经常到帮扶户讲解目前的扶贫政策，协调孩子的学校，让孩子安心学习。同时帮助一些扶贫困难户落实了危房改造项目资金，又给扶贫户介绍县上的饭馆、超市的服务员工作，使他们既有了一笔收入养活了自己，更是带动整个家庭致富。同时，他每次下乡都会住在牧户家里，和他们彻夜详谈解读扶贫政策，让贫困户自己分析致贫原因，寻找脱贫措施，制定脱贫计划，在充分尊重贫困户意愿的基础上，科学确立了发展牧业合作社等为主的脱贫致富的路子。每次看望他们，他总是像回家一样，大包小包带很多东西，别人都说，你每次都这么忙，有点时间不陪陪家里，可他总是笑着说："我就是在回家啊"。可能是因为他对草原的情怀，一直引领他继续走好了这条路。每次回家，扶贫户的阿窝会特别开心，并不是因为他带了很多东西，更多的是这个弟弟回家看望了他，孩子们也都特别高兴，都说他是他们的亲叔叔。

由于操劳过渡，加之睡眠休息不足，索昂达吉同志多次出现呼吸困难，血压不稳，面部发紫并肿胀，领导和同事再三劝说，让他下玉树接受治疗，但他却说："党中央、国务院和省委、省政府为脱贫攻坚工作做出积极努力，我怎么能为了这点小病退缩，我坚决要留下来同你们一起努力奋斗"。他不顾同事们的再三劝阻，仍然坚守岗位，毅然投入到紧张的工作中。一分耕耘一分收获。如今的杂多县伴随着一条条扶贫路的延伸，带动了县域经济的发展，城镇面貌发生了很大的变化，交通状况、照明、改厕、危房改造等明显有了改变改变，牧业合作社等特色产业化经营步伐加快，干部群众思想观念明显改变，自觉按照市场需求调整营销结构和品种等产品的流通，提供了市场的综合效益。

索昂达吉同志积极探索扶贫建设新模式，深入调研推进扶贫工作，为杂多县的脱贫工作发挥了极大作用。

坚持以人为本，帮助群众奔小康

——尕玛同志先进事迹

尕玛，男，45 岁，藏族，中共党员，1975 年 11 月 5 日出生，现任玛多县易地扶贫搬迁项目具体负责人。他始终牢固树立全心全意服务群众，为人民服务的宗旨，以顽强的精神和坚忍的意志艰苦奋斗、扎根高原，工作中一直勤勤恳恳、任劳任怨，守初心、担使命，积极投身脱贫攻坚工作、积极认真地做好县和局里安排的各项工作，得到了县、局领导和人民的认可。

尕玛同志被任命为称多县易地扶贫搬迁项目具体负责人后，他克服种种困难，迅速进入角色，入户走访同村社领导一同逐一确定搬迁收益户，从 2016 年易地搬迁项目开始至今，全县 1657 个搬迁户原住房和搬迁后的建设住房及易地搬迁收益村社的所有角落都留下了尕玛同志的足迹，他始终坚持以人为本，科学规划易地扶贫搬迁的最终目的是帮助群众脱贫奔康，要搬得出、住得进、稳得住、可发展、能致富。搬迁对象怎么定、人向何处搬、计划何时搬、资金怎样筹、钱往何处用、土地怎么管等重大事项，在坚持政策底线的前提下，充分尊重绝大多数群众的意愿。通过各种民主程序，激发基层干部的创新动力和群众的内生动力，执行各项政策，确保政策的公开透明、公正公平。

易地搬迁资金投入多、涉及面广、关注度高，关系到搬迁户以后长远生活，在尕玛同志的提议下采取县级有领导小组、乡级有监理小组、村级有监督小组监管方式，层层抓落实抓督查，在充分保障工程质量的前提下稳步推进工程进度。易地扶贫搬迁项目前期的地勘、测绘等所有工作也都有尕玛同志洒下的汗水。他带领扶贫局的工作人员长期在易地扶贫搬迁项目建设地扎朵镇和清水河镇蹲点，督促和监督施工建设情况及进展，称多县因处于高海拔地区，年施工期非常短，为了加快施工进度，成功实现县级摘帽任务，尕玛同志亲自拿起铁锹和砖头组织扶贫开发局的工作人员与施工工人一同赶赴施工一线，和乡镇及村社干部同吃同住，同标段负责人、监理日夜督促施工，有时在一天内往返相差 50 多公里的两个搬迁项目收益乡镇三四次，不惧艰辛，为易地搬迁项目的顺利完工奉献出了自己所有的精力。

不止如此，尕玛同志自精准扶贫开展以来主动担任扶贫工作各系统的录入工作，始终坚持以政治上高标准、思想上高境界、业务上高水平、工作上高成效为目标，树立终身学习的理念，端正学习态度，讲求学习实效，在学习中工作，在工作中学习，做到学以立德、学以增智、学以长才，为全面做好项目管理员的工作、夯实智力基础。从全国扶贫开发信息系统贫困户各项数据的逐一录入到各大项目的开展情况及实施情况的录入，尤其是各大易地扶贫搬迁项目的所有录入工作都由尕玛录入，全县 20183 贫困人口的消息、1627 户的搬迁消息及各项项目的开展和实施，这些数据已记满了尕玛同志的工作笔记，一条条数据、一段段文字都在诉说着这位认真负责的基础干部最让人可敬的一面，在开展系统工作时，为了确保系统录入工作与实际相符，他经常加班到深夜三四点，与各乡镇扶贫干事逐一对接，有时出现不确定的问题，他亲自带领办公室工作人员深入贫困户中逐一核实，并能及时组织局内工作人员，以最短的时间、以最优异的数据质量按时按点保质保量完成省级系统管理员交办的各项任务。

在承担繁忙的系统录入工作及烦琐的易地扶贫搬迁工作的同时，尕玛同志还担任着县扶贫开发局办公室主任的职务，全局所有项目都需尕玛同志负责实施和监督，即使如此他还是顺利地完成了省州及县扶贫攻坚工作交办的各项任务，作为一名共产党员，他深知一举一动都会直接或间接、部分或全部地影响到身边同志的工作热情，在自己的工作岗位上埋头苦干、不忘初心、甘于奉献。"旗帜引领方向，榜样给人力量"，为完成各类扶贫任务、脱贫任务和扶贫开发重点项目的准备工作经常加班加点，常常奋战到深夜，被同事们称为"打不死的小强",指的正是尕玛同志忘我工作的精神,尕玛同志的可敬之处,还在于他始终扎根一线,深入乡村社区,跑遍牧区山头,身披军大衣、脚穿大头鞋,把"让农牧民过得好一些、农牧业变得强一点、农牧村变得美一点"作为矢志不渝的追求,数十年如一日,兢兢业业、真用心、真用情、真脱贫。同时,他又是一个热爱学习的人,他一贯坚持学习党的基本知识、党的理论成果以及有关党建方面的文件精神,学习时,能够做到理论联系实际,有的放矢。尕玛同志始终坚信畜牧业是称多县发展和脱贫攻坚工作最重要和最主要的抓手,放眼全球,他不断摸索,不断学习其他地区的先进做法。他对称多的贫困农牧民群众、对局里的干部职工,始终怀着一种深厚的感情,视同事为亲人、视群众为子女,想问题、做事情都从全心全意维护群众利益的高度出发,不忘初心、脚踏实地、为民奉献。不管是工作还是为人处世,他一直都是全局上下学习的榜样。

倾注一线，尽职尽责

——郭元云同志先进事迹

郭元云，1996 年在果洛藏族自治州久治县政府办公室参加工作，2000 年 7 月因工作需要调至县扶贫局工作。

从脱贫攻坚"十五规划"到"十三五规划"编制、从"整村推进"到"精准扶贫"工作实施，郭元云至今已在扶贫战线奋斗了 20 年头。2015 年 5 月由于工作成绩突出，组织上任命他为县扶贫开发局副局长，主要负责项目、资金及办公室工作。任职以来，郭元云能认真学习习近平新时代中国特色社会主义思想和习近平总书记扶贫开发战略思想、国家和省州脱贫攻坚政策举措，做到学以致用，融会贯通，把所学的政策理论与实践相结合，准确运用到实际工作当中，始终以饱满的工作热情、扎实的工作作风，高标准完成组织赋予的各项工作任务。

2015 年底，精准扶贫、精准脱贫攻坚开始后，他义无反顾，责无旁贷全身心地投入到了精准扶贫、精准脱贫这项光荣而艰巨的工作中。为了准确掌握久治县贫困村现状，摸清精准扶贫基础数据，为精准扶贫工作开好局，打好基础，先后带领单位干部职工深入五乡一镇，克服高寒缺氧，交通不便的情况，逐村逐户了解情况，深入 22 个村，逐户核对核实，反复宣传精准扶贫政策，有时连续几天吃青稞糌粑，喝凉水，留下严重胃病至今未愈，通过深入调查研究，掌握了第一手资料，对全县 22 个行政村的基本情况、经济社会发展现状、贫困群体分布、群众主要收入来源、主要致贫原因、脱贫愿望等有了很深刻的认识。期间共入户1500余户，为全县精准扶贫、精准脱贫工作开展提供了第一书资料。

2015年11月份，开展"两线合一"工作，任务重，时间紧，为了保质保量完成工作任务，组织各乡镇扶贫干部经常通宵达旦加班加点，每天吃住在办公室，办公椅就是成立他经常休息的床，晚上最多眯两三个小时，继续核对和审核数据。经过他和同事们的共同努力，完成了"两线合一"两项政策有效衔接，精准识别出贫困人口1449户5020人。

为了全面完成安全住房任务，打赢脱贫攻坚战保驾护航，2019年2月，他带领一个组赴各乡镇对群众安全住房情况进行了全面细致的排查，连日来天降大雪，前方白茫茫的一片，根本看不清路，在排查过程中好几次因雪大路滑，车辆险些滑入山沟和黄河，在如此艰苦恶劣的环境条件下依然坚守在工作岗位上，不折不扣完成了排查任务，采集了878户完整的影像资料和坐标位置，为久治县部署"两不愁三保障"中解决安全住房提供了翔实的数据支撑。

为了更好地完成精准扶贫、精准脱贫各项工作，确保贫困群众如期实现脱贫，他在深入调研的基础上，组织相关人员参与完成扶贫项目规划的制定工作。先后10余次深入乡村调查研究，8次召集各行业部门主要负责人参加规划编制征求意见会，广泛征求意见。结合久治县五乡一镇22个村脱贫攻坚工作实际，4次邀请省级咨询单位共同研究探讨，参与制定《久治县"十三五"脱贫攻坚规划（2016—2020）》《久治县精准扶贫精准脱贫"八个一批"工作方案》《久治县2016—2017年度易地扶贫搬迁实施方案》《久治县易地扶贫搬迁后续增收及保障实施方案》等一系列工作规划和方案，为坚决打赢脱贫攻坚战理清了思路、指明了方向。

他坚持把产业扶贫作为精准扶贫的主攻方向和着力重点，2016年以来，他共召集村民召开村民大会30余次，深入研究产业发展方向，并按照"一村一品牌、一村一特色"的产业扶持思路和"集体引导、个人自愿、利益分享、风险共担、抱团取暖、脱贫越线"的产业扶持举措，筛选再筛选，精心实施扶贫项目。围绕"协会引导、基地推动、订单管理、入股分红、电商对接"等形式，广辟产业扶持之路，实施了易地扶贫搬迁后续产业发展、到户产业、旅游富民、村集体经济、扶贫产业园。其中扶贫产业项目 62 项，累计发挥效益 1164.142 万元，村集体收益 153.4 万元，22 个村平均收益 6.97 万元，建档立卡贫困户受益 1010.742 万元，户均受益 6614.8 元，人均受益 1573.6 元，贫困人口拿到的是真金白银的实惠，感受到了党和政府的温暖。组织实施了 4 个村旅游项目，完成 9 个贫困村集体经济 900 万入股玛沁县光伏电站项目，为 13 个非贫困村实施村集体经济项目 13 项，"雨露计划"劳动力培训 537 人次，贫困学生补助 393 人次，实现了久治县脱贫攻坚逐步实现了摸着石头过河到架桥过河的成功跨越。

在多年的扶贫工作中，郭元云深刻认识到"授人以鱼不如授人以渔"，扶贫工作更重要的是扶志扶智，扶贫先扶志，治穷先治愚。针对贫困户存在的"等靠要"、守土安贫和悲观失望等思想观念，与群众面对面地谈心，分析贫困原因，寻找致富门路，宣讲新观念、新思路，有针对性地解决思想观念上的问题，开阔了贫困户视野，增强了自立意识和脱贫信心，激活了他们的内在动力。

郭元云同志是一位把真情倾注在扶贫一线的扶贫干部，他带着对贫困群众的深厚感情，任劳任怨，忘我工作，时刻牢记自己是一名共产党员，忠于职守，脚踏实地做好扶贫脱贫工作。

建言献策当助手，冲锋陷阵排头兵

——吴成全同志先进事迹

吴成全，于 2005 年调至果洛藏族自治州甘德县扶贫开发局工作，现担任县扶贫开发局副局长。

作为单位的副职，他始终认为，扶贫开发局是全县脱贫攻坚工作的"参谋部"，工作推进中的"排头兵"。必须身先士卒、必须真正的吃透、吃懂"精准"二字的含义。脱贫攻坚以来，他经常奔波于第一线，进村入户，嘘寒问暖、问计于民，时刻把脱贫工作作为一项政治任务和民生工程来抓，结合县情实际，四年时间全县共有 2839 户、10785 人圆了脱贫梦，为率先实现全面小康奠定了坚实基础。

作为一名从事扶贫工作的党员干部，对扶贫开发工作思路有着自己独特的见解。不仅能够适应新形势下的工作压力，而且，面对各项工作任务，不断创新思路，探索现状下最科学、最高效的工作方法和工作模式。用"敢为人先，勤恳务实"的信心和热心。注重调查研究，深入谋划扶贫开发工作思路。为了准确掌握目前全县贫困状况，经常走帐串户，通过深入调查研究，掌握了第一手资料，对全县贫困村基本情况、经济发展现状、群众脱贫愿望和扶贫开发规划等有了很深刻的认识。

长期扎根扶贫一线，把他乡当故乡，他始终以高度的责任感和使命感全身心投入扶贫工作，以务实的作风冲在前、干在前，克服重重困难，狠抓工作落实落地，得到了甘德县委县政府的高度肯定和当地贫困群众的广泛好评，展现了一线扶贫干部的良好形象。以强化"造血"功能为目标，培育四级扶贫产业。四年来全县落实产业扶持资金6736万元，积极培育全县2702户10525名贫困群众发展生态畜牧业、服务业、商业、特色养殖业等。他还积极发展村集体经济，提升村级发展水平。依托资源优势，先后建成旅游宾馆、班玛仁托国家湿地公园生态教育体验基地、牧家乐和藏家乐项目。利用资源禀赋，建成甘德县扶贫产业园区。以完善基础设施为重点，精准发力补齐短板弱项。

围绕"两不愁三保障"目标，把改善贫困地区基础设施条件作为推进脱贫攻坚的突破口。搬迁安置人数达到2037户8231人，其中建档立卡户1855户7453人。结合中央、省级资金1.35亿元实施农村饮水安全和巩固提升工程，共解决9115户35344人的饮水问题。升级改造农村电网，覆盖牧户8231户，贫困村实现动力电全覆盖。实现乡镇100%通沥青（水泥）路，行政村100%通公路。实施村级网络通信建设，新建电信基站34个，全力实施36个村网络通信提质升级工程和普遍服务项目。以强化公共服务为基础，全面补齐民生短板问题，全面实现贫困户子女"零失学""零辍学"新建36所村级卫生室，每村配备村医1—2名，所有村级卫生室均达到标准化要求。全面推行"先诊疗后付费"和"一站式、一单位式结算"服务模式。严格落实家庭医生"双签约"制度，贫困户慢性病签约率和服务率均达到100%。进一步加强以城乡养老、医疗、低保为主的社会保障体系建设，低保、临时救助、残疾人补助、高龄补贴等兜底政策落实。建档立卡贫困户基本养老保险和医疗保险参保率均达100%。建档立卡贫困户看病报销比例达到90%以上。以搭建服务平台为引领，夯实脱贫攻坚持续发展基础。全县累计开展劳动力技能培训2895人次，其中贫困劳动力技能培训1120人次。农牧区劳动力累计转移就业7935人次，其中贫困劳动力转移就业960人次。聘用建档立卡贫困劳动力生态管护员1179名。累计发放小额信贷3719.35万元，累计贴息金额165.5万元，受益贫困户1365户。充分发挥市场配置资源的决定性作用，以政策性补贴为引导，运用风险管理手段防范自然灾害风险，构建起以牦牛保险、气象保险、商业补充险为主的保险保障体系，以"三险"助推精准扶贫。

吴成全对每一项工作的认真与负责，无论是大事小事，都力所能及地为群众去办；默默无闻地在自己平凡的岗位上无私奉献的时候，放弃节假日休息日以夜继地工作的时候，顶住压力把所有的责任和工作都扛下来的时候，确实是一名好干部，是一名好同志。他每天工作十几个小时以上，加班是常事，对每一项工作都认真与负责，无论是大事小事，都力所能及地为群众去办。默默无闻地在自己平凡的岗位上无私奉献。

有些牧民调皮地问他，你这样图个啥，他毫不犹豫地说"我要对得起人民群众，为民办点实事也是应该的"。作为"老扶贫"的他就是这样一步一个脚印，埋头苦干在甘德这片高原的热土上，多少次的风风雨雨，多少次的坎坷、沧桑，磨炼了这样一心为民的斗智，使他更坚强地站在脱贫攻坚上工作岗位上。在扶贫开发工作上，废寝忘食、带头苦干、任劳任怨，充分体现了一个共产党员的忠诚与使命，一名基层干部的责任与务实。曾多次被省州县评为"优秀公务员""先进个人""青海省脱贫攻坚先进个人"等荣誉称号。

吴成全是一名在扶贫战线上工作了十多年的党员干部，为甘德县的扶贫开发事业做出了积极的贡献。在长期的牧区扶贫工作中，不怕困难阻挡，不断创新发展思路，认真贯彻落实党的路线、方针、政策，把群众的饥寒冷暖放在心头，带领全县广大牧民群众发展生产和脱贫致富。

牢记使命尽职责，扶贫之路勇担当

——梁晓华同志先进事迹

梁晓华，黄南藏族自治州同仁县扶贫开发局副局长，从事扶贫工作已经22年。在扶贫队伍中少见的女性干部里，梁晓华始终牢记扶贫使命，认真履职尽责，坚持深入脱贫攻坚一线，走进贫困村、贫困群众家中解决问题，用实际行动诠释了共产党人的初心和使命，不断创造了同仁县脱贫攻坚工作崭新局面！

"我职业生涯大部分都在干扶贫，可以说扶贫就是我的事业，我的职业就是干扶贫"。1997年，28岁的梁晓华踏入同仁县扶贫办，开始了她的扶贫之路。23年来，在历届县委、县政府的正确领导下，在各乡镇党委、政府的大力支持下，梁晓华始终奋斗在基层一线，将贫困群众放在心里，将帮助贫困群众早日实现脱贫致富作为工作重点，详细了解贫困户致贫原因，在产业发展上出谋划策，帮助贫困群众早日实现增收致富。

2016年以来，梁晓华牵头编印的藏汉双语的《同仁县精准扶贫政策汇编》给县级干部、县直机关干部、乡镇村级干部、所有建档立卡贫困户发放了1000多本，起到了重要的指导作用，夯实了精准扶贫工作基础。在最近举办的同仁县"三册一卡"填写培训会、2019年度扶贫对象动态管理工作培训班、2019年度短期技能培训班上，她作为扶贫专业人员进行授课并牵头抓此项工作，为进一步打牢精准扶贫基础奠定了坚实基础。

面对深山里脱贫愿望强烈却对发展方向束手无策的贫困群众，梁晓华一方面主动了解他们的优势、特色，主动为他们谋出路，另一方面积极衔接金融机构，利用金融担保平台，为贫困户发放扶贫贴息贷款8500多万元，贴息590多万元，极大改善了贫困群众产业发展资金短缺问题。按照"有技能、能致富"的工作思路，狠抓"雨露计划"短期技能培训工作，先后对全县3000多名建档立卡贫困人口组织实施技能培训，有效改善了贫困户就业难的现状。她心系贫困家庭大学生，认真审核把关，累计发放大学生补助资金465万元，补助贫困学生达386人次，把党的扶贫政策落到实处。

扶贫工作是一项涉及农牧民群众切身利益的一项民生工程，尤其扶贫信息系统的基础数据更是直接关系到扶贫对象识别准不准、贫困人口底数清不清、帮扶措施实不实、扶贫成效真不真，是脱贫攻坚各项工作的基础。梁晓华深刻认识到扶贫信息数据的重要性，她充分发挥女性干部细心耐心的优势，主动揽起扶贫信息开发系统数据管理重担，梁晓华同志主动学习系统管理操作知识，摸清各项数据之间的逻辑关系，为乡镇基层工作人员进行专业指导。2019年开展的扶贫信息系统数据清洗工作中，在她的带领下，同仁县数据清洗排名一跃而上。

同仁县的热贡艺术是世界级非物质文化遗产，驰名中外。长期从事扶贫工作的梁晓华同志经常思考能不能利用热贡艺术辐射带动贫困增收。在县委县政府的大力支持下，梁晓华同志将热贡文化资源优势和贫困劳动力技能培训结合起来，打造文化扶贫车间，辐射带动贫困人口脱贫致富。现已建成唐卡、堆绣、泥塑、雕刻等4个文化扶贫产业园创作基地，下设各类扶贫车间20余个，目前573个贫困劳动力已接受培训，大大提高了贫困群众可持续脱贫能力。2018、2019年两次召开了全国性民族手工业扶贫车间现场观摩会，国家相关部委、全国16个地区和单位及省内各州县参加现场观摩，国家22家媒体"脱贫黄南行"栏目组进行了采访，推介了同仁做法。特别是在中央政治局委员、国务院扶贫开发领导小组组长、国务院副总理胡春华来同仁调研扶贫工作期间，展示了文化扶贫经验做法，得到了充分肯定。在这份成绩单中，倾注了梁晓华同志无数的心血和汗水。

在日常工作和生活中，梁晓华时刻牢记党的宗旨，兢兢业业，任劳任怨，勤勤恳恳为全县扶贫事业奔波。在工作中"5+2""白＋黑"加班加点成为常态，这种忘我的工作精神，为身边的同事树立了一名真正的共产党员无私奉献的榜样，她用自己心血和汗水为精准扶贫无私奉献，在全县干部群众心目中树立了真情为民的优秀共产党员的良好形象。近年来，先后荣获扶贫系统"先进个人""优秀妇女工作者"等荣誉称号。

如今，同仁县已经实现 22 个贫困村退出，2410 户 10109 个贫困人口脱贫，全县贫困发生率由 20% 下降到了 4.3%。2019 年，将完成 7 个贫困村退出、2678 人名贫困人口脱贫，实现绝对贫困"清零"，目前已经顺利通过了县级自验和省州抽验，取得了较好的成绩，离实现全县整体脱贫摘帽又进了一步。

"问渠那得清如许，为有源头活水来。"梁晓华同志是这样带着责任和感情，把心融进了群众的心里，把实事办到了群众的心坎上，赢得大家的点赞。而她也正用自己的实际行动诠释和践行着一名共产党员的职责。

积极作为，勇挑重担

——张剑利同志先进事迹

　　张剑利，现任黄南藏族自治州扶贫开发局党组书记、局长。2018年1月任职黄南州扶贫开发局党组书记、局长以来，认真贯彻执行党和国家的脱贫攻坚方针、政策，积极落实省州委、省州政府脱贫攻坚重大决策部署，积极作为、勇于担当，将自己的全部奉献给了自己始终热爱的扶贫开发事业，造福了众多的贫困群众。

　　黄南州作为四省涉藏地区集中连片特殊困难全覆盖区域，长期以来，由于受历史条件、自然环境等诸多因素的制约，黄南经济社会发展相对滞后，贫困人口多、贫困程度深，扶贫开发工作任务艰巨而繁重。2018年1月是草原大雪纷飞，冰雪未化的季节，为了尽快熟悉工作，掌握一手资料，刚刚任职不久的他经常轻车简出，深入县、乡、村认真听取基层干部和农牧民群众的困难和诉求，在牧民帐篷中一住就是20天，与群众面对面谈心，分析贫困原因，寻找致富门路，宣讲党中央强农惠牧政策。有一次，他到泽库县调研工作，部分牧户由于位置偏远，只能靠步行，身旁的同志建议他找个能通车的地方去看，但他坚持说："扶贫工作就是要做雪中送炭，不搞锦上添花，只有走到老百姓中间，才能真正摸清那里的致贫原因，才能准确把握群众的所思、所想、所盼"。由于山路坎坷难行，他刚走没多久，就扭伤了脚踝，但是他依然坚持，驻着木棍一瘸一拐走了两个多小时。

在张剑利同志良好的工作作风、务实的工作态度的带动和感染下，全州扶贫系统干部职工也都以苦为乐，团结进取，认真开展本职工作，有效促进了全州脱贫攻坚工作顺利推进，使全州的贫困面貌得到有效改善，人民生活水平显著提升，贫困人口大幅下降。同仁市、尖扎县、泽库县作为深度贫困县于 2019 年顺利"摘帽"，全州累计减贫 5.01 万人，实现 105 个贫困村退出，一市三县现行标准下绝对贫困全面"清零"。贫困地区农牧民人均可支配收入从 2015 年底的 6819 元增长到 2019 年底的 9951 元，年均增长 9.91%。随着脱贫攻坚工作的不断深入推进，全州经济社会事业得到健康发展，一个政治稳定、民族团结、社会进步和谐的新黄南日益显现。

深度贫困地区脱贫攻坚座谈会后，国家将我州三个贫困市县纳入"三区三州"深度贫困地区范围，为了全力以赴开展好黄南州深度贫困地区脱贫攻坚工作，在深入调查研究的基础上，分析研究深度贫困地区贫困群众脱贫增收对策，到各县开展培训、召开会议，讲解编制规划的意义、目的和方法步骤，指导各县编制县乡村扶贫规划，亲自伏案执笔。高质量地完成了《黄南州深度贫困地区脱贫攻坚三年行动计划（2018—2020 年）》，在全省率先通过审查，得到了省扶贫开发工作领导小组的高度认同。同时，作为全州脱贫攻坚工作牵头部门主要负责同志，为积极发挥承上启下作用，当好主要领导参谋助手，先后撰写了十余篇参考价值较高的调研材料。在他的积极努力和带动下，全州脱贫攻坚工作连续三年在全省成效考核中取得"优秀"等，2019 年位居全省第二。黄南州扶贫开发局在 2019 年荣获全省"劳动模范集体"荣誉称号。

"十三五"是黄南脱贫攻坚决战、全面小康决胜期。他带领局领导班子，通过全面了解掌握全州贫困群众产业扶贫发展现状，找准定位，依托各地区资源禀赋，在构建"户有到户产业、村有集体经济、县有扶贫产业园"三位一体扶贫产业发展格局的基础上，积极协调推进产业扶贫新业态。立足贫困村自然人文资源，大力推进农旅、牧旅、文旅深度融合，打造热贡文化、草原风光、黄河廊道等乡村旅游示范村 5 个；立足民族传统手工业基础，不断创新产业扶贫发展思路和运行机制，大力发展民族用品、工艺品以及农畜产业加工等手工制造业，扶持建设 78 家扶贫车间发展民族手工业建成唐卡、泥塑、雕塑、堆绣等 4 个省级文化扶贫产业创作基地；立足农牧业产业资源，大力推广发展"拉格日模式"生态有机畜牧业专业合作社 70 家，以"拉格日"

模式为代表的生态畜牧业合作社在全省得到推广，并得到了农业农村部高度认可。

张剑利同志为扶贫工作倾注了他全部的心血。他认为目前取得的成绩和荣誉只能代表过去，扶贫工作的任务还很艰巨，还需要继续开拓进取、真抓实干、努力工作，早日让老百姓过上好日子，这也是他的心愿。

爱心人士

践行社会责任，发扬光彩事业

——戴朝恩同志先进事迹

　　"青海省脱贫攻坚先进单位""青海省社会扶贫先进集体""大通县党政军企共建先进单位"，这一串响当当的荣誉属于青海天麒置业有限公司董事长戴朝恩，一位积极践行社会责任的民营企业家。

　　在企业发展壮大的过程中，戴朝恩感恩党的富民政策，从未忘记社会各界的支持帮助，他常说"扶危济困、扶弱助残，回报社会是应该的"。不管是认识的人还是不认识的，家里摊上大事难事，只要开口求助于他，他总能给予一定的资助，帮助解决问题。2012 年，塔尔女中马老师领着一位品学兼优且已收到大学录取通知书的回族学生走进他的办公室，戴朝恩详细询问了情况，当即资助其 3000 元，圆了这个因学费难以凑齐即将打消上大学念头学生的大学梦。后来，他又为马昕等 5 名贫困大学生各捐款 2000 元，让更多的贫困学子圆了大学梦。2013 年 6 月，当他在大通县道德模范表彰会上看到聋哑孩子们无声的表演后，被这些孩子感动了，他为孩子们捐资捐款 7.14 万元。有了这次经历，戴朝恩开始关注这部分弱势群体，陆续为大通县孤儿院捐资捐物 6.87 万元、为敬老院捐资 16 万元。在全国"博爱一日捐"活动中，捐助 300 万元。带动全县各界人士积极投身到扶贫济困和慈善捐赠活动中。

　　戴朝恩从不把企业看作是盈利的工具，他更看作是对社会负责任的元素。

为传播大通县民族民间文化，推动民族商贸经济发展，戴朝恩将大通县风土人情和民俗"花儿"元素融入开发的商业街中，将商业街打造成本土文化旅游经典品牌。2016 年 1 月，天麒·花儿步行街落成后，引进各类商户 300 余户，导入夜市摊位上百户，解决了 2000 余人的就业岗位，年实现各类消费收入约 2 亿，年上缴税收近 1600 万元，推动了民族文化与商业旅游产业一体化同步发展。

戴朝恩的慈善事迹，把企业家的社会责任意识体现得淋漓尽致。我们都知道，农村条件相对比较落后。戴朝恩借企业与乡村联点帮扶这个形式，以发展成果回馈乡里。2012 年，他为联点青林乡藏龙庄村投资 3 万元为村委会购买会议桌及办公桌椅，改善其办公条件。投入 22.8 万元实施了东峡镇衙门庄村文化广场的改造；先后三次实地勘察，投入资金 12.8 万元修缮了塔尔镇东庄村村委会屋面，为该村修建了篮球场。2013 年，在党政军企共建示范村中投入资金 84 万元为景阳镇甘树湾村修建了村级文化活动中心，在村"两委"班子为文化活动中心的装修资金发愁时，戴朝恩又承担了装修费用，加上周围地面硬化又投入了资金近 50 万元。甘树湾村干部说："办公楼及村民文化广场落成后，群众相当满意，没有戴总的大力支持是很难办到的"。2014 年至 2017 年，他为长宁镇代家庄村建设美丽乡村，累计投入资金 1924 万元。走进现在的代家庄村，宽阔平坦的柏油马路，美观大方的村委办公楼，大理石碎拼的文化活动广场、小桥流水的文化公园让人仿佛置身于城市之中，而忘却了这只是一个普通的小乡村而已。2016 年，戴朝恩在得知石山乡下丰积村群众缺少活动场地，又投入 6 万元为他们建设了文化广场；同年，在省建设厅的号召下，投资 10 万元为互助县哈拉直沟乡孙家寨村修建村委会，改善了贫困村的基础设施，尽到了企业家的绵薄之力。

扶真贫、真扶贫，是戴朝恩的扶贫宗旨。2016 年，精准扶贫任务下达后，戴朝恩牵头制定了对口村大通县青林乡棉格勒村帮扶方案，因地制宜，因村施策，投入 20 万元资金实施了牛羊饲养棚产业帮扶项目。在他的带领下，公司党员和建档立卡户结成了帮扶对子。在入户的过程中，戴朝恩看到结对户张生元屋里空空荡荡，当即安排购买了价值 2.1 万元的家电家具送到了他家里。在得知建档立卡户中有一位单身母亲供养儿子上大学时，他连续两年资助学费 2 万元，直到大学生完成了学业。看到 25 户建档立卡户居住面貌脏乱差，他安排施工队伍为这些贫困户硬化院落、装修房屋，施工费用达 49 万元。2016 年至 2020 年，每年春节前，他都走访慰问建档立卡户，累计送去慰问金和物资 6.9 万元。除此之外，他将目光放到全县脱贫攻坚工作中，累计向西宁市红十字会捐赠精准扶贫医疗救助基金 180 万元。2020 年，新冠肺炎疫情阻击战打响以来，戴朝恩第一时间组织旗下物业公司实行小区封闭式管理，组织旗下医院医护人员配合政府、卫生部门承担返青人员测温排查工作。通过大通县红十字会，为疫情防控捐款 100 万元。向大通县三个乡镇疫情检测站捐赠集装箱平板房 3 个，让一线防控人员舒适安全地投入抗击疫情防控工作。同时，为大通县坚守疫情防控第一线的社区工作人员、媒体宣传人员、村级劝返点执勤人员送去食品物资。在全国上下共克时艰、复工复产的时刻，他带头作表率，减免所辖商业街 190 户商铺租金共计 304.7 万元，贡献了民企力量。在大通县中小学开学复课防护口罩紧缺的当下，他又多方联系采购价值 20 万元的医用口罩捐赠给了县教育局，为学生复学复课补充了储备物资。

戴朝恩展现了企业家的责任与担当。截至目前，戴朝恩累计回馈社会资金达到 5600 万元，为打赢脱贫攻坚战、全面建成小康社会贡献了力量。

履行社会责任，助力脱贫攻坚

——罗平兴同志先进事迹

罗平兴，现任青海平兴建设集团董事长兼总经理，青海省人大代表、省建筑业协会副会长，海东市人大常务委员会常委，民和县政协委员、县工商联主席等职务。

在企业发展的同时，罗平兴一直满怀着高度的社会责任感和强烈的家国情怀，他经常说："平兴公司从小到大，主要得益于党的好政策和各级党委政府的正确领导及大力支持，是党的改革开放政策给我们公司提供了契机"。基于这样的认识，在做好企业的同时，他不忘回报社会、回报乡亲。据不完全统计，在他的带领下，企业先后通过抗震救灾、捐资助学、帮扶帮教以及提供就业岗位等方式履行社会责任，累计捐款捐物达到 2470 万元。先后多次被评为"全球秦商爱心慈善奖"省"光彩事业突出贡献奖""地方经济发展贡献奖""企业诚信先进个人""关心下一代先进工作者""尊师重教先进个人"等。

早年失去双亲，高中没毕业就辍学的集团董事长罗平兴对"再穷不能穷教育，再苦不能苦孩子"这句话有着刻骨铭心的认识，企业稍有发展，他就想到了回报。回顾自己的成长历程，他把眼睛盯在了农村学校建设上。2006年，也是公司成立的第六年，企业结束租赁办公局面不久，他一次资助 60 万元，重新修建了老家扶风县殷家村小学，从此开始了他不断扶持地方教育事业的爱心之路。2008 年，公司一次捐献 300 万元，为民和川垣小学修建教学楼。2009 年，和县委组织部一起，先后投资 20 多万元，帮助村企共建单位——民和中川红崖村翻新村委会，硬化校前道路，更新学校桌椅，添置篮球架、乒乓球台等文体设施。2011 年投资 6 万元为县新民中学安装路灯，拿出 2 万元为满坪镇沙拉坡小学制作校服。出资 26 万元给小区幼儿园添置电子琴、电视等教学设备和娱乐设施。针对在校学生暴力犯罪情况，响应省"青少年发展基金会"的号召，参与"真情献爱心，关爱送图书"活动，出资 8.25 万元，订购 5000 套科普图书，捐赠给民和县各级学校；出资 4.8 万元为县教育局捐赠警示教育电视专题片 15 套。2014 年，捐献 200 万元，帮助川垣小学修建操场。同年，安排施工队给乐都蒲泰乡赵家庄学校修围墙，开支 5.6 万元。2016 年，资助 60 万元修建化隆县群科木哈小学校舍，通过化隆县工商联向群科学子捐款 10 万元。在支持地方学校建设上，平时在施工建设上精打细算，在生活上勤俭节约的罗董事长显得格外大方。

从 2006 年开始，公司一直聘请一到两名木工，利用工地退下来的方木，再购买一些板材，持续为民和县及其周边学校加工桌椅。到目前为止，累计加工 9700 多套，为 80 多个学校送去了爱心。从 2010 年开始，成立了"青海民和平兴爱心助学会"。助学会组建之初，他就给自己下达了指标，每年救济 10 名贫困大学生，全程负责大学期间的学费直到毕业。至今，平兴爱心助学会先后为 116 名学生提供了大学期间的学费，累计开支 180 多万元，目前已有 83 名学生走上工作岗位。平兴爱心助学会的行动，在当地产生很大的反响，每年大学录取时，总有不少困难家庭，把希望寄托于平兴建设集团。

有人认为，企业基本任务是经营生产、是做大做强、是创收纳税，企业只要依规完成纳税任务，就已经完成了自己的责任。罗董事长不这样认为。他说："国家这么大，人口这么多，各种自然灾害、突发事件在所难免，企业除了依规完成赋税外，还必须最大可能的尽一些必要的社会义务，在国家和人民危难之时，献一份爱心，送一份温暖。在对待扶贫救助上，只要政府有号召，公司就立即响应。"翻看企业光彩事业登记表，一连串的捐献数字呈现眼前：2008 年汶川地震 11 万元；2010 年玉树地震 40 万元；互助新农村建设 10 万；2012 年国家残疾人日 2 万元；乐都国际射箭比赛 100 万元；2013 年雅安地震 12 万元；民和党政军共建 10 万元；2014 年国家第一个扶贫日，民和

20万元，个私协1万；海东团委创业大会10万元；2015年汇爱公益基金会10万元，用于救助乐都孤寡残疾人；海东市委宣传部10万元，用于见义勇为道德模范陶恩德；扶贫日民和5万元；2016年出资42万元，帮助马营镇马家村、满坪镇新建村，修建了两座文化广场；出资3.5万元帮助松树乡千户村困难户改造危房；2017年捐资19.5万元，帮助巴州联合村建档立卡户修建围墙、大门；2018年与古鄯镇联合村认亲结对，在争取国家乡村道路建设项目支持的同时，出资30万元填补缺口，修通了村镇之间2公里的断头路，解决了全村282户群众出行难的问题，并发动职工捐款3.02万元，用于困难户生活救助；2019年资助40万元，用于西沟乡三方村扶贫项目建设；资助49.3万元，修建了平安区古城乡牌楼村文化舞台；2020年新冠肺炎疫情发生以来，累计捐献10万个医用防护口罩给民和县新冠肺炎疫情防控指挥部统一调配使用。2020年2月9日根据政府的安排，他立即安排物业和项目部管理人员，临时组成抗疫志愿者，全面接管老城区五个居民小区的疫情防控工作。同时决定免除所属商铺一个月的租金，分别让民和、乐都、化隆、西宁市城东区四个区县51户租赁户受益，共计减免租金89万余元，以此来帮助他们减轻经济负担。

罗兴平用企业家的担当和情怀助力脱贫攻坚工作，坚持以扶贫救助为己任，时刻响应政府的号召，具有高度的社会责任感和强烈的国家情怀。

心唯大我显真情，大爱无疆送光明

—— 王同玲同志先进事迹

青海鼎泰房地产开发有限公司董事长王同玲自 1999 年 3 月创建企业以来，她的心口始终燃烧着一股炽热的火焰，那就是浓烈的"家国情怀"。在党和国家脱贫攻坚的关键时期，王同玲手捧她的赤子之心积极参与到攻坚脱贫工作中。依靠企业自身实力和社会力量，拓宽帮扶思路、落实帮扶方案、有效解决帮扶对象的困难。在她的带领下，公司员工参与脱贫攻坚工作的积极性、能动性得到显著提升，成为民营企业参与脱贫攻坚工作的优秀榜样。

作为民营企业家，王同玲同志深深地体会到企业的发展与各级党委、政府的支持，社会各界的关心以及员工的努力是分不开的。"一个企业家不能光想着自己赚钱，还应多做能帮助别人，有利于他人的事情，为社会做贡献。我创办企业，得到政府的支持和帮助，现在我有能力了，一定要回报社会"。这不仅是她所信奉的宗旨，更是她不断践行的目标。

她支持乡村教育事业发展。先后为玉树州称多县拉布乡第二寄宿小学捐助医疗器具、图书、毛毯、校服等；为贵德县寺院孤儿学校捐助了图书室和建造了食堂；为黄南坎布拉乡学校捐助图书 2000 册以及教具；向曲麻莱县提供助学捐款 10 万元；给甘德县下秀村养老院，孤儿学校捐助衣物、生活用品、课本、书籍等帮扶工作达七年；给海南州贵南县希望小学修复工程捐助食堂设施设备、用具等13万元。开展因病致贫，因病返贫帮扶工作，为建档立卡贫困户免费治疗眼疾和白内障手术两千多例。她还心系灾区群众。四川汶川大地震、玉树地震、新冠肺炎疫情阻击战中，积极动员企业员工参与救灾救助工作，并捐款、捐物累计达30多万元。针对青海州县山高地远地区看病难的问题，她慷慨解囊、倾心帮扶，先后为黄南州、玉树州、果洛州、海西州、湟中县、大通县、互助县、称多县、曲麻莱县、贵德县、海东市乐都区、循化县、化隆县等地区贫困村医疗救助、残疾人救助及失孤老人帮扶提供资金。她不仅为果洛州玛沁县人民医院，班玛县人民医院分别捐赠价值7万元的眼科医疗设备，还为大通县东峡镇克麻村修建村卫生所捐款15万元、为城东区捐助30个白内障免费手术治疗名额，救助金额21万元、为青海省女企业家协会会员捐赠价值13.68万元的眼睛及口腔体检卡、为青海省人力资源协会提供30万的口腔健康治疗卡。她时常关心关心属弱势群众，积极开辟就业岗位。公司在不断发展的同时，在企业就业岗位有限情况下，开辟保洁、保安等岗位，安置残疾人、下岗失业人员就业。截至2019年12月，她创办的西宁光彩明天儿童眼科医院为西宁地区和各州县义务筛查461860人，帮扶救助13516人，累计帮扶资金1000多万元。为加强对青海弱势群体的支持关注，王同玲不辞辛劳往返北京、上海等地，募集资金用于青海省偏远地区低保收入家庭的老人、孩子眼健康的治疗和救助工作。2014年10月的一天，青海省电视台百姓一时间的记者和几名志愿者带着一名年仅6岁的小女孩四处求医无果后，几经辗转找到了西宁光彩明天儿童眼科医院。女孩瘦小单薄、弱不禁风，怯生生地搀扶依偎着她的爸爸，而她依靠着的父亲形容憔悴，黑色墨镜下满是疲惫。通过几名志愿者和记者介绍，原来小女孩的父母都是先天盲人。因为母亲怀孕时营养不良早产，导致她出生后左眼先天黄斑发育不良，右眼患有弱视，视力仅有0.4。一家三口仅靠一只眼来生活，这对这个本就贫寒的家庭而言无疑是雪上加霜。父亲曾经带着幼小的她到上海、西安、兰州、等大城市眼科医院求医。但结果都是一样：目前眼科技术无法医治她的眼睛。当王同玲得知这个情况后。当即决定："免除孩子的一切费用，组织专家团队尽全力把孩子右眼弱视治愈，我们一定要救助这个孩子，帮助这个家庭"。小女孩每年到西宁光彩明天儿童眼科医院接受一个疗程的治疗，经过6年的精心治疗后，右眼矫正视力达到了 1.0 以上，这个一度陷入绝望的家庭又重新燃起了欢乐和希望。

王同玲用自己的实际行动，切实帮扶贫困群众，扎实奉献互助，诠释了新时代民营企业家的责任和担当，今后她将继续参与青海脱贫攻坚工作，为青海少年儿童视力健康贡献力量！

高原建功业，聚力奔小康

——于雪山同志先进事迹

于雪山，1973年出身农村贫困家庭，尚未成年的他便早早地丢掉农具，加入打工族大军中，成了一名年轻的农民工。历经风霜三十载，摸爬滚打志不休，从一名贫困的打工者，成长为一名颇具规模的企业家。

4年前，于雪山在朋友的盛情邀请下来到青海游玩。当路过青海果洛时，在神圣的阿尼玛卿雪山脚下，接触到很多内心淳朴、一心向善，且生活条件非常艰苦的藏族群众。起初，他是想给老百姓们捐一些日常生活用品，近距离的了解后才感到一些家庭困难的人非常需要关心和温暖，他发现需要从根本上解决这种贫困的局面。因此，他萌生了在这高高原上带领当地老百姓走出这种困境的想法。

在回到河南后，他惦念着那些淳朴的藏族群众，想着自己能为他们能做些什么，能改变些什么。就这样，没有过多久，他又回到这个让他心心念念的地方，并且这次和他一起来的还有他的妻子和孩子。

三江源头、雪山脚下。4年来，这位勤劳、质朴的河南企业家于雪山前前后后在果洛藏族自治州甘德县江千乡陆续无偿投资1000多万元，为牧民免费重建、修缮二层现代化居住房屋56套，并且加大基础设施建设力度，铺设乡村柏油马路，安装路灯，实施人畜饮水设施，改变牧民群众生活的困境。此举也得了意想不到的效果，在果洛藏族自治州汉、藏、回族等群众之间引起了强烈反响，受助群众的幸福感和获得感不断提升。

温暖的阳光透过窗户，洒在青海果洛藏族自治州甘德县江千乡搬迁户群众干净明亮的客厅里，恰曲纳村76岁的才措老人神采奕奕。回忆起搬进新房前的场景，才措觉得仿佛像是在梦里："当时住的土坯房，下雨漏水，冬天十分寒冷，生活也不方便，出行买东西需要一整天的时间。"搬进新修好的二楼房子内，才措家的生活发生了很大变化，房内收拾得干净整洁，外墙还有两层隔温棉。屋里电视机、抽油烟机、洗衣机等基本电器一应俱全。

为了彻底将"输血"改变成"造血"功能，身为企业家，他的目标是做大做强做优企业，为解决更多人就业难的问题，也为解决更多家庭脱贫脱困，带动这些贫困家庭走上小康之路。引导贫困群众从观念上从"要我脱贫"向"我要脱贫"转变，激发他们脱贫的强大的内生动力和强烈主观愿望，于雪山他是这样想的，也是做的。

在果洛州甘德县人民政府招商引资下，由于雪山出资，以遵循"保护三江源生态、自然规律、合理规划、有机种植、生态养殖"为宗旨，以绿色、环保、生态、食品安全为切入点，着力打造一个集有机种植、生态养殖为一体的现代农业示范养殖基地，成立甘德县雪山农牧业科技发展有限公司，投资8000余万元。截至目前该项目已完成2700平方米的1栋办公楼；配套2栋实验楼和职工宿舍；1栋餐饮、住宿、娱乐为一体的综合业务用房；6处钢结构牧畜养殖基地；1栋奶制品加工车间；1栋汉藏药材加工车间；2处大型草棚；1处饲草料生产加工基地；1处无公害有机肥加工基地；8座有机蔬菜种植大棚；20000平方米园区道路；2300米园区围墙；10000平方米水泥地坪；2座大门；30盏路灯；1座有机肥生产车间。

随着企业的不断发展壮大，将为老百姓创造更多就业、发展的机会。未来，甘德县雪山农牧业科技发展有限公司与甘德县政府签订扶贫合作框架协议，与甘德县全县36个扶贫合作社进行合作，每个合作社每年提供500头牦牛，以"岗龙做法"升级版"党建+企业+合作社+牧户"的发展模式，大力发展生态畜牧业，同时给予更多当地老百姓"有事做、有钱赚"这种就业学技术的机会，带领全县36个扶贫合作社更多的群众，紧密地团结在一起，携手奋进，早日奔上"幸福小康路"。

　　于雪山来果洛创业的时间仅仅几年，却实实在在地解决了牧民群众"就业难、挣钱难、收入难"的问题。本着手足相亲，同心筑梦，"全面建成小康社会，一个民族都不能少"的铮铮誓言，于雪山将会以更强的信心、更足的动力带领贫困牧民奔小康。